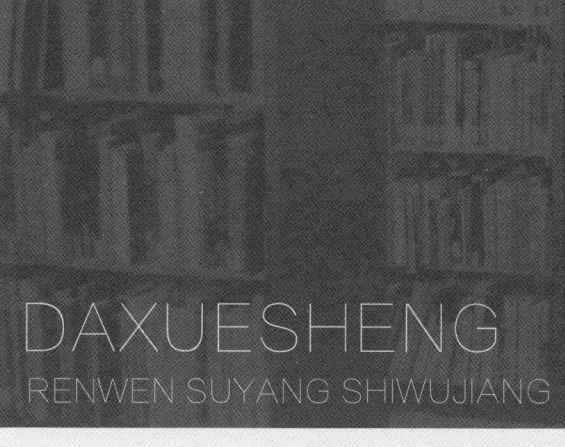

DAXUESHENG

RENWEN SUYANG SHIWUJIANG

杨 明 曾英杰 主 编
谷向伟 副主编

# 大学生
## 人文素养十五讲

中国政法大学出版社

2023·北京

**图书在版编目（CIP）数据**

大学生人文素养十五讲/杨明, 曾英杰主编. —北京:中国政法大学出版社, 2023.2

ISBN 978-7-5764-0849-2

Ⅰ.①大… Ⅱ.①杨… ②曾… Ⅲ.①人文素质教育－高等学校－教学参考资料 Ⅳ.①G40-012

中国国家版本馆 CIP 数据核字(2023)第 032207 号

--------------------------------------------------------------------------------

出 版 者　　中国政法大学出版社

地　　址　　北京市海淀区西土城路 25 号

邮寄地址　　北京 100088 信箱 8034 分箱　邮编 100088

网　　址　　http://www.cuplpress.com (网络实名：中国政法大学出版社)

电　　话　　010-58908586(编辑部) 58908334(邮购部)

编辑邮箱　　zhengfadch@126.com

承　　印　　固安华明印业有限公司

开　　本　　880mm×1230mm　1/32

印　　张　　8.625

字　　数　　220 千字

版　　次　　2023 年 2 月第 1 版

印　　次　　2023 年 2 月第 1 次印刷

定　　价　　59.00 元

# 前　言

广大青年要做社会主义核心价值观的坚定信仰者、积极传播者、模范践行者，向英雄学习、向前辈学习、向榜样学习，争做堪当民族复兴重任的时代新人，在实现中华民族伟大复兴的时代洪流中踔厉奋发、勇毅前进。大学四年，是一个人一生中最为美好的青春记忆，如何谱写好属于青年人自己的青春之歌，是学生、家庭、学校和社会一直都非常关切的重大高等教育命题。秉持"致广大而尽精微"的理念，用心打造一门课程用以引导学生赓续红色血脉、坚定理想信念、培养核心素养、传承优秀文化，我一直有这样的思考想法和冲动。

文化是滋养学生灵魂的沃土。坚持把马克思主义基本原理同中国具体实际相结合、同中华优秀文化相结合，用马克思主义观察时代、把握时代、引领时代。传统文化转化创新，红色文化赓续弘扬，先进文化与时俱进。传统文化是取之不尽的精神宝库，战无不胜的革命精神是文化自信的重要源头，社会主义先进文化是改革创新实践中不断生成的引领中国人民奋勇向前的信念明灯。从新时代大学生人文素养教育入手，聚焦爱国、敬业、诚信、友善的社会主义核心价值观培育，编书成著，逐步建设具有特色的精品课程。一群志同道合的教师走在一起，策划、积累、写作、打磨，成就了这部《大学生人文素养十五讲》。

本书以核心价值为引领，围绕中国古代传统文化、红色文化、当代先进文化三个不同时期文化板块，形成了三编十五讲的结构。依托经典文本、历史史实和影视作品，以点带面，专业解读，希望在有限的篇幅和时间里给大学生建构一个相对完备而思想集中的反映时代特色的人文素养体系。

第一编传统文化里，君子德行可以带学生领略古圣先贤自强不息、厚德载物的生命哲学；务实创新的阳明心学上承先秦儒家，下启儒佛互参，于修身齐家大有裨益；作为古典名著中的耀眼明珠——《红楼梦》古典美的解读旨在把握美育内涵，塑造美好心灵；明德教化，乐音至善，透过文学与音乐关系的剖析，将给读者奉上一把赏析文学的音乐之匙；"家书抵万金"，潮汕侨批的记忆中不光有乡愁，有诚信，更有文化。一方面，"我们要敬仰中华优秀传统文化，坚定文化自信"；另一方面，也要不断赋予中华优秀传统文化新的时代价值，让其更好地活起来、传下去。这是当代大学生的学好用好弘扬好传统文化的使命，也是人文教师义不容辞的职责。

在中国共产党丰富的精神谱系中，我们选取了伟大的建党精神、长征精神、抗美援朝精神和红色金融、红色家书等主题。"只有全党继续发扬担当和斗争精神，才能实现中华民族伟大复兴的宏伟目标。担当和斗争是一种精神，最需要的是无私的品格和无畏的勇气。"生活在共和国幸福而美好的和平环境中，时代有为青年要不忘为人民奋斗、为人民担当、为人民服务的建党初心，继承民族利益高于一切、与人民群众同生死共患难的长征精神，发扬舍生忘死、保家卫国、为了人类和平与正义事业而奋斗的国际主义精神。此外，通过简朴精美、形式各异的红色货币感知红色金融人不忘初心的为民情怀、廉洁自律的行为示范及坚如磐石的革命信念；通过对一封封血染纸背、情真意切的革命家书的解读，希望带给同学们的不单是感动，而且借此滋养家国一体情怀，同向同心同行！

长风破浪，与时俱进，中国特色社会主义进入新时代之后，面对世界百年未有之大变局，中国人民在中国共产党的坚强领导下，团结一心，拼搏奋斗，精神谱系愈加丰盈。比如，"无禁区、全覆盖、零容忍"的反腐败伟大实践中蕴含的斗争精神；再如，伟大的"生命至上、举国同心、尊重科学、命运与共"的抗疫精神；又如，制作精良、艺术精湛的主旋律电影、电视剧掀起了一波又一波爱国主义高潮，国产电影、电视剧和优质原创综艺节目扬帆出海，带领影视"华流"走向世界。还有，物质文明创一流，精神文明结硕果，作为改革开发的排头兵，深圳作出了举世无双的成绩，比如科技创新驱动、战略产业引领、生态文明涵养、人文理念聚力等，同样需要全面研究，深入解读。

习近平十几年前任浙江省委书记时寄语在杭大学生："虽然人生道路很长，但关键之处往往只有几步；虽然人生问题很复杂，但要害在于把握住最基本的东西。每个人的人生各有不同，但不同的人生，有一些基本的东西是每个人都需要认真把握的。"理想、价值、人文精神之于人生，如同灯塔之于航船。追随光芒，壮志如虹，当代大学生定能开启似火如虹的人生新征程。

这也当是本书全体编写同志的初心。

是为序。

李建军

2022 年 12 月 12 日于广州凤凰山下

# 目 录

## 第二编　红色基因的传承

第一编

优秀传统文化的底蕴

# 第一讲
# 自强不息与厚德载物
## ——君子德行

王晓东　谷向伟

　　中华传统文化源远流长，物质创造层面因长城故宫而彰显，精神创造层面则以君子文化为代表。那么君子是如何作为的呢？这是个较为复杂的问题，但简言之即八个字，"自强不息""厚德载物"。2020年9月8日，习近平总书记在全国抗击新冠肺炎疫情表彰大会上强调说："'天行健，君子以自强不息。'一个民族之所以伟大，根本就在于在任何困难和风险面前都从来不放弃、不退缩、不止步，百折不挠为自己的前途命运而奋斗。从5000多年文明发展的苦难辉煌中走来的中国人民和中华民族，必将在新时代的伟大征程上一路向前，任何人任何势力都不能阻挡中国人民实现更加美好生活的前进步伐！"[1]"天行健，君子以自强不息"这句话就出自《周易》；而把君子推为道德人品模范的则是儒家思想集大成者孔子，在《论语》中有一系列的君子与小人对比的经典话语，如"君子喻于义，小人喻于利"。"君子"是孔子理想人格的典范，仁爱的宽广胸怀、中庸的处事

---

〔1〕"全国抗击新冠肺炎疫情表彰大会在京隆重举行　习近平向国家勋章和国家荣誉称号获得者颁授勋章奖章并发表重要讲话"，载 https://www.12371.cn/2020/09/08/ARTI1599555893376391.shtml，最后访问日期：2020年9月8日。

准则、重礼的道德规范、智明而圣的自觉意识、义以为上的价值取向、自强不息的进取精神、诚信不欺的为人品行等是其基本特征。[1]可以说，君子人格因儒家而发扬光大，成了各行各业士农工商为人处世的高标和理想。

# 第一节　高尚人格

君子在古代指地位高的人，后来指人格高尚的人。比如"以小人之心度君子之腹"，[2]就是强调后者。这个"古代"指西周到春秋时期，孔子之后君子就有了丰富的人格内涵，有多丰富呢？我们不妨看看专业的论述。黎红雷说有"好学上进、文质彬彬、自尊自重、恭而有礼、和而不同、通晓道义、言行一致、心胸坦荡、守死善道、通权达变"十个方面，梁国典也认为有"仁以为己任、义以为上、立于礼、知者不惑、主忠信、有勇、中庸、和而不同、文质彬彬与自强不息"十种；简言之，孔子重释之后的"君子"具有"轻权势（位）、重德性"，具有道德自觉性和社会责任感（"修己以敬"和"安人""安百姓"），以及"文质彬彬"（"君子去仁，恶乎成名""君子义以为质"）等特点。[3]可以说，历朝历代的君子是中国传统社会和文化中的顶梁柱，中华民族的脊梁。现实而迫切的问题在于如何实现传统君子文化的创造性转化。

---

〔1〕　胡继明、黄希庭："君子——孔子的理想人格"，载《西南大学学报（社会科学版）》2009年第4期。

〔2〕　中国社会科学院语言研究所词典编辑室编：《现代汉语词典》（第5版），商务印书馆2005年版，751页。

〔3〕　黎红雷："孔子'君子学'发微"，载《中山大学学报（社会科学版）》2011年第1期；梁国典："孔子的'君子'人格论"，载《齐鲁学刊》2008年第5期；林贵长："孔子与'君子'观念的转化"，载《天府新论》2008年第2期。

　　君子思想来源已久，强调的还是有德之士的天下担当。《周易》是群经之首，是一部渊源邃古、博大精深的哲学著作，中国哲学的许多思想，比如自强不息、厚德载物、亢龙有悔、履霜坚冰都出自这部著作。许多科学现象也和《周易》理论不谋而合，这体现了中国古人的智慧。

　　"易道广大，深远而德备；习易者要深谙易理之玄奥。故有，'易为君子谋，不为小人谋之说。'"这是北宋大哲学家张载讲的，他的"为天地立心，为生民立命，为往圣继绝学，为万世开太平"更为同学们耳熟能详。四个"为"字句，其实就是君子的社会责任感，首先是为谁，其次是做什么。张载算得上是封建社会思想觉悟了的哲学家，所以其主张能被后人一直推崇。哲学最终还是要走向实践，也就是君子如何在"治国平天下"的过程中完成历史使命并实现自身的价值。最终真正解决君子使命的还是中国共产党人，"全心全意为人民服务"是共产党的根本宗旨，再大的使命也是在一件件、一桩桩小事中干出来的，是在践行为人民服务的生活与行业实践中产生的。社会责任感，用今天流行的说法，就是崇高理想。因此可以说，古今中外的君子就是具有崇高理想并身体力行的人。

　　伏羲乃华夏人文之祖[1]，文王是周朝和周文化的奠基者，孔子为儒家思想集大成者，中国人尊称为"三圣"[2]"圣"是"圣"的繁体字，从字形上就准确地传递了该词的意义，"圣从耳者，谓其耳顺；言闻声知情""本义通达事理"。"闻声知情""通达事理"的圣人我们普通人只能"高山仰止，景行行止"，

---

　　[1]　伏羲、女娲是华夏族图腾龙的变相，可参见闻一多：《伏羲考》，上海古籍出版社 2006 年版。

　　[2]　关于《周易》的作者、时代，还有"人更四圣"之说，是在"三圣"的基础上增加周公。

如果能努力践行君子、远避小人，也能在平凡的岗位上发出光彩。《左传·宣公二年》记载了一个叫钮麑的晋国勇士，给人印象深刻，过目难忘。为什么呢？晋灵公昏庸无道，派钮麑去杀害忠勇敢谏的执政赵盾，可这个"杀手"到了赵大夫家，大门开着，"盛服将朝"，只是时间还早，在那儿坐着打瞌睡。对此钮麑感叹不已，二难之中撞槐树而死。他的理由是，大夫赵盾如此庄重、敬业，是百姓的主心骨；把百姓的主心骨杀掉，是不忠，但不杀，又是失信于国君；杀或不杀、不忠或不信这是二难选择，选其中任何一个，都不如自己死啊。值得深思的是，这位晋国勇士忠的对象是百姓，信的对象是国君。这是多么朴素的民本思想啊！换句话说，他和赵盾都是为了百姓的安康、幸福而努力，他俩是目的一致、品性相同的人。道相同，德相似，所以钮麑才会置国君的命令于不顾，不杀赵盾。他能够给灵公的交代，就是不失信，尽管这是小信，那就是选择舍弃自己的生命。亲仁、不惑、通达事理、主忠信、有勇，凭这些品质，钮麑就是个十足的君子。也许我们可以说，圣人是大智慧，那君子起码也是有情有义、爱憎分明的通达之士。对！重要的就是"义"，所以孔子才说"君子义以为质"。一个人不陷入自我利益的漩涡，能舍小我而顾全大局，太难能可贵、太少见了。这应该是钮麑进入《左传》的原因吧。

"志于道，据于德，依于仁，游于艺"，孔子提出了成功做人的十二字秘诀，也可说这就是君子之道。德正则事业兴，仁厚则根基深。德重在自我的德性修养，比如做事正直、为人谦恭，仁重在对外的为人处世，比如爱人、"己所不欲，勿施于人"。"艺"可以泛化为我们所从事的各行各业的工作技能，俗话说"三百六十行，行行出状元"，这些个"状元"都是生怀绝艺之人。但技艺再高，也要有德有仁，否则必定身败名裂。

切莫忘记，"德能勤绩廉"考察干部，光"德"就能一票否决。败德可不是笑谈中的"社死"，而是社会死亡。

有家小学的门口墙上挂着一幅字，"学海渡圣人"，其实应该写成"学海圣人渡"，或者"学海渡君子"。实际上，无论是传统教育还是现代教育，共同的目的之一就是让学生养成君子人格。至于圣人，那是千年一遇、可遇不可求的事。但平凡如我们，虽然"路漫漫其修远兮"，但依然可以通过自我的奋斗做个"上下求索"的高尚君子。

## 第二节 自强不息

"广大青年要立大志、明大德、成大才、担大任""……只有心怀'国之大者'，才能担当民族复兴重任。"2021 年 4 月，习近平总书记回母校清华大学看望同学们时，强调要自强不息，担当大任。[1]"男儿当自强"，但自强的真谛是什么，如何自强，中国的古圣先贤以龙为喻，详明其旨。

《周易》乾卦的卦形由六个阳爻组成，阳爻为"九"，自下而上依次为初九、九二、九三、九四、九五、上九。因为乾卦都是阳爻，坤卦都是阴爻，所以这两卦在六爻的基础上增多了概括意味的"用九""用六"，意思是全是"九"、全是"六"。"乾"卦的卦辞是"元，亨，利，贞"。什么意思呢？一种是自然解释，以天为代表，"始，通，和，正。"[2]即元始、亨通、

---

[1] 龚雪辉、郁振一："'学长'习近平考察清华：心怀'国之大者'，建设一流大学"，载 https://www.xuexi.cn/lgpage/detail/index.html? id =3010232931744424144& item_ id =3010232931744424144，最后访问日期：2022 年 4 月 10 日。

[2] 《周易正义》引《子夏传》，参见李学勤主编：《十三经注疏·周易正义》，北京大学出版社 1999 年版，第 1 页。

和谐有利、贞正坚固，另一种是人文解释，为君子之四德，"善，美，义，正"。从天之四德"元亨利贞"，引申出君子四德"正义美善"的人格，实现了人道与天道的统一。《乾·大象传》说"天行健，君子以自强不息"，正是指君子能效法天之刚健本性，立身行事都能奋发图强、自强不息。这句也成了传播最广的名言之一，好像上过大学的人没有哪个不知；当然，也包括和它对应的下一句。

元亨利贞，体现了春夏秋冬四季之阳气的运行流转。四季往复，冬去春来，阳气循环不已。《乾·彖辞传》在分论元、亨、利、贞后的结语为"首出庶物，万国咸宁"，意为阳气周流不息，春日再来，又开始重新萌生万物，天下万方都和美安泰。这是"贞下起元"的意思。万物处于永恒的运动变化中，六爻中，"初"为始，"上"为终，从"初"到"上"不仅仅意味着一个过程的结束，也意味着一个新过程的开始。《周易》第六十三卦为既济卦，"既济"表示已完成，但这并不是《周易》的最后一卦，最末的第六十四卦为未济卦，"未济"意味着未完成、待完成和新征程。这种卦序的安排，体现了深刻的历史意识和忧患意识。《系辞》云，"作《易》者，其有忧患乎"；孟子说，"生于忧患"。完成大事业、成就大人生的君子，都需有奋斗不止、初心不忘的伟大精神和意志。这也是中华民族永葆活力的不二法门。在党的二十大报告中，习近平总书记语重心长地提醒大家，"我们必须增强忧患意识，坚持底线思维，做到居安思危、未雨绸缪，准备经受风高浪急甚至惊涛骇浪的重大考验"。唯此，我们才可以"在新时代新征程创造令世人刮目相看的新的更大奇迹"。

哲学家冯友兰先生（1895～1990 年）在抗日战争最艰苦的西南联大时期开始写作"贞元六书"，为何命名为"贞元六书"

呢？冯先生 20 世纪 40 年代初自述说，"当我国家民族复兴之际，所谓贞下起元之时也。我国家民族方建震古烁今之大业，譬之建室，此三书者，或能为其壁间之一砖一石欤？是所望也"。[1] "世变方亟，所见日新，当随时尽所欲言，俟国家大业告成，然后汇此一时所作，总名之曰'贞元之际所著书'，以志艰危，以鸣盛世。"[2] "中华民族到了最危险的时候"，正直的知识分子仍对民族复兴抱有坚定的信念。书名"贞元六书"取典于《易经》，也显示出优秀传统文化不朽的生命力。时至今日，优秀传统文化的创造性改造、创新性发展依然是新时代重大的文化命题。

《乾》以"龙"做六爻的象征，以此体现君子之德。"天地之气有升降，君子之道有行藏，龙之为物，能飞能潜，故借龙比君子之德也。"[3] 龙能飞能潜，正象征君子行藏有度、进退自如的智慧。下面根据六爻详细分析下君子在不同时期该如何像龙一样进退有度。

"初九"，象征在事物的初始阶段位卑力弱，需如"潜龙"一样，努力沉潜、积蓄力量，暂时不用，不急于施展。《乾·文言传》深入分析了"潜"的深刻涵义。"龙，德而隐者也。不易乎世，不成乎名；遁世无闷，不见世而无闷；乐则行之，忧则违之，确乎其不可拔，'潜龙'也。"这个阶段重在培养"确乎其不可拔"的意志品质，不为世俗所改易。要培养独立自主的精神，绝不"近朱者赤、近墨者黑"。"达则兼济天下，穷则

---

〔1〕 冯友兰："新世训·自序"，载《三松堂全集》（第 4 卷），河南人民出版社 2001 年版，第 337 页。"三书"指当时已完成的《新理学》《新事论》《新世训》。

〔2〕 冯友兰："新原人·自序"，载《三松堂全集》（第 4 卷），河南人民出版社 2001 年版，第 463 页。

〔3〕《集解》引沈骥士，转引自黄寿祺、张善文译注：《周易译注》（上），上海古籍出版社 2007 年版，第 2 页。

独善其身"，通达的话不自得于虚名，不得志的话也无忧、[1]无闷。总之，积蓄能力，培养意志，是"潜龙"的存在方式。经由"初九"的沉潜，"九二"君子崭露头角。因何一定要勇于施展呢?《乾·小象传》曰"'见龙在田'，德施普也"，《乾·文言传》曰"'见龙在田'，时舍也"。时舍，抓住时机施展的意思。君子盛德，当有为于天下。初出茅庐的君子，当有"君德"。《乾·文言传》讲"君子学以聚之，问以辩之，宽以居之，仁以行之"，这里包括"学、问""宽、仁"两个维度，前者重知，后者重行；以积聚、问辩获得真知，以宽厚、仁爱指导实践，是为仁智兼备，也是知行合一。

以此进阶，君子便来到"九三""九四"的发展阶段。古人以天、地、人为"三才"，六爻以初、二为地，三、四为人，五、上为天。人居于三、四，《系辞下》指出"三多凶""四多惧"，正说明人道居于下卦之上、上卦之下的矛盾发展之中。唯物主义辩证法认为，矛盾是事物发展的源泉和动力。三、四的"凶""惧"并非患得患失、畏首畏尾，而是忧患意识、自主意识的体现。如何把握"九三"的将变之机呢?"君子终日乾乾，夕惕若厉，无咎"，君子在白天、晚间时刻保持努力和警惕，自可免于灾祸。如何实现上卦的质变呢?"九四：或跃在渊，无咎"，"或跃在渊"意为或跃于天、或潜在渊。跃于天，体现了君子对时机的敏锐把握，《乾·文言传》说"君子进德修业，欲及时也"。潜在渊，看似又回到初九，但这是进退得体、可进可退的大智慧。《乾·文言传》说"上下无常，非为邪也"，上下进退并非恒定的，不能只进不退；上进或下退都是顺从形势，

---

[1]《论语·子罕》云："知者不惑，仁者不忧，勇者不惧"，参见杨伯峻译注：《论语译注》，中华书局1980年版，第95页。

但绝对不是出于一己私欲。习近平总书记勉励广大年轻干部时说："要立志做大事，不要立志做大官，保持平和心态，看淡个人进退得失，心无旁骛努力工作，为党和人民做事。"[1]"看淡个人进退得失"，就是要清楚地认识到"上下无常，非为邪也。"

"九五，飞龙在天，利见大人"，九五是龙飞于天的至高理想境界。君子掌握事物发展规律，《乾·文言传》解释说"先天而天弗违，后天而奉天时"，达到"上治也"的天下太平的政治局面。"上九，亢龙有悔"，体现了《周易》"物不可穷，穷极而反"的辩证法思想。《乾·文言传》讲到，"亢"就是"知进而不知退，知存而不知亡，知得而不知丧"，并感慨，"其唯圣人乎！知进退存亡，而不失其正者，其唯圣人乎！"君子当常怀敬畏之心，尤其对于某一单位的领导者而言，更要警惕"上九"的危险、途穷。如未能觉悟而已经造成"有悔"的局面，则当参照"在渊"，重新沉潜，重回"初九"，开始新的积累和成长。

《乾》"用九，见群龙无首，吉"。群龙无首在今天的日常语境中常常是贬义的，"比喻一群人中没有领头的人"[2]。实际上，群龙无首是天地共生、刚柔并济的和谐境界。"群龙"，指六爻皆为龙，各爻位、各阶段的君子都积极参与事业建设；"无首"，指群龙共同成就事业，而不争夺虚名、不以首领自居。《周易》强调"谦"，越是刚健，越是有地位，越要不为物先。"群龙无首"才能成就大事业，"群龙"是"功成必定有我"的历史担当，"无首"是"功成不必在我"的精神境界。

〔1〕 参见习近平总书记在 2019 年春季学期中央党校（国家行政学院）中青年干部培训班开班式上的讲话，引自"学习强国"学习平台《人民日报》强国号 2019年 3 月 21 日人民日报评论《年轻干部应有敬畏心、平常心，不能只想升官》。

〔2〕 中国社会科学院语言研究所词典编辑室编：《现代汉语词典》（第 7 版），商务印书馆 2016 年版，第 1088 页。

习近平总书记强调："各级领导干部要有功成不必在我、功成必定有我的境界，不要搞急功近利的政绩工程，多做一些功在当代、利在长远、惠及子孙的事情。"[1]其实，不只是领导干部，普通群众，包括青年大学生，在做事情、干事业的过程中，不要求快，不要贪小利，要把眼光放长远些，把格局放大些。切记孔子所说，"欲速则不达，见小利则大事不成"。

## 第三节　厚德载物

二十大报告指出："教育、科技、人才是全面建设社会主义现代化国家的基础性、战略性支撑。"习近平总书记一贯高度重视培养社会主义建设者和接班人，明确要求"要坚持社会主义办学方向，把立德树人作为教育的根本任务"。他说："人无德不立，育人的根本在于立德。这是人才培养的辩证法。办学就要尊重这个规律，否则就办不好学。"[2]"德"是中国含义最为丰富的词之一，哲学家讲，老百姓也讲，商人讲，工人也讲。一句"道德败坏"，等于宣判一个人的死刑。而德行真正科学的内涵与外延是什么，值得我们认真学习，好好实践。

《乾·象辞》曰"大哉乾元，万物资始，乃统天"，《坤·象辞》曰"至哉坤元，万物资生，乃顺承天"。万物生于天地间，天地共同创造万物。后来随着阶级社会的发展，以天地、阴阳分别象征男女、君臣、夫妻等等各种关系，规定出天尊地

---

〔1〕　仲音："'功成不必在我、功成必定有我'——树立和践行正确政绩观"，载 https://www.xuexi.cn/lgpage/detail/index.html？id＝13693091083192044617&amp；item_ id＝13693091083192044617，最后访问日期：2022 年 5 月 4 日。

〔2〕　"落实立德树人根本任务，习近平要求这么做"，载 https://www.xuexi.cn/lgpage/detail/index.html？id＝5568375467550117644&amp；item_ id＝55683754675501 17644，最后访问日期：2022 年 5 月 4 日。

卑、男尊女卑、君尊臣卑、夫尊妻卑等各种阶级地位的差别。但天地生成万物，天地岂有尊卑？《道德经》云"人法地，地法天，天法道，道法自然"，这里不展开哲学的讨论，仅从人类社会的发展简要分析。先民从渔猎时代进入农业时代，也就是传说中的伏羲、神农时代，农作物从野生到驯化，开启了灿烂的农业文明时代。先民感叹"春种一粒粟，秋收万颗子"的大地神奇，大地于人可谓厚矣。《坤·象辞》曰"坤厚载物，德合无疆"，农业生产依赖于大地的厚载万物。但万物并不单单由俯首可见的大地单独生成，更要"靠天吃饭"，除土壤外，更需要阳光、空气、雨露。俯仰之间，即能感知天地的大美与大德。"人法地，地法天"，人法天地，生成对天地宇宙的感知与思考。《乾》从阳气之刚，申论君子当"自强不息"；《坤》从阴气之柔，申论君子当"厚德载物"，刚柔并济，才是完整的天地之道，也是完美的君子之道。

天地平等，但有差别，天为创始，地为生成。《乾》以龙为象，《坤》以马为象，从古至今，国人都是用龙马精神来形容一个人旺盛的奋发向上的精神和样子。因是阴类，所以"马"是"牝马"。《坤》卦辞即为"元，亨，利牝马之贞"。六爻各从不同角度论析坤的特质。

《坤》卦"初六：履霜，坚冰至。"这是从日常生活和劳作中生发出的哲学思考。"霜"为阴气细微之时，"初"为初始之时，万物日渐累积，终有"坚冰"之日。谚语"冰冻三尺非一日之寒""千里之堤毁于蚁穴"，都表达了这种防微杜渐的忧患意识。《坤·文言传》以历史的惨痛教训例证说："积善之家，必有余庆；积不善之家，必有余殃。臣弑其君，子弑其父，非一朝一夕之故，其所由来者渐矣。由辩之不早辩也。"这是殷鉴不远的历史关怀和警惕。丰子恺先生曾以"渐"为题展开思考，

"使人生圆滑进行的微妙的要素,莫如'渐';造物主骗人的手段,也莫如'渐'","'渐'的作用,就是用每步相差极微极缓的方法来隐蔽时间的过去与事物的变迁的痕迹,使人误认其为恒久不变"。只有"大人格""大人生","他们能不为'渐'所迷,不为造物所欺"。[1]如何才能成就"大人格""大人生"?《坤》初六的启示是见微知著,从小事做起。日积月累,是自然之道,也是君子之道。到了六二阶段,"直,方,大;不习,无不利"。"直,方,大"是地之道,《周易正义》讲,"二得其位,极地之质,故亦同地也。俱包三德,生物不邪,谓之直也。地体安静,是其方也。无物不载,是其大也"。[2]君子如何学习这种地道精神呢?《坤·文言传》说,"君子敬以直内,义以方外,敬义立而德不孤。'直、方、大,不习无不利',则不疑其所行也"。内外兼修,敬义成德,是为君子。《论语·里仁》曰"德不孤,必有邻"[3],君子必有志同道合者共同成就一番事业。由"不疑其所行也"的独立自主精神,拓展为志同道合的群体合作,这与《乾》"群龙"的观念暗合。

接下来进入六三,"含章,可贞。或从王事,无成有终。"章,美也。三为下卦之上,六三"含章可贞"意思是"内含刚美而不轻易发露",但也要及时把握时机"或从王事",成就一番事业。"或,不定之辞,含抉择时机之义。"[4]"无成有终","有终"指成就事业,"无成"指不以成功自居。《乾》"群龙无

---

〔1〕 丰子恺:《丰子恺文集·5·文学卷一》,浙江文艺出版社、浙江教育出版社1992年版,第96~99页。

〔2〕 李学勤主编:《十三经注疏·周易正义》,北京大学出版社1999年版,第28页。

〔3〕 杨伯峻译注:《论语译注》,中华书局1980年版,第41页。

〔4〕 黄寿祺、张善文译注:《周易译注》(上),上海古籍出版社2007年版,第20页。

首"，先言"群龙"之刚，再辅以"无首"之柔；《坤》"无成有终"则先柔后刚，《乾》《坤》对照，其义自明。进入六四，就要"括囊，无咎无誉"，束紧囊口，谨慎言语，避免祸患。六四强调慎之又慎的态度。《坤·文言传》曰："天地变化，草木蕃；天地闭，贤人隐。"尚秉和先生认为"蕃与藩通"，"藩闭"为"草木黄落"，"变化之征，在物体则草木黄落，在天则阳气闭藏，在人则贤哲隐遁。"〔1〕四属上卦，但又是上卦之下，《坤》道启示君子当谨言慎行。这是《坤》卦启发的柔性、韧性战斗的智慧。

升到六五阶段，"黄裳，元吉"。对比《乾》"九五：飞龙在天，利见大人"，《坤》六五也是"元吉"的理想境界。黄为五色之中，以此象征五为上卦之"中"；古人上衣下裳，以裳象征越是上卦越是谦下。正如《道德经》强调"柔弱胜刚强""以柔克刚"的理念，"圣人后其身而身先；外其身而身存。非以其无私邪？故能成其私"。有道的人把自己退在后面，反而能赢得爱戴；把自己置之度外，反而能保全生命。不正是由于他不自私吗？反而能成就自己。〔2〕越是谦退、居后，越能体现高位者的人格魅力和历史价值。《坤·文言传》称赞说这是一种"美之极"的理想境界。上六讲"龙战于野，其血玄黄"。如同《乾》上九"亢龙有悔"的物极必反一样，"龙战于野"，其道穷也。金庸小说《天龙八部》里大侠乔峰的降龙十八掌刚猛无比，但其中最为悲壮的一掌就是"龙战于野"。

总括坤卦，用六"利永贞"。利于永久守持正固。《乾》"用九"，是刚而能柔；《坤》"用六"，是柔而能正。既刚正又柔

---

〔1〕 尚秉和：《周易尚氏学》，九州出版社 2005 年版，第 46 页。
〔2〕 陈鼓应注释：《老子今注今译》，商务印书馆 2003 年版，第 100 页。

弱，君子正是这两个矛盾性质的统一体。"用九""用六"合
参，是刚柔并济的天地人之道。

《乾·大象传》讲"天行健，君子以自强不息"，《坤·大
象传》云"地势坤，君子以厚德载物"，"乾""坤"从天地的
特质出发，着力塑造一种理想的君子人格。梁启超先生于1914
年应邀为清华学校做演讲，主要阐发的就是"乾""坤"两卦
的《大象传》。梁先生希望学校能以人格培养为教育宗旨，学子
能成为自强不息、厚德载物的君子。后来清华取"自强不息"
"厚德载物"为其校训。梁先生在演讲中说，"《乾·象》言君
子自励，犹天之运行不息，不得有一曝十寒之弊"，"学者立志，
尤须坚忍强毅，虽遇颠沛流离，不屈不挠"；"《坤·象》言君
子接物，度量宽厚，犹大地之博，无所不载"，"君子责己甚厚，
责人甚轻"。他希望学子能"崇德修学，勉为真君子，异日出膺
大任，足以挽既倒之狂澜，作中流之砥柱"。[1]

三年以来，在人民解放战争和人民革命中牺牲的人民英雄
们永垂不朽！

三十年以来，在人民解放战争和人民革命中牺牲的人民英
雄们永垂不朽！

由此上溯到一千八百四十年，从那时起，为了反对内外敌
人，争取民族独立和人民自由幸福，在历次斗争中牺牲的人民
英雄们永垂不朽！[2]

一代人有一代人的作为，一代人有一代人的担当。实现民

---

〔1〕 演讲词原载于《清华周刊》第20期（1914年11月10日），题作"梁任公
先生演说词"，载梁启超：《梁启超论教育》，商务印书馆2017年版，第148~149页。
〔2〕 "人民英雄永垂不朽"，载《学习时报》2019年5月10日。

族复兴，是近代以来仁人志士的最大梦想。"今天，我们比历史上任何时期都更接近、更有信心和能力实现中华民族伟大复兴的目标。"[1]自强者恒强，厚德者不孤，学习君子楷模，投身中华崛起的时代洪流，团结拼搏，建功立业，展现青春担当，是新时代每个有为青年的必然选择。你准备好了吗？

---

[1]　"习近平论实现中华民族伟大复兴"，载 https://www.xuexi.cn/lgpage/detail/index.html? id = 2081693400512379912&amp；item_ id = 2081693400512379912，最后访问日期：2022 年 5 月 10 日。

## 第二讲
# 知行合一与致良知
### ——阳明心学

杨　林

　　阳明心学是明代大儒王阳明创立的一套学术体系，它融合儒道佛三家精髓，以儒家"圣学"为主流，提出三大主张，一是心为根本，事在人为；二是务实进取，知行合一；三是坚守良知，勇于担当。王阳明心学有一种用良知改变世界的魄力。

　　王阳明（1472~1528年），本名王守仁，自号阳明子，浙江余姚人，明代思想家、军事家、教育家。曾任右佥都御史、南赣巡抚、两广总督等职，晚年官拜南京兵部尚书、左都御史。王阳明是明代心学的集大成者，有《王文成公全书》《传习录》传世。他的思想影响了中国500年，其声名远播日本、韩国、南亚等国。尤其对日本的明治维新及现代化影响深远。在现代社会，仍有许多杰出的政治家、企业家和学问家推崇王阳明的思想。

　　当今中国，正处在百年未有之大变局，坚守良知，心怀天下，务实进取，勇于担当正是时代的要求，对于当代大学生来说，学习王阳明心学，了解中华优秀传统文化，对于我们坚守良知，担当重任，知行合一，成长成才，具有重要的现实意义。

# 第一节　心外无理

王阳明主张"心外无理""心外无物"。根据王阳明的阐述，"心外无理"的意思是：良知就是天理，人的真知灼见就是世界的真相；"心外无物"的意思是：心与物是不能分开的，所以人心可以改变世界，就像人的身心关系一样，心里想举手，手就举起来了，因为身心本来就是一体的。

王阳明的学说之所以称为"心学"，与这两个说法有关。

## 一、人对了，世界就对了

坊间流传一个关于阳明先生的故事，说某日弟子冀元亨问阳明：何谓"心外无理"？阳明笑而不答，唤书童取来一本《战国策》，第一页是战国地图。阳明把地图扯下来，撕成碎片，然后让冀元亨重新拼接起来。这是一张战国初年的地图，除了七国，还有中山、鲁、邹，外加一些少数民族小国。冀元亨绞尽脑汁，也只拼出了山东六国，然后无奈地望着老师。阳明微微一笑，把纸片交给书童。书童全然不看战国地图，而是把纸片翻了过来，那是一幅刘向（《战国策》作者）的画像。书童笑着对冀元亨说，只要把人的画像拼起来，地图自然也就拼好了。冀元亨顿时无语，似乎悟到了点什么。

冀元亨到底悟到了什么？这就是我们要说的阳明心学的第一个要点："人对了，世界就对了。"这故事当然只是一种比喻，但这个道理真实不虚。比如我们投资做项目，找对人很重要，巴菲特说，我投资你这个公司，是因为你跟我一样有头脑、有进取心，我们经常一起喝啤酒，我甚至愿意把女儿嫁给你，只要找对了人，我的投资就成功了一大半。

所谓"心外无理",又叫"良知即天理",涉及人与世界的关系,"心"代表人的良知;"理"代表世界的道理,朱熹称之为天理。在阳明心学中,良知和天理是可以画等号的,人的那个没有被污染的本来的心,与天地的道理是同一个东西,内心的深处就是宇宙的深处,没有内外之分。

比如几何学的公理:"任意两点必可用直线相连",这是人的头脑对自然现象的规约(良知),也是自然界的道理(天理)。如果没有人的规约,自然界本身并没有"直线",也没有"点"。自然界的雨点、水滴、沙粒,在我心中就是"点",这个"点"属于我的良知,也属于这个世界。科学告诉我们世界的真相,其实就是我们对世界的解释。所以说,良知就是天理。

还比如,自然界不存在"环境保护",但存在被保护的环境,比如根据"良知"封山育林,使得环境优美,生态平衡,不也是"天理"吗?

社会更是如此:市场制度、法制、国家都是人发明的,也是客观存在的。我们上台唱歌,对于一个优秀的歌手来说,只有自己满意了才有可能让听众满意,内外是一致的。学习也是如此,最重要的是自己跟自己比,自己有了真实力,就不怕跟对手比赛。还有,世界上之所以有那么多难题,因为你没开窍,只要你开窍了,这世界就没有难题。

"心外无理""良知即天理"是一个伟大的发现,也是一个艰难的发现。王阳明16岁那年,在北京父亲的官邸"格竹子",坐在竹林里面,对着竹子苦苦思索,这叫"格物致知"。根据朱熹的说法,理在心外,只能通过外面的事物去了解天理,然后成为圣贤。但是王阳明格了七天七夜的竹子,把自己搞病了也没格出个名堂,可见这条路行不通,不是竹子不告诉你道理,而是你自己没开窍!

王阳明还有一个有名的"龙场悟道"，他究竟悟到了什么？八个字："圣人之道，吾性自足"，圣人所揭示的天理，就在我的心性之中。

王阳明不仅讲"心外无理"，也讲"心外无物"，这个道理内藏玄机。有一天，王阳明带一群学生去郊游，到南镇这个地方，见百花齐放。学生问："老师，您说心外无物，这个花在深山里自开自落，跟我的心有何相关？"王阳明说："当我们没看这个花的时候，我的心和此花同归于寂；当我们看到这个花的时候，此花与你的心一起开起来，所以知道此花不在你心外。"这个说法当然有点玄，超出了我们的常识。

关键还是对"心"的理解，这里讲的"心"是指灵性、活性、生命力，万物都有"灵性"，都有"心"。首先，心物一体。从物质的微观层次看，每一个粒子都是有灵性的，我随手捡一块石头，这块石头也有灵性，因为它是由有灵性的活跃的粒子组成的。心与物是一体的，没有灵性的石头根本不可能存在。其次，万物一体之心。万物的灵性都是相通的，我的心与天地万物的灵性也是一体的。这两点说明：心外无物。

王阳明说的"花不在心外"，陆九渊说的"吾心即宇宙"，六祖慧能说的"仁者心动"都是从这个意义上说的。为什么人的眼睛看不到紫外线而蜜蜂能看到？为什么情人眼里出西施？因为这个世界之所以是这个样子，是人心把它呈现为这个样子的，世界与人有关系。"心物一体"是东方文化的千年传统。

现代量子物理学也证明了这个道理，"波函数原理"是这样说的：对于微观粒子，人们不观察它的时候是多种可能性叠加，是不确定态。比如这个人既在这里，在广州，同时又在纽约、东京和任何地方；而一旦有人观察你，则出现了"波函数坍塌"，产生了确定性，你就只能在这里。一切确定性的存在都是因为人的介入。另外，还有两个重要的物理学实验——"双缝实验"和"薛定谔的猫"，都得出了同样的结论。

心外无物不仅是一种哲学，也是一种情怀。若是"心外有物"，这物便与你无关，你可以漠然视之，甚至与之为敌；若是"心外无物"，那天地万物都在你怀里，天下黎民都在你心里，爱人的手就在你手里。阳明弟子要离开老师，远走天涯，阳明先生对弟子说："君等离别，不出天地间。"你们虽然离开了我，好在并没有走出天地之间啊。既然不出天地间，那不就还在我的心里吗？

## 二、改变世界，从心开始

在生活中，"用心"很重要。种花用心，这个花就开得好；教育小孩用心，小孩就成长得快；有一位茶艺师说，用同样的开水、茶叶、茶具，不同的人泡出来的茶是不一样的，这跟各人的心性有关。万物的灵性与人心是相通的，你对这个世界发出善意就会回报善果，发出恶意就会回报恶果。比如一个人，他把自己的孩子教育得很好，为什么教育得好？因为他把孩子装在了心里。一个企业家如果能把企业装在自己心里，把员工、管理团队、客户、合作伙伴的利益装在自己心里，这个企业的前景能不好吗？各行各业所面临的深层次问题，本质上都是心的问题。搜狐的张朝阳说，每遇生意进展艰难的时候，他都要去一个能让自己安静下来的地方，"倾听自己内心深处的声音"。

日本企业家稻盛和夫也深受心学的影响，其认为现实是"心相的投影"。他在《活法》一书中讲了一个道理：一个人要改变命运，首先要改变内心，心态出了问题，生意迟早会出问题。还有，一个企业家器量不够或者格局太小，企业一定做不大，即使做大了也不会长久。一个私营企业把自己的分店开遍全国，如果老板没有一点"为国为民"的担当，还停留在"私"的格局上，必然会出问题。稻盛和夫当年接手濒临破产的日航，他认为日航经营不善，最根本的还是人心出了问题。

既然"用心"如此重要，那么我们该如何用心呢？来看看阳明先生怎么说。

第一，用心要"以诚为本"。王阳明说："惟天下之至诚，然后能立天下之大本。"要学着用诚意征服世界。王阳明在南赣带兵剿匪时，亲笔写过一封劝降书，叫《告谕浰头巢贼》，这里把其中的大意翻译摘录一二：

平心而论，如果有人抢夺你的妻子和财物，你会怎么想？

你们原本是朝廷赤子，譬如同一父母所生十子，二人悖逆，要害那八个。父母没办法得除去那两个，让那八个安生。我现在就处在这样的两难境地！

实话说，我一想到要杀人晚上连觉都睡不着，我这个人平时在家里连杀个鸡都不忍下手，哪敢因为轻易杀人而横遭报应，殃及子孙？

如果你顽固不化，逼我兴兵进剿，那就不是我杀你们，而是天杀你们！

你们在家种种田做做生意多好，放着好好的日子不过，非得像现在这样当土匪整天担惊受怕，又是何苦？

若你们习性难改，那我就没办法了，只能亲率大军围剿。一年不尽剿两年，两年不尽剿三年，你们财力有限，官军兵粮无穷，你说你怎么打得过？你站在我的立场上想一想，是不是这个道理？

呜呼！你们是我的同胞，我不能安抚你们而不得不杀你们，痛哉痛哉！一想到这点我的眼泪就止不住往下流！

这个劝降书写得很有诚意，成为谈判学的经典，虽然也有"心战"的意思在里面，但你不得不承认王阳明的坦诚。

在互联网时代，诚信二字尤其重要。现代互联网最大的贡献是建立了信任。从万物互联到生命互联，从利益的关联到人心的交往，加上隐私的逐步让渡和透明化，人性将彻底裸露出来。互联网时代，所有行业都是服务业，每个人都是服务者和被服务者，欺骗别人总会殃及自身。

第二，用心要"中正平和"。王阳明说："良知即是未发之中。"也就是喜怒哀乐有所节制，生活中遇到再大的麻烦，也要学会心平气和地搞定。因为"适中是天理，偏执是人欲"，人应该向天地学习。天地之间为什么有狂风暴雨、电闪雷鸣？因为能量不平衡，所以要通过剧烈冲突来实现平衡，呈现风和日丽的景象，所以平衡才是大自然的归属。

第三，用心要做到"高度专注"。也就是我们平常说的"有定力"。用王阳明的话说，做一件事情，要像"猫捉老鼠"那样专注，要有一点痴迷，所谓"不疯魔不成活"。要在一个具体事情上"专主一个天理"，要像和尚念经一样心无旁骛，这样才能入道。

翻开《王阳明全集》你会发现，王阳明做事很深、很细。比如打一次仗，他会把整个过程安排得滴水不漏，如何分兵，在哪里会师，怎么储藏兵器和盾牌，粮草屯在什么地方，被服鞋子如何配给，如何安抚当地百姓，如何收容和看管俘虏等。你围着一件事情转，整个世界就会围着你转。为什么很多500强企业专做一个产品？为什么任正非要在华为提倡"上甘岭"精神？任正非这样解释"上甘岭"精神：打不掉你的火力点我就用身体堵你的枪眼，挡不住你的进攻我就呼叫炮兵向我开炮。专注需要一股狠劲，这样才能把能量凝聚在针尖上。

第四，用心要做到"不动心"。王阳明吸收佛道两家的思想，强调修炼"此心不动"的重要性。弟子钱德洪问王阳明：用兵有没有什么特定的技巧？王阳明回答说：用兵哪里有什么技巧，只是努力做学问，养得此心不动，如果你非要说有技巧，"此心不动"就是唯一的技巧。

王阳明举例说：当年我们和宁王作战，我们处于劣势，我向身边的人发布准备火攻的命令，那人却无动于衷，我说了四次，他才从茫然中回过神来。这种人就是平时学问不到家，一临事就心慌意乱。一个人为什么能急中生智，就是因为平时学问深厚、训练不动心、有定力。不动心就是深度入静，深度入静才能接通天地宇宙深处的能量，才能明察秋毫、随机应变。

"此心不动"不是说不用心做事，而是"外动内不动"，就像中医说的"常动体脑不动心"，身体要运动，大脑要思考，但是内心的私欲、情绪、杂念不能动，要学会"淡定"。

王阳明 22 岁那年参加会试落榜，很多落榜的朋友唉声叹气。王阳明很坦然地说："世以不得第为耻，吾以不得第动心为耻。"王阳明 36 岁时被宦官迫害，发配到遥远的贵州龙场，饥寒交迫，自述"日有三死"，"然而居之泰然，未尝以动其中"。"龙场悟道"以后，王阳明的人生态度是："一切得失荣辱，真如飘风之过耳"，"奚足以动吾一念？"王阳明用他的人生经历告诉我们，"此心不动"是用心的最高法门。

## 第二节 知行合一

王阳明说："圣学只是一个工夫，知行不可分为两事。"从孔孟、二程到朱熹，只听说过知行相关，尚未听说过将知行合为一事。为什么王阳明要把知行看作是一件事呢？

因为知和行原本就是一件事。一个原始人拿着个鱼叉，见到鱼就一叉下去，那是获取食物的本能，无需专门开会研究。这是原始状态的"知行合一"。后来的智能分工当然是一种进步，但毕竟是把知与行分裂开了，所以要"复那本体"，也就是把分裂的人变成完整的人，恢复人的完整性。比如一个学霸，连自己的生活都不能自理，连基本的跟人打交道的能力都没有，他是一个完整的人吗？还有的人做事情很卖力，但一点技术含量也没有，一点专业精神也没有，那不是傻干吗？强调知行合一，就是在不否认智能分工的前提下，恢复一个完整的人。

## 一、读书贵在力行，实践磨炼良知

明正德十二年（1517 年），王阳明在江西南赣带兵剿匪。他白天打仗，晚上讲学。每逢开讲，书院内外灯火通明，还有两列威风凛凛的军士手执兵器两厢护卫。因为当时匪患严重，城中常有贼人出入，兵甲护卫是为了保护王都堂安全。一边是书院讲堂里阳明先生操着余姚口音讲《大学》要旨，另一边是戒备森严的战时气氛，阳明先生一身而二任。

讲学结束，已过亥时，他与学生们约好，明日一早继续讲《大学》格致的学问，大家切勿迟到。到了次日辰时，学生们如约来到书院，却并未见先生到场，左等不来，右等不来。后来守门人传话："先生不来了，大家散了吧！"一打听，原来今天上午的讲学是个障眼法，先生早就谋划好要在今日分十路突袭敌营，一大早就带着军队出征了。非常时期，老师使了一出声东击西的计谋，以麻痹贼人眼线。在王阳明的军旅生涯中，边打仗边讲学成了他的常态。讲学是修心，打仗是用心，把心修好了才能更好地用心，这也是践行他的知行合一。

知行合一可以从两个方面来理解：

第一，读书贵在力行，重点在"行"的落实。王阳明说："知而不行，只是未知。"一个人懂得要孝顺父母，但是从来没实行过，你能说他真的懂得孝吗？

除了重视实践，也要在读书方法上落实"行"。王阳明对"圣人书"有一个解释："《易经》解释我们心里的阴阳变化；《尚书》解释我们心里的政治；《诗经》解释我们心里的文艺；《礼记》解释我们心里的各种礼节；《乐记》解释我们心里的音乐；《春秋》解释我们心里的善恶邪正。"

这里隐含着两个学以致用的读书方法：其一，书要"在心上读"才有用。王阳明教导弟子读书要"在心上读"，要开窍，写字要"在心上写"，写字并不是追求好看，而是要找到一种内心感觉。读书写字只落在字面上没用，落在心上才有用，才能变成你的能力和智慧。其二，"简化聚焦"才能抓住要害，有效实行。在这段话中，《易经》被简化为"我们心里的阴阳变化"。这种简化恰恰是实干家融会贯通、学以致用的诀窍。

开发微信的张小龙有一个"朴素定律"："如果一个事物一个人，让你觉得眼花缭乱，那么大概率是错的、假的、低劣的。最了不起的人和事，都简洁而优雅，朴素到一剑封喉。"复杂的东西在理论上是很完美，但可行性不强，只有简单直接才能抓住要害，有效实施。

第二，实践磨炼良知，重点在"知"的提升。通俗地说，就是干活不能只干粗活，要有一点专业精神和素养，在"行"中提升你的"知"，用王阳明的话说就是：要在事上磨炼良知，让良知发扬光大。

有弟子问王阳明："我每天处理公务，诉讼断案太忙，没法学习心学怎么办？"他把心性之学看作与公务无关。

阳明先生纠正他说："我何尝教你脱离公文和诉讼悬空去学

习？你既然要处理官司，就从处理官司的事上用功，这才是真功夫。比如审一个案子，不可因为当事人应对不当，就起个怒心；不可因为他言辞动听，就生个喜心；不可因为厌恶他，就专门惩治他；不可因为他求情，就屈意答应；不可因为自己事务繁忙，就随意判决；不可因为他人的诬陷，就随他人的意思处理。"强调在实践中发显良知，强调"在事上磨"，磨什么？磨心，良知之心经此一磨，方能变得清澈。

读书也是一种心性的磨炼。有弟子问王阳明：如何在看书学习中致良知？阳明先生说：避免死记硬背，不要贪多争胜，读书要读心要开窍，就能显现你的良知。

总之，一方面，读书人要务实，要把你学的东西做出来看看。宣扬道德的自己要有人品，读文科的文笔不能太烂，学投资的就要参与点项目实战。另一方面，实干家也要不断地在实践中学习、充电、提升自己。比如，现在有一些企业家喜欢读书，这个难能可贵。衣食无忧了总该有点追求，一辈子为名利所困有什么意思？良知的发光才是真正的人生圆满。

## 二、保持善念，一念发动处即是行

王阳明还用"一念发动处即是行"来解释"知行合一"。他举例子说：比如你喜欢一个东西，你见到这个东西是"知"，喜欢它就是"行"，请注意，喜好就是行动。你在见到它的时候马上就喜好它了，而不是在见了它之后再另起一个心去喜好，所以"知"与"行"不能分开。还比如，闻到恶臭是"知"，讨厌恶臭是"行"。闻到恶臭时就开始讨厌了，不是在闻到恶臭之后才另起一个心去讨厌。这也是"知行合一"。

世界上所有的"知"都包含了我们的态度在里面，照一张照片，看起来很客观，但你取景的角度和光色等都会暴露出你的态度。只要是人看到的世界，这个世界就一定有人的态度在里面。"看"是知，"态度"是行，二者同时发生，所以知行合一。

问题是，态度（喜欢和讨厌等）怎么会是"行"呢？不是说"心动不如行动"吗？态度不是"心动"吗？怎么会是"行动"？

因为我们的态度是会影响这个世界的。所谓行动，一般是指动手改变环境，我把这瓶水拿开，改变了环境，所以是行动。但我不动手能否改变环境？我的态度、念头能否改变环境？可以。

有一位将军问一位禅师：什么是天堂，什么是地狱？禅师反问：是哪个笨蛋让你当将军的，你看上去像个屠夫。将军大怒，举刀欲砍：我宰了你！禅师说：地狱之门由此打开。将军大惊，道：请原谅我刚才的失态。禅师说：天堂之门由此打开。这就是佛法说的一念天堂、一念地狱。天堂地狱并不在遥远的未来，它就在你的一念之间。

这里的意思是念头可以改变现实，一个人不断产生善的念头会让你身心健康，一帆风顺，这就是你的天堂；而不断产生恶的念头就会污染你的身心，甚至让你贫病交加，命途多舛，这就是你的地狱。——因为身心是一体的。

念头不仅会改变你的身心命运，也会改变他人和外部环境。比如你帮助过我，我对你心生感激，向你发出了一种很良善的生物电，你会有种很舒服的感觉，这种美好的"心印"无形中增加了彼此的能量。我们常说做好事不求回报，但客观上会产生微妙的能量交流，所以懂得感恩的人，不期然地改善了自己的命运。这叫"境随心转"。

在投资中有个说法叫"概念股"，因为资源跟着概念走，所以概念本身也是资源，比如在"粤港澳大湾区"概念下，运行着一种优质资源的配置和整合。还有市场品牌，是善念、口碑、佳评的积累，品牌会产生实际变现能力，比如海尔品牌可以用一个实际金额标示。日常生活中的一些成语也隐含了这个道理，比如"心病还需心来医""得心应手""心灵感应"等。

在日常生活中，心怀善念，做好人生规划与目标定位，保持积极向上的人生态度等，都能产生"一念发动处即是行"的实际效果。

## 第三节　致良知

致良知是王阳明心学的核心，为了方便教学，他概括了一个"良知四句教"："无善无恶心之体，有善有恶意之动，知善知恶是良知，为善去恶是格物。"第一句是说，良知本身就好像一面镜子，镜子可照见万物，但它本身是空的，良知是我们本来清静的心，无善无恶；第二句是说，善恶是人心分辨出来的，就像我们以花为善，以草为恶，要除掉杂草一样。自然界本身无所谓善恶，人的心意一动，就分出了善恶；第三句是说，良知本身无善无恶，但它像一面镜子照出世间的善恶，所以叫"知善知恶"；第四句是说，所谓"格物致知"，就是要用良知去"格正"万事万物，为善去恶，让这个世界变得更好。

四句教可概括为"一无三有"，第一句无善无恶，后面三句有善有恶。"无"的层次高于"有"。比如一个小和尚，刚入道时要修"诸恶莫作，众善奉行"，有善有恶；成了高僧大德就"内心清静，无善无恶"了。内心清静超越了"德"，上升为"道"，是更高层次的道德。道理很简单，一个内心清静的人是不会干龌龊事的，也从不标榜自己做了善事。用王阳明的话说，日光（良知）之下无需再添一灯（善）。

一个觉悟程度高的人，更信任内心的良知，而不仅仅是外在的道德约束，但前提是你要做到"良知清澈"，这是需要修炼的。如何修炼呢？

## 一、省察克治，心如明镜，让良知清澈

省察克治是阳明心学中经常提到的一个词，"省察"是指通过反省检查自己，"克治"是指克服去掉自己的坏毛病。王阳明认为，只有通过反省、静坐、修空等方法，把自己的心理垃圾清干净，成为一个"良知清澈"的人，才能得道成圣。我们先举一个例子，看看阳明先生本人是如何"省察克治"的。

王阳明平定宁王叛乱，功成名就，回到老家。有一天有位老先生来见王阳明，说我家里有块好地，我也没时间种，便宜点卖给你吧。王阳明一想，我又不在老家住，我买地干嘛？算了，不要不要，谢谢您的好意。过了几天，王阳明和弟子去山水之间游学，领略大自然的风景，走到一个地方一看，山环水抱，绿树成荫，王阳明感叹：这地方风水太好了，是个修身养性的好去处。此时一个弟子说，先生，这不就是前两天那位老先生想便宜卖您的那块地嘛，您当时不要，结果卖给别人了。王阳明一听，当时就后悔了，可惜可惜！刚一动念头，突然警觉：不对，我怎么能动这种贪念呢？这事本来跟我没有关系，我居然心动了。于是，整个下午王阳明变得很沉默。一直到傍晚，他终于说话了，说现在我已经把心中的那个贪念彻底地根除了。原来王阳明一下午都在清理心理垃圾，今日事今日毕，心里垃圾积累多了可是会坏事的！

王阳明说："圣人心如明镜，常人心如昏镜。"人的良知就像一面镜子，人人具有，镜子蒙尘就是凡夫俗子，镜子明亮就

是智者圣贤。古人之所以提倡修身、悟道、参禅，目的就是让你净化身心，改变命运，成为一个有大智慧的人。诸葛亮为什么教导儿子"淡泊明志，宁静致远"？朱熹为什么要劝导宋朝的皇帝"正心诚意"，克除私欲？曾国藩为什么要写《日课册》每天反省自己？目的就是这个。

在日常生活中，我们每天都可能遇到不顺心的事，不对眼的人，还有各种各样的烦恼、贪欲和杂念，以及工作中的种种偏差和误区，这些东西堆积起来不清理，日积月累，就会贻害身心、蒙蔽心智。鉴于此，现代人难道不需要补上修身、致良知这一课吗？

致良知的方法和途径，就是通过读圣贤书、静坐观心、省察克治，回归那个没有被污染的"本来的心"。王阳明五十岁以后，不再谈别的，专讲"致良知"，他说："除却良知，没有什么好说的"，因为他所有的学问，都包含在"致良知"里面了。

信任自己的良知必须以"省察克治"的长期修炼为前提，如果一个人心中有太多的杂念和私欲，做不到"良知清澈"，那么你的所谓"良知"就是主观偏执。要知道，良知不是主观的！

阳明有一个得意弟子叫王龙溪，他受朋友唐顺之邀请，教他怎么"致良知"。唐顺之是抗倭统帅，王龙溪亲临他的营帐，看他怎么指挥打仗，现场发现了问题，于是给他指出来：刚才有一位将军向你提建议，话还没说完你就打断他，大谈自己的作战方略，你总得让人家把话说完吧，你这叫"搀入意见"，不虚心，非真良知也；你处理事情时，喜欢引用古人，拿古人说事，你自己的见解呢？你这叫"搀入典要"，食古不化，非真良知也；大家意见不合时，你作沉思状，绞尽脑汁，苦思冥想，钻牛角尖，缺少处理事情的智慧和悟性，这叫"搀入拟议安排"，非真良知也；有时候你气壮如牛耍威风，大骂手下将领，这叫"搀入气魄"，非真良知也；你有时候揭人家的短，心血来潮时突然奖赏某人，或者不按规矩罚人之过，不实事求是，这叫"有所作"，非真良知也；打仗的时候，你喜欢按老套路行事，为士兵铸造铜面，蓄养猎犬，也不考虑实战中有无实际用途，不懂得因地制宜，这叫"搀入格套"，非真良知也；你喜欢说大话，说什么"猛将如云，还不如我这个生了病的将军"，这叫自吹自擂，"搀入能所"，非真良知也。

王龙溪一口气说出了唐顺之七大问题，并道出了良知的真义："所谓真良知，就是要以虚灵之心应物，随机应变，不要搀入那么多的主观私意和情绪，就像一面空朗明白的镜子，一丝一毫的灰尘和私心杂念都没有，才能清楚明白地照见一切。而太多地玩弄你的那些才智伎俩，反而遮蔽了你的灵性、你的良知。"

## 二、以良知为师，自尊无畏，勇于担当

明朝正德十四年（1519年），盘踞江西的宁王朱宸濠突然在南昌发动叛乱，举十万之众，来势汹汹。当时朝中很多人对此持观望态度，谁也不敢惹朱宸濠。因为不轻易介入皇家的争斗，这是前朝教训。当年方孝孺介入建文帝与朱棣之间的冲突，朱棣曾警告他："此朕家事"，要他别管，而方孝孺宁死不低头，结果被灭了十族，自己被车裂，还连累了八百七十三个亲人惨死。还有在当年的夺门之变中，一代名臣于谦不幸卷入英宗与代宗的矛盾漩涡中，最后也落得个死于非命的下场。

宁王兵变，大家都当缩头乌龟，而王阳明却毅然决然要干预此事，他紧急向各州府郡县调兵应变，很快募集了四万民兵。门下弟子劝他不要莽撞行事，他说：此意已决，勿再劝阻！

王阳明后来回忆说，是什么力量促使他这样做的？是良知！

良知告诉他，就算天下人都听从宁王，我也要捅这个马蜂窝！而且根本不考虑这件事对他个人有什么后果。但他明白，良知是从来不会出错的：对于一个国家，快速解决宁王叛乱，可避免大规模的杀戮和老百姓的生灵涂炭。

这个良知，不是一个"理性判断"，而是"天理之昭明灵觉"，是"天理"借助人的灵感、直觉在说话，是人的内心深处发出来的一种声音，良知告诉我应该这样做，没有什么道理可讲。

因为有明镜一般清澈的良知指引，所以保证了接下来的战场决策可以碾压对手，用王阳明的话说这叫"良知发用之思"，在良知的指引下进行逻辑推理、施展谋略。

王阳明分析："宁王可用三策：趁着锐气，直捣北京，登基称帝，此乃上策；攻打陪都南京，可控制中国大片国土，此为中策；死守南昌，被官军重重包围，这是下策。南昌是他老巢，经营多年，不会弃之不顾，他一定会取下策！"事后果如王阳明所料，宁王优柔寡断，不舍老巢，王阳明又乘机散布大军合围南昌的假消息，逼他龟缩南昌不敢轻动。

王阳明将部队集结完毕后，又引诱宁王离开巢穴去打南京，待宁王主力离开南昌，王阳明率军尾随其后，乘机拿下南昌。南昌失守，宁王气急败坏回援，被王阳明大军堵在鄱阳湖，一举全歼。王阳明在良知指引下，以少胜多，打赢了这场战争。

此处可以总结一个阳明心学的决策模式：良知清澈——直觉与灵感决断——在良知指引下运用理性、施展谋略（良知发用之思）。

王阳明为何如此信任良知？理论上是因为"良知就是天理"，实践中则体现了一种"担当精神"，良知在我，自尊无畏，除了我的良知，难道还有什么别的东西可以依靠吗？

记住几个要点：良知不是主观的，需要内心澄澈，需要在实践中修炼；良知是"虚灵不昧"的灵性决断，是理性思考的源头，只有在"良知清澈"的前提下，逻辑推论与数据分析才是有效的；良知是人天一体的大智慧，一种无与伦比的自信与担当。

## 三、"此心光明"是人生最大的财富

"吾心自有光明月，千古团圆永无缺。"这是王阳明的诗句。"此心光明，亦复何言？"这是王阳明离世前的人生总结，也是王阳明全部学问的结晶。

人都是向往光明的，但不能保证时时刻刻都光明、都正能量，有时候必须接纳不光明的东西。比如有人整天跟你过不去、生活中一大堆麻烦等，你不能假装没事，你要无条件接纳这些。这里可以参考佛经中的两个观点。《楞严经》说："开眼见明，闭眼见暗，所见不同，见性不变。"事情无论好坏我都接受，但内心深处是一片透明的天空，这个不会改变。《坛经》说："于念念中，自见本性清静。"念念有好念也有坏念，都没关系，无需抵抗，只要明白一点：所有念头的本性都是清静的，念头自然会化解。知道了怎么处置不光明的东西，我们才能坚守光明。

晚唐船子和尚有一首诗偈："千尺丝纶直下垂，一波才动万波随。夜静水寒鱼不食，满船空载月明归。"晚上放了很长的线去钓鱼，结果夜太深、水太冷，最后无功而返，但是收获了满船的月光，精神能量很足，幸福指数很高，只是少了几条鱼而已。

良宽禅师在一间小茅屋里修行，一天晚上，来了个小偷光顾他的茅屋。但是家徒四壁，小偷找了半天也没有找到值钱的东西。禅师说："你来一趟也不容易，我就把这件衣服送给你吧。"良宽禅师脱下衣服递给小偷，小偷无可奈何地走了。此时天上一轮明月，良宽禅师望着小偷匆匆而去的背影，自言自语地说："我要是能把这美丽的月亮送给你就好了！"

"把月亮送给你"，这个说法有意思。首先，对禅师来说，物质的需求不要那么多，只要一点点，食粥就菜，观花赏月，素面朝天，知足常乐。而且这个世界属于他的何其多，月亮、清风、花香、鸟语都是免费的，用王阳明的话说就是："山中莫道无供给，明月清风不用钱。"其次，对禅师来说，天地万物都是道的显现，一花一菩提，一叶一如来，悟道者打通了人与天地的能量通道，于是月亮的能量就是他的能量，天地的光明就是他的光明，他是何其富足，何其幸福。他可以将这能量分享给他人，可惜的是，贼要东西，不要月亮，你有本事给，他没本事要。

人一辈子追求的无非是能量和光明：吃饭睡觉是补充能量，住房穿衣是调节能量，恋爱结婚是交换能量，生养和教育小孩是传递能量，所有的名利追求也无非是能量的获取。但人获得能量的途径绝不止这些，读一本好书，交几个挚友，爬上武当山金顶的那种一览无余的高峰体验，都在给你提供能量。

而悟道这个说法，更是一种奇妙的打开方式，是典型的中国智慧。《孟子》曰："吾善养吾浩然之气""万物皆备于我"，《中庸》曰："与天地参"，这不单是一种气概，更是一种"天人合一"的大智慧。

"此心光明，亦复何言？"我们今天的人能理解这份情怀、这种格局吗？

第三讲
# 正派端庄的古典美
—— 《红楼梦》

陈利娟

判断经典作品的标志之一：作者是否在审美观、人生观、两性观诸方面超越时代、经得起时间和不断演进的观念的双重严苛检验。[1]以此来观，《红楼梦》就是经典佳作的完美注脚。这部伟大小说以深刻精湛的艺术手法与诗意浪漫的青春记忆，向我们展示了人类在生活美学方面所能达到的最高境界，让中国乃至世界各国读者为之神往。其间，小说世界展示的古典美尤为打动人心，砥砺精神，能让我们在众多潮流与肤浅"网红化"审美的干扰下，清楚地感知到何为美，什么样的人格和心灵才是时间长河中最能慰藉他人的典范，真正的高贵是什么，古典美为什么在今天依然有不可替代的美育功能。

## 第一节　何为"古典美"

古典美是相对于现代美而言的。如果用摩登时尚、标新立

---

〔1〕　潘向黎：《古典的春水——潘向黎古诗词十二讲》，人民文学出版社 2022 年版，第 73~74 页。

异、张扬显眼等元素与感受来定义现代美，那古典美就意味着永恒、沉静、端庄、正派，与潮流反向，与时间无关。法国学者多米尼克·塞克里坦说："古典主义是一种美学倾向，它以适度的观念，均衡和稳定的章法，寻求形式的协调和叙述的含蓄为特征。"[1]古典美与其产生的文化背景与审美意识有关，体现了古典时期占据统治地位的阶级或阶层的意志和规范。具体到中国古典美，依据学界前辈的研究成果，主要体现为以下几点：

## 一、"中和"之美

"中和"反映的是一种和谐，一种对不同态度不同观念的宽容，一种恰到好处与公正客观。《中庸》有言："喜怒哀乐之未发，谓之中；发而皆中节，谓之和。中也者，天下之大本也；和也者，天下之达道也。致中和，天地位焉，万物育焉。"[2]意思是不偏不倚的中立是天下的根本，万物的和谐平和是天下的至理。做到这一点，需要修习主体尽可能排除主观感性的情绪判断，用理性客观的态度待人接物，把握分寸，恰到好处，"过犹不及"皆为错误。孔子在《论语·八佾》中说："《关雎》，乐而不淫，哀而不伤。"[3]这八个字可以说是"中和"概念最具体的呈现：快乐不至于张狂放纵，悲伤不能够损伤身体，行为处事以适度公平为原则，情绪表达不失控。由"中和"观念衍生出的"中和之美"，则表现为一种恰到好处的、不过分的、不偏不倚的美，以优雅、端庄、节制为美的标准。

中和之美，是宋玉《登徒子好色赋》中所提倡的得体之美，

---

[1] [法]多米尼克·塞克里坦：《古典主义》，艾晓明译，昆仑出版社1989年版，第143页。

[2] (宋)朱熹：《四书章句集注》，中华书局2011年版，第237页。

[3] 杨伯峻译注：《论语译注》，中华书局1980年版，第146页。

是经过理性的指导，不刻意突出某一部分的合度之美，是追求和谐完整的美。宋玉在文中对楚王曰：

> 天下之佳人莫若楚国，楚国之丽者莫若臣里，臣里之美者莫若臣东家之子。东家之子，增之一分则太长，减之一分则太短；着粉则太白，施朱则太赤；眉如翠羽，肌如白雪；腰如束素，齿如含贝；嫣然一笑，惑阳城，迷下蔡。

这里的楚国美女身材完色白里透红，健康天然，不需要任何额外的装饰；皮肤细腻光洁，眉毛秀气，腰身纤细，牙齿莹润，笑容动人，整体和谐统一，使人见之忘忧，完全符合黄金比例，不高不矮，不胖不瘦，给人以视觉上极为悦目之感。这种美还是苏轼所说的"淡妆浓抹总相宜"式的美，不刻意突出张扬某一局部特征的优势，也不懒惰放任有些局限缺陷的流弊，会从整体上整合局部的优势与劣势，使之和谐，达到一种平衡。

"中和之美"乃"永恒的美"，体现了优雅的气度。"雅，乃正也"，是中和之后的产物，理性节制的结果，体现了礼仪的规范，行为的合度与高贵的修养。这种气度是高尚节操的外部展现，是感性与理性的完美融合。它如山谷里的幽兰，不媚不怨；大雪中的红梅，不卑不亢；寒风中的秋菊，不狂不躁。它是人生尽头的悲喜交集，是生命体悟的拈花微笑。中和之美亦追求动静相生。静，不是一成不变、枯涩凝重，是沉浸日常、体味意境的思索；动，不是喧哗骚动、东摇西摆，是面对问题、解决矛盾的行为，静动相生，才能直探生命的本源。王维《鸟鸣涧》的"人闲桂花落，夜静春山空。月出惊山鸟，时鸣春涧中"就是这种动静结合的典范表达，它表达了生命在静的沉思冥想与勇猛精进的行动中的和谐统一与完整圆融。

## 二、风神之美

所谓风神之美，是讲究美的精神性，去感官欲望化。古典美注重心理上的享受和唯美，着力减少感官刺激，弱化美的危险性与视觉冲击性。它如同《庄子·逍遥游》中所写的藐姑射神人：

> 藐姑射之山，有神人居焉，肌肤若冰雪，绰约如处子，不食五谷，吸风饮露；乘云气，御飞龙，而游乎四海之外；其神凝，使物不疵疬而年谷熟。……之人也，之德也，将磅礴万物以为一，世蕲乎乱，孰弊弊焉以天下为事！之人也，物莫之伤，大浸稽天而不溺，大旱金石流、土山焦而不热。是其尘垢秕糠将犹陶铸尧舜者也，孰肯以物为事？[1]

他（她）住在遥远神秘的"藐姑射之山"，冰清玉洁，纯洁无瑕，不食人间烟火，不为世俗所累，光明高尚，自由洒脱，特立独行，是理想人格的象征，完全不会引人有肉欲的渴慕之情。她还如同《诗经·卫风·硕人》中的庄姜，有着春风化雨般的感染力与陶冶性，使人不由得忘却了皮相之貌，陶醉于人的精神风韵，达到一种审美的升华。且看《诗经·卫风·硕人》中的庄姜：

> 硕人其颀，衣锦褧衣。齐侯之子，卫侯之妻。东宫之妹，邢侯之姨，谭公维私。手如柔荑，肤如凝脂，领如蝤蛴，齿如瓠犀，螓首蛾眉，巧笑倩兮，美目盼兮。

---

〔1〕 曹础基：《庄子浅注》，中华书局1982年版，第9页。

无论庄姜的五官有多标准精致，旁人或读者最为动心的还是其黑白分明的眼睛在顾盼之间的神采飞扬，是梨涡浅笑时的动人情致。这种清澈的眼波流动与会心微笑，不会让人产生魅惑与性冲动，反而让观看者与读者都产生了生命动感之美的联想和想象，惹起他们纯真无邪的爱的幻梦。

风神之美的精神性特质与审美客体主动自觉追求精神的超拔与道德的自律有关。为拥有超越本身形体的精神之美，审美客体往往用儒家伦理道德的准则来约束感性情绪的放纵，以道家的静笃虚极超越得失算计，以达成内心的明心见性、温柔敦厚，展现出肃穆庄严、正派平和的外在气质。正如《登徒子好色赋》中章华大夫所赞美的郑卫采桑之女：

> 唯唯。臣少曾远游，周览九土，……从容郑、卫、溱、洧之间……此郊之姝，华色含光，体美容冶，不待饰装。臣观其丽者，因称诗曰："遵大路兮揽子袪，赠以芳花辞甚妙。"……盖徒以微词相感动，精神相依凭；目欲其颜，心顾其义，扬《诗》守礼，终不过差，故足称也。

这些郑卫两国溱水和洧水边的采桑之女心地纯洁，庄重矜持，即使被章华大夫百般用《诗经》中的诗句撩拨，也没有动心违规。这些女孩的正派和威严，激发起章华大夫的意志，让他遵行道德规范，谨守男女之大防，谨守礼仪，始终没有越轨。此段文字明确指出，风神之美能够让观者产生积极的审美体验和正面的审美效果，不会走向耽溺情欲、耗财伤身的堕落之路。

## 三、天然之美

"天然"者，天之自然而有，非人力之所成也。虽然古典美讲究"中和"，追求合度与规范，但它并不排斥美的天然姿态，甚至认为清水出芙蓉、天然去雕饰是美的最高境界。此外，古人秉承"体之毛发，受之父母"，认为人之所以成型，乃是父母气血精髓结晶，小心怀胎十月，无私滋养的结果，因此要对父母遗传的东西存敬畏之心，无需矫饰它，更不能扭曲它，只能在已有的条件下和谐搭配，将之发扬光大。这种伦理观，确立了天然之物的宝贵性与唯一性，使得古人更加认可其未经扭曲和污染的天然美。

天然之美的美学风格是求真，是渴望呈现事物最本质、最真实的部分，不虚伪也不粉饰，还原其本来面目和赤子初心。实现"真"的有效方式是"归真返璞"，"璞"的本意，即未加雕琢，浑然天成，率真可爱，不事雕琢之意；是大道至简，以最朴素的形式实现事物本真的艺术效果。

这种浑然质朴的美感，表现在文学上，就如同《诗经》所显示出的艺术风格：没有概念化的痕迹，完全是天然可爱的。它如同童年稚子，在面对这个世界的纷繁复杂和混乱多元时，总能用最简洁直接、天真诚实的话语表达观感和要求。它更同南北朝时期的民歌《敕勒歌》一样，用天然真切的语言描绘触目可及的宇宙天空的深邃高阔与空间大地的博大辽远。如同陶渊明的诗："写得真朴素，真精致，不懂其精致，就难感知其朴素，不懂其朴素，就难感知其精致，他写得那么淡，淡得那么奢侈。"[1]如同李煜在遭遇破家亡国、寄人篱下后所书写的哀歌，直抒心怀，语出心声，不必矫饰造作强构新词，脱口而出"问君能有几多愁，恰似一江春水向东流"。如同金元好问在

---

〔1〕 木心讲述，陈丹青笔录：《1989–1994 文学回忆录》，广西师范大学出版社 2013 年版，第 234 页。

《论诗》三十首之四中所云："一语天然万古新，豪华落尽见真淳。南窗白日羲皇上，未害渊明是晋人。"

表现在绘画上，那就是中国山水画中始终贯穿着道禅哲学"既雕且琢，复归于朴"的艺术作品所体现的美。这种作品采用"素以为绚"、黑白对比等手法进行表现，以达至"明豁"之效果，表达了创作者本真、原初与浑然天成的生命感受，达到了"虽无色，胜于有色"的艺术妙境。

表现在人体上，就是遵从自身的心灵和生理运行原理，展现身体自然本真的丰姿和美感。如西子捧心之所以美，是捧心动作乃心疼这种疾病生理发作后的自然反应，不矫情也不夸张，是西施身心合一、自然而然的行为，产生了让人怜爱的美感；而东施效颦之所以让人反感厌恶，并非源自东施不够美貌，而是她没有生理上的疾病，但身体强行表现出违背心灵的动作，强行违拗造型，矫揉造作，让人心生尴尬。

天然之美是"繁华落后见真淳"，是身心合一、朴素自然的结果，是在长期主动追求与积累基础上才能达成的，有一种"朴素的精致"。如同木心对文学作品的天然美的获得评价一样："文学修辞，关键不在某个用词妥当贴切……都要使唤自如，唯我独用，又要使人不陌生，读起来直觉天然自成。"[1]古典主义"天然之美"的美学风格，是人类随心所欲不逾矩、对感性和理性圆融接纳之后形成的，是美的最高形式，能够使创作者和读者产生长久、超越世俗、精神升华的精神享受。

〔1〕 木心讲述，陈丹青笔录：《1989-1994 文学回忆录》，广西师范大学出版社 2013 年版，第 872 页。

## 第二节　女性的古典美

女性，尤其是青春女儿是《红楼梦》中古典美的化身，她们或温柔可亲，典雅端方，或超凡脱俗，诗意清新，或灵秀俊朗，洒脱真纯，展现了古典时期贵族大家的审美观念和文化期待。

### 一、宝钗们的"中和之美"

薛宝钗是小说中作者着力书写也较重视的"金陵十二钗"之一，她与林黛玉并列榜首，分别展现着古典时期文人士大夫审美的终极样态。

宝钗温柔随和，品格端方，美丽典雅，不媚不娇，观之可亲，处之有度。小说第五回借黛玉视角写她：

林黛玉自在荣府以来，贾母百般怜爱，寝食起居，一如宝玉，迎春、探春、惜春三个亲孙女倒且靠后；便是宝玉和黛玉二人之亲密友爱处，亦自较别个不同……不想如今来了一个薛宝钗，年岁虽大不多，然品格端方，容貌丰美，人多谓黛玉所不及。而且宝钗行为豁达，随分从时，不比黛玉孤高自许，目下无尘，故此黛玉大不得下人之心，便是那些小丫头们，亦多喜与宝钗去玩。因此黛玉心中便有些恼郁不忿之意，宝钗却浑然不觉。

容貌与性格皆出众，使得黛玉非常紧张。第八回写她处世之道："罕言寡语，人谓藏愚，安分随时，自云守拙。"她的相貌相对黛玉更加符合封建贵族品位：体格圆润丰美，皮肤雪白细腻，神情安详温和，体现了"中和"特性：不抢眼不卑微，不矫饰不邋遢，大方从容，合度典雅。她也曾淘气顽劣过，小说四十二回写她对黛玉讲述自己小时候的情形：

> 你当我是谁，我也是个淘气的。从小七八岁上也够个人缠的。……诸如这些《西厢》《琵琶》以及"元人百种"，无所不有。……我们却也偷背着他们看。后来大人知道了，打的打，骂的骂，烧的烧，才丢开了。

但后天的教育和生活历练磨洗掉其性格中的怠惰放纵，她用理性提点约束自己，成为不偏不倚、博爱慈悲的人。她甚至在别人的无知甚至误会中，在饱受负面的观感之下，仍然能淡定怡然，无得失起伏之心，做到人不知而不愠的君子之态。面对误解，她从不求告辩解，以正派的气度和充实的生活消解了受到的委屈，最终得到了他人的认可。小说第四十五回写黛玉听了她的劝告后，真心感谢：

> 你素日待人，固然是极好的，然我最是个多心的人，只当你心里藏奸。从前日你说看杂书不好，又劝我那些好话，竟大感激你。往日竟是我错了，实在误到如今。细细算来，我母亲去世得早，又无姊妹兄弟，我长了今年十五岁，竟没一个人像你前日的话教导我。怨不得云丫头说你好，我往日见他赞你，我还不受用，昨儿我亲自经过，才知道了。比如若是你说了那个，我再不轻放过你的；你竟不介意，反劝我那些话，可知我竟自误了。

她很深沉，能够领略和她现在所遵循、所彻底实践的价值观不一样的价值，宽厚待人。除了生活上体贴黛玉以及为人上劝诫黛玉不要读邪书乱了性情，她还帮助湘云组织诗社活动，规劝宝玉不违拗父母，体贴袭人劳苦心伤……，君子之行令人称赞。

宝钗的美是儒家"修己安人""不矜""不伐"等积极精神内涵的外在体现。她美丽高贵，抽中的花签诗句是"任是无情也动人"，隐喻其是富贵之花牡丹。在中国的传统文化语境中，她本应雍容华贵，艳冠群芳，体现富贵人家女儿的优越地位和显赫财富，但"她从不爱什么花儿粉儿的"，身穿"一色半新不旧，看去不觉奢华"的衣着，居住着"雪洞一般，一色玩器也无"的房间，以"太素净"的风格展示着精神的丰厚。她创作的《白海棠》诗表露出"淡极始知花更艳"的审美意趣，体现"乐而不淫""温柔敦厚"的处世态度。她不逾矩、含蓄、浑厚，是封建阶级所培养的德言工容俱全的女性形象。

李纨、邢岫烟、麝月等女子都是这类中和之美的践行者，她们大都安详从容，待人宽厚，品行端正，坚韧自律，是儒家人文精神的自觉传承者。

## 二、黛玉们的"风神之美"

林黛玉是"金陵十二钗"与薛宝钗并列榜首的另一个风华绝代的女子。相对于宝钗的丰厚温柔、美丽端方，她呈现出另一种古典美推崇的样态：风神清秀，气韵生动，清新超拔，见之忘俗。她是花的精魂，诗的化身。小说第三回先借众人之眼观看她：

众人见黛玉年貌虽小，其举止言谈不俗，身体面庞虽怯弱不胜，却有一段自然的风流态度，便知他有不足之症。

点出黛玉气质超脱，言谈出众。后又借宝玉之眼打量她：

两弯似蹙非蹙罥烟眉，一双似喜非喜含情目。态生两靥之愁，娇袭一身之病。泪光点点，娇喘微微。闲静时如姣花照水，行动处似弱柳扶风。心较比干多一窍，病如西子胜三分。

作者对其五官没有一处实写，所有文字都是宝玉在其样貌观赏过后的心理联想，而这些联想更多体现的是黛玉风流灵巧、气韵生动、身体怯弱带来的使人怜爱的精神气质，令宝玉有见到神仙妹妹之感，远离了肉体的丰腴和情欲的勃发带来的本能冲动和感官刺激。黛玉的美，能让观者忽略其具体形体的视觉冲击，更多从其风度气质享受其美感，突出了美的精神性和脱俗性。小说第二十六回写她去怡红院看望宝玉吃了闭门羹，"心中益发动了气"，"越想越伤感起来，也不顾苍苔露冷，花径风寒，独立墙角边花荫之下，悲悲戚戚呜咽起来"。连哭泣的姿态都纤弱柔美、凄楚动人，令人想到唐诗宋词中的遗世独立之美人。怕读者不能够领略黛玉的风神之美，作者直接评论：

原来这林黛玉秉绝代姿容，具希世俊美，不期这一哭，那附近柳枝花朵上的宿鸟栖鸦一闻此声，俱忒楞楞飞起远避，不忍再听。真是：花魂默默无情绪，鸟梦痴痴何处惊。因有一首诗道：颦儿才貌世应希，独抱幽芳出绣闺。呜咽一声犹未了，落花满地鸟惊飞。

再次告知读者林黛玉的美是超越具体型质的精神性美，具有稀缺性和唯一性，带有其强烈的人格特质。

林黛玉所展示出的气韵美和风神美，与其出色的艺术才华和审美意识有关，"魁夺菊花诗"和"痴情焚诗稿"是其高妙诗才和视诗如命所锻造的高雅审美观和人生观的形象体现。这种美也与其内在的人格和意志紧密相关，是其高洁纯真、孤高清白内心世界的外部显现。她不慕荣华富贵，追求素雅风格，诗书相伴，真率聪慧，脱俗纯洁，不愿盲目追随大众喜好，更不愿讨好迎合世俗人事，是唯一不规劝宝玉走仕途经济、与宝玉心灵息息相通的人。对只知追逐名利地位而没有高雅灵魂的男人，她称之为"臭男人"，对从"臭男人"那里获得的金银珠宝也丝毫不放在眼里。诗和人间的真情成了她生命中最宝贵的东西，她是红楼世界中唯一不染世俗、欣赏人类文明至真至纯产物的女子，是自觉维护生命纯真高洁质地的践行者。正因为如此，看到即将被践踏的落花，她有种感同身受的同情，写下了"花谢花飞花满天，红消香断有谁怜"这样的诗句。由己推花，她不忍落花被粗暴轻贱地对待，前去葬花；由花及己，她希望自己也能如花一样："质本洁来还洁去，强于污淖陷渠沟。"对自身生命纯度和高度的自觉追求，使她形成了自尊自怜、清高洁净、真切雅致的气质和风度。

探春亦是红楼世界中具有风神之美的女性，她"削肩细腰，长挑身材，鸭蛋脸面，俊眼修眉，顾盼神飞，文彩精华，见之忘俗"，气质风度超凡脱俗，具有独具一格的风神朗秀之美。

### 三、湘云们的"自然之美"

史湘云像天地初开、混沌懵懂时的稚子，洒脱豪气、心无挂碍地来到世间。她真切坦荡，清朗开阔，集天地之灵气，汇山川之秀气，不像宝钗般拘于礼仪、谨守妇道，不越雷池半步，亦不像黛玉过分张扬自身的主观性情，不就俗世一分，是诸位金钗中性格最完美的一位。小说第三十一回写端阳节湘云来贾府做客，在大观园中与翠缕聊天。翠缕道："这荷花怎么还不开？"史湘云道："时候没到。"翠缕道："这也和咱们家池子里的一样，也是楼子花？"湘云道："他们这个还不如咱们的。"翠缕道："他们那边有棵石榴，接连四五枝，真是楼子上起楼子，这也难为他长。"史湘云道："花草也是同人一样，气脉充足，长的就好。"湘云就像气脉充足的花草一样，郁郁葱葱，生机勃勃，生长出了健康的身体与健全的人格。

在这样豪放内心养育下的外貌，自然有着英姿勃发、舒展自如、娇憨俊俏的美感。小说第五回《红楼梦曲·乐中悲》如此写她："襁褓中，父母叹双亡。纵居那绮罗丛中谁知娇养？幸生来英豪阔大宽宏量，从未将儿女私情，略萦心上。好一似霁月光风耀玉堂。厮配得才貌仙郎，博得个地久天长。准折得幼年时坎坷形状。终久是云散高唐，水涸湘江。这是尘寰中消长数应当，何必枉悲伤！"点出其豪迈磊落、旷达洒脱的挺拔气质和丰姿。湘云的美贵在真，是其不做作、不压抑、不尴尬、不僵硬的心灵和行为的自然产物。她从不为自己早失父母而自怜，与众姐妹玩耍时也不须他人刻意照顾其情绪，更不压抑追求快乐的意念，喝酒吃肉，猜拳游戏，尽心尽力。小说第六十二回《憨湘云醉卧芍药裀》对其天真任情之美有如此描写：

> 正说着，只见一个小丫头笑嘻嘻地走来，说："姑娘们快瞧云姑娘，吃醉了图凉快，在山子石后头一块青石板凳上睡着了。"众人听说，都笑道："快别吵嚷。"说着，都走来看时，果见湘云卧于山石僻处一个石凳子上，业经香梦沉酣，四面芍药花飞了一身，满头脸衣襟上皆是红香散乱；手中的扇子在地下，也半被落花埋了，一群蜜蜂蝴蝶闹嚷嚷地围着；又用鲛帕包了一包芍药花瓣枕着。众人看了，又是爱，又是笑，忙上来推唤搀扶。湘云口内犹作睡语说酒令，嘟嘟嚷嚷说："泉香而酒洌，……醉扶归，——宜会亲友。"

湘云真是无邪天真，浑然天成，无挂无碍，随物赋形。她从不以个人之私、他人之喜隐瞒真相，心直口快，坦荡敞亮。小说第二十二回写宝钗过生日，贾府为其点戏摆酒，完毕接见小旦和小丑。看着幼小的小旦："凤姐笑道：'这个孩子扮上活像一个人，你们再看不出来。'宝钗心里也知道，便只一笑，不肯说。宝玉也猜着了，亦不敢说。史湘云接着笑道：'倒像林妹妹的模样儿。'宝玉听了，忙把湘云瞅了一眼，使个眼色。众人却都听了这话，留神细看，都笑起来了，说果然不错。一时散了。"大家都怕得罪黛玉而不说，只有湘云不迟疑地说出了答案，完全不在意黛玉的反应。湘云重视的是事实，且并不认为相貌相似的人地位人格也等同，以己度人，真爽坦荡地回答了凤姐的问题。她也不为身为女儿而自轻，博学进取，打抱不平，侠肝义胆，客观待己待人，追求博大壮阔的人格。小说第五十七回写邢岫烟寄居在迎春房里，吃穿用度都受到迎春房里奶娘丫鬟的监管，无法得到迎春的庇护，只能把自己过冬的衣物都卖了，听到真相后，湘云要替邢岫烟打抱不平，黛玉笑她："你又充什么荆轲聂政？"湘云如同侠客一样，有种行侠仗义的英豪气概。

她从不为既定事实和先天条件而抱怨自弃，在接纳的基础上，总是寻找突破超越的地方。在史家时，她勤勉做活，引线缝制经常熬到二更；在贾家时，则吟诗作乐，在诗社里在姐妹淘中，留下了一串串欢声笑语。她从不为各种规范拘束，天然地用善意和悟性创造出更好的自己。她是诸位金钗中最喜穿男装且穿得非常好看者。她身材"蜂腰猿背，鹤势螂形"，个子高挑，腿长腰细，是封建社会标准美男子身材。同时，她又拥有雪白的皮肤和乌密的头发，自然的神情，洒脱的神韵，天真无邪，是众女儿中难得的娇憨美人。她给整个大观园注入了一股新鲜血液，既能大口吃肉，大口喝酒，时不时还挥拳揍人，给人一种侠客风范，与大家闺秀相去甚远，还能醉卧芍药裀中，安静，祥和，美丽。她像人初始阶段未分男女的样子，既有女性的清灵活泼，又有男性的豪爽洒脱，具阴柔阳刚于一身，柔美英豪于一体，是极为罕见的身心健全者。

薛宝琴见多识广，不拘形迹，洒脱豪迈，一派天真，与湘云一样，也体现了古典美的天然性。

## 第三节　生活情态的古典美

《红楼梦》是真正的贵族小说，作者曹雪芹是贵族子弟，其祖父、父亲都做过江宁织造，且与皇族关系密切，耳濡目染，使他对贵族生活和礼仪非常熟悉与了解；另外，他笔下的主要人物也是贵族，是当时烜赫一时四大家族的成员，生活方式、行为规则以及审美情趣大都异于寻常人家，蕴含着中国几千年贵族的固有精神追求与价值判断。

### 一、"发乎情止乎礼义"的爱情美

现代人论及古人的爱情，往往以为老套僵化，乏味无趣，是出于媒妁之言、父母之命，为繁衍子嗣被两个家庭扭结在一起的结果，与两情相悦、相惜相知没有关系。这其实是现代人对古人的误解，是无法以"同情之了解"面对历史的错误意识。《红楼梦》这部小说以具体生动、情理合一、琐碎细腻的笔触让我们见识了爱情的真度、深度和广度。

书中最真挚最动人的爱情当为宝玉与黛玉的感情，他们之间的感情完全不是基于传奇般的墙头马上，短时间的一见钟情，更非才子佳人观念的自觉体认和盲目追随，而是在漫长的日常生活中经过耳鬓厮磨、口角不断、真心试探、无私付出的结晶。

如小说第二十九回写宝玉心事：

（宝玉）如今稍明时事，又看了那些邪书僻传，凡远亲近友之家所见的那些闺英闱秀，皆未有稍及黛玉者，所以早存了一段心事，只不好说出来。

这段文字明确告诉我们宝玉和黛玉两小无猜、青梅竹马，是同吃同住、同行同玩的伙伴，更是在共同经历了日常琐碎生活的历练、彼此性格磨合以及与其他人物相处比较之后才产生了心心相印的感觉，认定对方就是自己灵魂伴侣的知己。他们之间的爱情是长期相处后性情相投、志趣相合的自然结果。

另外，他们之间的爱情建立在长期的细致照料、真心体贴的日常性、时间性基础上，有着鲜活的现实性和真挚性。如小说第四十五回写宝玉来到潇湘馆，一见黛玉就问："今儿好些？吃了药没有？今儿一日吃了多少饭？"第五十二回写宝玉去看黛玉，正要离开时，又转身细心问候："如今的夜越发长了，你一夜咳嗽几遍？醒几次？"宝玉对黛玉的关心是极细微也极日常的，像爱护自己一样，感觉到了身体的凉寒温冷，就自然想到黛玉的冷热病痛，爱渗透进了每一个毛细血管，深情绵长。第六十三回又写夜深宝玉睡不着，与丫鬟们玩耍，不够热闹，请黛玉、宝钗等来玩，黛玉来怡红院之后，宝玉赶忙细心照顾她起居："林妹妹怕冷，过这边靠板壁坐。又拿个靠背垫着些。"就此，脂砚斋明确地为"至情"重新定义：此皆好笑之极，无味扯淡之极，回思则皆沥血滴髓之至情至神也。岂别部偷寒送暖，私奔暗约，一味淫情浪态之小说可比哉。这里，身为最懂曹雪芹的读者——脂砚斋明确告诉我们：爱情的最高境界是这种"沥血滴髓"的日常关心，并非男女私奔、偷定婚约、耽溺于情欲等才子佳人小说书写的传奇情节。《红楼梦》宝黛爱情书写充满了现实性、日常性与连续性，他们之间的情感是彼此认同对方人格意志、品格性情后的理性选择。

"发乎情"的爱情才是《红楼梦》赞同肯定的，但这并不意味作者赞同爱情能够超越礼仪。小说中的贵族世家认同爱情是成年男女生理、心理自然作用的结果，是人的正常感情，传统儒家从未否认"发乎情"的正当性，不能"止乎礼义"，才是儒家正统人士反对和恐惧的地方。儒家讲究"发乎情，止乎礼义"，意在表明对待爱情不能过分耽溺于感性的情欲吸引，要用礼仪之类包含理性的行为来调和平衡情感的浓度，使之更有利于理想婚姻的建构：以意志和人格成为夫妇之间认同的基础，在一致的理念下共同经营家庭。宝玉和黛玉之间从未想过私奔，也未做过任何违背社会礼仪的私密举动，甚至他们自始至终都在等待家族的认可和安排婚配，就是对"止乎礼义"的遵守。

《红楼梦》是认可男女灵魂契合、两情相悦的爱情的，但也尊重传统礼仪的规范和遵守，主张感性与理性合一，体现了人性的高贵和理性，反映了美好爱情的理想模式。

## 二、"富贵而知好礼"的人情美

新儒家代表人物牟宗三认为传统社会的贵族与普通人不一样的地方，主要体现在精神方面，贵族有贵族的教养，根深蒂固的文化教养和日常实践使得他们将儒家的礼法精神深深植入其骨髓和血脉中，是将彬彬有礼、进退有度、有所不为等高贵精神内化为日常行为。而富则属于物质的，并不必然会与精神的高贵对等。对精神上的超越追求，才是贵族能够创造传世文化的原因。如，周公制礼作乐。礼就是奉，奉就是形式。人必须有极大的精神力量才能够把这个奉顶起来而守礼，而实践礼，重要的是用这个礼来振拔生命并有所担当，因此我们不能轻视贵族社会。斯宾格勒曾说：能形成大传统的文化都是来自贵族社会的文化。确实如此，希腊文化、春秋战国文化和六朝到唐代的衣冠世族等，都创造了人类不朽的文明。《红楼梦》中虽显示了阶级差异，表现了权势者对下层民众的欺压与侮辱，但它更多是向我们展示了传统社会贵族大家的高贵精神。贾母对清虚观中小男孩的呵护与心疼、王夫人对前来打秋风攀亲戚的"贫婆子"刘姥姥的宽厚接待和慷慨捐助、宝玉对下人的宠溺和容忍、薛宝钗对邢岫烟的暗自帮助、贾琏对石呆子的同情等，都向我们展示出贵族阶层"富贵而知好礼"的精神修养和文化认知。如小说第六回就借刘姥姥的口夸奖王夫人的贤德：

> 当日你们原是和金陵王家连过宗的，二十年前，他们看承你们还好，如今自然是你们拉硬屎，不肯去亲近他，故疏远起来。想当初我和女儿还去过一遭。他们家的二小姐着实响快，会待人，倒不拿大。如今现是荣国府贾二老爷的夫人。听得说，如今上了年纪，越发怜贫恤老，最爱斋僧敬道，舍米舍钱的。如今王府虽升了边任，只怕这二姑太太还认得咱们。你何不去走动走动，或者他念旧，有些好处，也未可知。要是他发一点好心，拔一根寒毛比咱们的腰还粗呢。

因着对王夫人的好印象，刘姥姥才向王姓女婿建议去贾府认亲，并在女婿的撺掇下，带着外孙板儿去荣国府"打秋风"。虽然已经是多年不走动的穷亲戚，王夫人还是让下人转告王熙凤："今儿既来了瞧瞧我们，是他的好意思，也不可简慢了他。便是有什么说的，叫奶奶裁度着就是了。"在王夫人的授意下，王熙凤送了二十两银子给刘姥姥，而这些银子够他们家生活一年了。另外，在整个接待刘姥姥的过程中，王熙凤也表现得非常和蔼，至少表面上并没有对穷亲戚嗤之以鼻、趾高气傲、盛气凌人。临走时对刘姥姥的一番话更是说得合情合理，让人受用：

> "这是二十两银子，暂且给这孩子做件冬衣罢。若不拿着，就真是怪我了。这钱雇车坐罢。改日无事，只管来逛逛，方是亲戚们的意思。天也晚了，也不虚留你们了，到家里该问好的问个好儿罢。"一面说，一面就站了起来。

这些片段明确表明贵与富有明显截然的不同，贵是与人的道德修为、礼法以及教养息息相关的。《礼记·儒行》明确提出："礼之以和为贵。"《礼记·曲礼上》曰：

> 太上贵德，其次务施报。礼尚往来。往而不来，非礼也；来而不往，亦非礼也。人有礼则安，无礼则危。故曰：礼者不可不学也。夫礼者，自卑而尊人。虽负贩者，必有尊也，而况富贵乎？富贵而知好礼，则不骄不淫；贫贱而知好礼，则志不慑。

真正的"贵"是礼仪的自觉遵守和待人处事的周全。脂砚斋评小说中的大家之风时就说："所谓世家，守礼如此。偏是暴发，骄妄自大。如果曹雪芹不是世家公子，断写不皆此。其礼不法，何如是耶！"

## 三、"诗意地栖居"的生活美

《红楼梦》向我们展示了人类生活的理想境界：诗意地栖居。这种生活方式是将风雅的精神贯穿于日常生活的细节中，在实用世俗的人际交接应对与起居饮食中，体现人类享受生活、品味生活以及超越生活的精神追求。这主要体现在大观园的设计以及其中青春男女的生活形态。

大观园本为贾府为迎接宫中被封为贵妃的元春回娘家建造的庭院，体现了贵族阶层的审美品位和生活习惯，但撇开豪门贵胄的奢靡与浮华，就其所追求的生活品质和趣味而言，体现了我们民族独有的生活美学与智慧，是中华民族审美文化在生活领域的重要表现。大观园里有符合居住者气质的房屋与庭院，如热闹多情的宝玉居住在怡红院里，怡然自乐，安享温柔。诗性的林黛玉居住在以绿竹与芭蕉点缀的潇湘馆里，清幽高洁，风雅别致。端庄大方的宝钗居住在以香草为喻的蘅芜苑里，芬芳自在，淡泊明志。文雅朴素的李纨居住在唯一种有蔬菜的稻香村里，平淡从容，简朴度日。气质高华的探春居住在秋爽斋里，脱俗潇洒，风神爽朗。心高气傲的妙玉居住在栊翠庵里，带发修行，孤高自傲。柔和谦卑的迎春居住在紫菱洲里，偏安一隅，自甘寂寞。这些建筑滋养着居住它们的主人，让她们充分展示着自身的气质风貌，将自己的气质与喜好充分发挥，体现了人与自然的相辅相成。

另外，大观园里的日常生活还体现了浓厚的文化气息与精神追求。生活在大观园中的儿女，常常在日用的饮食中加入许多风雅的趣味，如小说三十八回写史湘云邀请大家吃螃蟹一节，将本是吃相最为粗俗的螃蟹宴翻成了优雅精致的文人盛会。大家吃螃蟹时，并不胡吃海塞，而是佐以合欢花酒小口品赏；吃完螃蟹，还要用菊花叶桂花蕊熏的绿斗粉洗手，洗去指头上的沾腥油腻。最关键的是，大家的重心不在于吃，而是作诗，文中宝玉就说道："今日持蟹赏桂，亦不可无诗。"黛玉、湘云、宝钗接连加入作诗大军。大家吃蟹赏桂，吟风弄月，良辰美景，诗酒人生，好不快活！听戏这种日常娱乐休闲，也体现着高雅的审美品位。小说第四十六回写贾母一行人带着刘姥姥在大观园里游玩，走到秋爽斋时隐隐听见不远处有鼓乐声传来，贾母即刻命人安排听戏，一旁的凤姐，忙命人出去把学戏的女孩子们叫来，又吩咐摆下条桌，铺上红毡子。贾母见状，提出："就铺排在藕香榭的水亭子上，借着水音更好听。回来咱们就在缀锦阁底下吃酒，又宽阔，又听的近。"贾母拒绝王熙凤的安排，实际有着更高超的音乐欣赏见解：借水传音听戏，音质更好，氛围更雅。除了写诗作赋，大家还在日常中抚琴、对弈、练书法、绘画、猜谜、品茶、游园，将日常起居装点得雅致风流，体现了浓郁的文化内涵。

贺拉斯在《诗简》中说："情感与理性在创作中既应该各司其事，又应该完美地统一起来。"《红楼梦》就是这样一部作品，它将作者对逝去美好生活的哀伤之情与精心编织小说的匠心完美地结合在一起，留给我们无限的哀伤与感动。让我们在它绮丽梦幻般的文字里，留恋不已，体味着它永不消散的古典美。

第四讲

# 文学中的音乐之美
## ——《消沉的古伽蓝》

曾　锋

　　文学是民族的生活史、情感史、心灵史，而在音乐中人们欣赏美、创造美、享受美，这两门艺术都是每个民族文化、创造力、民族精神的集中体现。远古时期，音乐、诗歌、传说是一体的，随着文化与艺术的发展，各门艺术独立成长，但又互相合作、借鉴。许多音乐家、诗人、作家在自己的创作中，热衷于表现自己对其他艺术的热爱和借用，不同时代都产生了很多跨艺术借鉴的杰作，冯乃超的《消沉的古伽蓝》是其中很有代表性的一个作品。

## 第一节　中国古代文学与音乐的密切关系

　　世界各民族都有自己独特悠久的音乐文化传统，中国民族音乐是其中尤为丰采灿烂的一支。

　　中国民族音乐历史悠久，在距今七千年以前的新石器时代，已经出现了陶埙、骨哨等乐器。远古时期的音乐、舞蹈、诗歌、巫术仪式结合在一起，新石器时代的舞蹈纹彩陶盆记录了先民载歌载舞的形象。周代音乐发达，《诗经》收录了周初到春秋中叶的入乐诗歌。曾侯乙墓葬中的古乐器"八音"（金、石、丝、竹、匏、土、革、木）齐备，共一百二十四件乐器，其中编钟十二个半音齐全，可以旋宫转调。秦汉乐府歌曲，汉魏古琴音乐，唐代歌舞大曲，宋元诸宫调与词调音乐，明清戏曲音乐，中国古代各个时期的音乐丰富多彩。

中国民族音乐拥有独特的音乐艺术体系。中国民族传统音乐普遍运用无半音五声音阶，即"宫、商、角、徵、羽"五个音，加上变宫、变徵，形成七声音阶，但其特点仍与五声音阶相同。中国民族音乐"声可无定高"，乐音不是固定的，而是在音高、音色、强弱上有变化，如民族器乐中普遍运用的各种各样的滑音。中国民族音乐的节拍也是无定值的，板眼作为节拍可以伸缩变化，广泛运用"撤""催"和散板等有弹性的节拍形式。中国音乐强调统一、和谐，通常以一个曲调为基础，采用渐变手法发展旋律，与欧洲音乐在对比中展开旋律不同；中国音乐中的变奏曲、联曲体等曲式结构强调的也是统一，在统一的基础上逐步变化。中国民族音乐大部分是单声的，注重旋律的横向展开；而欧洲音乐是多声的，注重多个声部之间复调、和声的纵向组织。[1]

中国民族音乐又一个鲜明的特色是，中国音乐与中国文学、戏曲、语言存在密切关系，诗经、楚辞、汉乐府、唐诗、宋词、元曲、历代民歌都是配乐歌唱的。而民族器乐作品有许多是以历史传说、文学故事或意境为表现内容的，从器乐作品的曲名即可见与文学主题的密切关系。

如古琴曲《广陵散》描写聂政为父报仇刺韩王：聂政的父

---

〔1〕 王耀华、杜亚雄编著：《中国传统音乐概论》，福建教育出版社1999年版，第8页。

亲是一个练剑的名匠，为韩王炼剑，误了期限，被韩王处死。聂政立志要为父报仇，他历尽千辛万苦，遁入深山苦学琴技，十年工夫方才学成，名动天下。韩王听闻便召聂政入宫演奏，正沉浸在琴声当中时，聂政从琴中抽出刀来，杀死了韩王。聂政不想连累老母亲，便自己毁容而死。韩国不知谁刺死了国王，为求刺客姓名，昭告天下，悬赏千金。聂政的母亲不愿意孩子的名声被埋没或抹黑，便自己前去认尸，并死在聂政的身旁。

再如古琴曲《胡笳十八拍》表现文姬归汉；筝曲《渔舟唱晚》描写如画的意境，《泣颜回》表现孔子对弟子的悼念；琵琶曲《十面埋伏》《霸王卸甲》甚至以戏曲和章回小说的陈述方式叙说楚汉相争。大量的器乐曲源自戏曲、民歌、说唱，如京剧音乐中的《夜深沉》，南词中的《将军得胜令》，山东琴书中的《五子开门》，河南曲子中的《大起板》，广东音乐中的《小桃红》等。中国民族音乐与中国语言也是密切相关的，中国音乐表现了中国语言的语调、声调的变化，所以音高不固定，旋律进行一般与语言声调吻合。[1]

中国古代文学与音乐关系密切，中国古代许多作家、诗人精通音乐。嵇康以善奏《广陵散》著称，还有音乐理论著作《声无哀乐论》。王维不仅擅长绘画，而且精通音乐，曾任大乐丞，据说曾作琵琶曲《郁轮袍》，还能演奏乐曲。白居易擅长奏琴，也善于描写音乐，除了著名的《琵琶行》，还有很多作品对音乐作了精深描写，如《五弦弹》《筝》等。白居易对民间音乐的记录、评论和创作也有突出的贡献，他还写了很多《竹枝词》《杨柳枝》。在《五弦弹》里，白居易仿佛是用文字演奏出

---

〔1〕 人民音乐出版社编辑部编：《音乐入门》，人民音乐出版社 1991 年版，第 1 页。

五弦乐曲：

> 第一第二弦索索，秋风拂松疏韵落。
> 第三第四弦泠泠，夜鹤忆子笼中鸣。
> 第五弦声最掩抑，陇水冻咽流不得。
> 五弦并奏君试听，凄凄切切复铮铮。
> 铁击珊瑚一两曲，冰泻玉盘千万声。
> 铁声杀，冰声寒，杀声入耳肤血憯，
> 寒气中人肌骨酸。曲终声尽欲半日，
> 四座相对愁无言。

词人、曲人大都有很高的音乐修养，周邦彦、姜夔等都是音乐史上的重要音乐家。苏轼也精通音律，他写过不少便于歌唱的小词，他自己也善于歌唱。苏轼自觉创作不能歌唱的词，是针对当时词林"倚声填词"束缚创作的弊病，苏轼由此革新了词与音乐的关系。

中国古代文学体裁有些是与音乐的联合。《尚书》说："诗言志，歌永言，声依永，律和声。八音克谐，无相夺伦，神人以和。"可见，最早的诗歌是与音乐结合在一起的，从初民时代的葛天氏《八阕》《腊辞》《断竹歌》，到后来的《诗经》《九歌》都是如此。所以，《诗序》说："诗者志之所之也，在心为志，发言为诗。情动于中而形于言，言之不足故嗟叹之，嗟叹之不足故永歌之，永歌之不足，不知手之舞之足之蹈之也。"从《诗经》到唐诗宋词，中国诗歌本是配乐歌唱，有井水处都能听到的。《楚辞》《汉乐府》都是如此，王灼《碧鸡漫志》说"唐伶以当时名士诗句入歌曲，盖常事也"，宋词、元曲也都是平民争唱的。新音乐、新乐器的出现，影响到新的歌词、诗歌和文学的产生，诗歌从《诗经》到唐诗宋词元曲的发展，是与音乐的发展结合在一起的。唐代变文也是说唱、韵白结合，既讲唱佛经故事，也表演歌唱历史故事和民间传说。中国传统戏剧是歌剧，更与音乐不能分离，孔尚任、洪昇、李渔这些大戏剧家的作品都是拿来歌唱演奏的。在古典戏曲中，唱腔用以表现人物的性格与心理活动，乐队的演奏用以渲染气氛、推动情节，音乐节奏与戏剧情节一起构成戏曲结构的骨架。

中国古代的作家、诗人热衷于在作品中表现自己的音乐听觉经验。白居易以"银瓶乍破水浆迸，铁骑突出刀枪鸣"，"间关莺语花底滑，幽咽泉流冰下难"，"大珠小珠落玉盘"来表现琵琶曲中战争、静处的场景，模拟琵琶大量的扫拂和晶莹的泛音等效果。李贺以"昆山玉碎凤凰叫"来模仿箜篌的清脆流畅、明亮高亢。韩愈以"浮云柳絮无根蒂，天地阔远任飞扬"来唤起琴声的缥缈、高远效果，以"跻攀分寸不可上，失势一落千丈强"来表现音乐的强弱、休止的变化。诗人们还善于在诗歌中表现音乐的变调，如"芙蓉泣露香兰笑""变调如闻杨柳春""幽音变调忽飘洒"。描写与形容音乐所激发的联想与场景，着力夸饰与惊叹音乐心醉神驰的感染力，更是文学所擅长的，如"划然变轩昂，勇士赴敌场"的慷慨无畏，"东舟西舫悄无言，唯见江心秋月白"中整个天地为之凝神倾听的效果，"声绕碧山飞去晚云留"的响遏行云。

在文学与音乐合作、相互影响的过程中，文学会模仿借用音乐艺术的效果、元素和技巧。诗词曲戏由于音乐曲调的变化多样，在外在和内在的形式上作出相应的变化，以配合适应音乐的结构与运动形式。音乐的节奏形态丰富多样，歌词必须配合音乐节奏而安排长短顿挫，唐诗绝句作为歌词必须添加"和声""泛声"，当"和声"由有声无义之虚字变为声义兼备之实字，整齐的诗句便逐渐发展为词的长短句形式。同时音乐常常有多个乐段，所以诗需唱到三叠，而到词发展为分片形式。为了配合音乐节奏和旋律，词的句式，特别是起、结、换头处有各种各样的变化。除了节奏和曲式结构，音乐有五声音阶的音高变化以及有规律地展开，歌词如诗词曲也需要在字的声音层面对音乐予以配合，在字的四声、平仄、发音方式、音色、押韵、整体声音呼应等各个方面精细安排。

# 第二节　中国现代文学中的音乐化创作

中国传统文学与音乐的密切合作，深刻影响到现代文学。中国传统诗歌是可以吟唱的，现代有不少作家仍然在这方面努力尝试，企图使白话文学作品也成为"可唱的"，郭沫若、徐志摩、朱湘等，都曾致力于此。徐志摩曾想创出一种唱新诗的调子，而据汪静之回忆，郭沫若早期是将新诗自身拿来歌唱着的；鲁迅也主张新诗应该可唱。许广平回忆道，鲁迅在照顾海婴睡觉时，唱着平平仄仄平平仄的诗歌调子。[1]

通过对古典诗词的研究，现代诗人和学者探讨了诗歌的音乐性效果和技法。胡适研究了古典诗歌与音乐的各种关系，但他认为文学与音乐毕竟是独立的两门艺术，各种诗体最终都脱离了音乐而独自发展。胡适严厉批评有些词人专门讲求音乐，不惜牺牲词的内容来迁就音律上的和谐。胡适认为那种单有音律而没有意境与情感的词，全没有文学上的价值。胡适在理论倡导上对诗词的音乐性强调得很不够，但他自己精通诗歌音乐化的技巧，在创作中很重视。在对传统的可歌的诗歌的研究中，胡适掌握了语言和音乐配合的种种技巧，在创作中力图获得良

---

〔1〕　曾锋："中国现代文学与音乐"，暨南大学2009年博士学位论文。

好的音乐效果。他的音乐化技巧主要有三种，三者常常综合起来使用：语言本身的声音美；与音乐配合的语言技巧；乐曲化的组织方法。

除了利用语音造成听觉上的美感，胡适也注意语音本身的音乐化效果。尽管语音与乐音的频率和美感有差异，但有许多语音成分是很接近乐音的，正如他的朋友赵元任所指出的："在多数语音里，无论是喉音基础音的语调，或字调（例如四声），或者是口、鼻腔共鸣的各种音色，发成各种元音或辅音"，"这些多数都是乐音"。胡适自称不懂音乐，但赵元任著作里保存有他的吟诗谱，可见胡适很熟悉以古典诗词吟唱为主的文学音乐化技巧。他创作出了有力地召唤音乐的歌词体作品，就算不配乐，诗作也因自身的音乐化而丰富了审美效果。

郭沫若也善于学习传统文学中的音乐化技巧，他的创作也参考了中国式的歌剧——戏曲以歌唱来抒情的方法："唱与白分开，唱用韵文以抒情，白用散文以叙事"，他常常在情感最浓烈的关头，安排歌唱以充分地抒情，如《棠棣之花》中的"去吧，兄弟呀"、《高渐离》中的"荆轲刺秦"等。为了充分表现情感，郭沫若在话剧中穿插诗歌、歌曲和舞蹈，这种艺术表现方法确是学习了古代的戏曲，以及瓦格纳的"综合艺术"——乐剧，这种歌剧"合诗歌、音乐、舞蹈、绘画、雕塑、建筑种种艺术而为一"。

诗人刘大白对传统诗歌音乐性理论作了系统探讨，并运用到创作中。他总结了中国古代诗歌的十种音乐规律，这与音乐家杨荫浏从《诗经》《楚辞》等古代诗歌中分析出当时音乐的形式和体裁一样，都利用了诗歌和音乐的统一性。刘大白所指出的语反复律和腔反复律等，正如杨荫浏所分析的音乐形式：《桃夭》这样的歌诗或者《九歌》中的各诗，在音乐上是"一

个曲调的重复"，而《殷其雷》《东山》这类诗歌在音乐上是
"一个曲调的重复"再加副歌。刘大白在创作中擅用音乐化的对
称结构，如《心上的写真》从节奏的对称上形成 AA′B 结构。
诗中多次运用交错出现的同一句型，前两节相应各行的节奏和
语义完全对称。如"两唇"和"双颊"，"耳际"和"眼底"，
"休息"和"停留"，"复奏"和"重现"等，都是两相并举。
"短歌离了她底两唇，飞行到我底耳际"，与"微笑辞了她底双
颊，飞行到我底眼底"，是相当整饬的对称结构，节奏鲜明，由
于音节、措辞的变化和语义的作用，这种排列在整饬之中，仍
显得活泼灵动。声韵上也作了音乐性的安排，"低"与"短"，
"际"与"竟"，"不"与"毕"，"见"与"颊"等为邻近两行
之间的声母的呼应，"际"与"止"，"颤"与"弦"，"弦"与
"短"，"眼"与"现"等，则是一行之中韵母的呼应。"耳际"
与"眼底"的顶针，前两节中的"心弦""短歌""心镜""微
笑""耳""眼"在末节再现。凡此种种，构成了美妙的文字的
"乐曲"。

　　西方文学与音乐关系也很密切，这也影响到中国现代文学。
郭沫若熟知西方浪漫主义思潮中对综合艺术的追求，如各门艺
术之间的汇通转化。他追随这一思潮自觉追求文学的音乐化，
跨越诸种艺术之间的界限和分别。贝多芬、瓦格纳、惠特曼的
作品直接启发郭沫若明确追求诗歌的音乐化。西方作家对音乐
性的追求也给了徐志摩启发，他相信欧美诗歌的音乐化实践，
可以作为中国诗人们的向导和准则。1923 年他兴致勃勃地提到
自己与西德尼·拉尼尔的《音乐和文学》不期而遇，拉尼尔即
是西方音乐-文学研究史上的一位重要人物，他曾采用音乐符号
来表示英诗的韵律。泰戈尔也是一个音乐家，创作过不少广为
传唱的诗歌，在音乐上自出心裁，他对徐志摩的音乐化写作也

是有影响的。

有些现代作家通过对国外音乐化文学的翻译和研究，领悟和模仿了其中的音乐化的风格和技巧，加以其对音乐美和语言形式技巧本就有着天才的敏感，因而在作品中清晰可辨、卓有成效地"奏响了"音乐，鲁迅便是其中突出的代表。如鲁迅所翻译的音乐诗人爱罗先科的音乐化文学作品：

> 我愿意忘却了那一日。（主题旋律）
>
> 不知道有怎样的愿意忘却了那一日呵。（重复主题）
>
> 然而忘不掉。（主题的压缩与反向再现）
>
> 那是最末的一日。（从前一个主题的成分里发展出新的主题）
>
> …………
>
> 我愿意忘却了那一日。
>
> 不知道有怎样的愿意忘却了那一日呵。
>
> 然而……
>
> 然而是……（在小说结尾，变化再现开始时出现的主题）

中国的象征派诗人们，在法国象征派诗人、世界现代文学的音乐化潮流和西方音乐文化的影响下，热心追求诗歌中的音乐。这些诗人们在创作中狂热地追求音乐时，他们的耳边确实回响着乐曲的声音，心中呈现着音乐的乐句，诗语中"实存"着具体的音乐作品的效果甚至曲谱。

中国现代作家通过三个基本途径在文学中表现音乐：声音、结构和主题（以及将三者综合起来的意象），他们的音乐化创作表明：各门艺术是可以相互影响和渗透的，文学可以成功地模仿和表现音乐，因而丰富表现技巧，创造新的文学风格和类型。

# 第三节 冯乃超《消沉的古伽蓝》与德彪西的前奏曲

中国现代文学里一个综合运用各种音乐化技巧的典范例子，是冯乃超的《消沉的古伽蓝》。冯乃超是文学音乐化创作潮流中非常有代表性的作家。这首诗模仿了德彪西的钢琴前奏曲 La Cathédrale engloutie（沉没的教堂），德彪西音乐的声音效果与形象，音乐所引生的体验、想象与情绪，甚至乐曲的乐句和节奏，都可以在诗中鲜明地感觉到。[1]

这首作品与音乐的关系，也由诗人们自己进一步提供了实证线索，穆木天回忆道："那是从法国及路马路西格斯的告别音乐会演奏的得彪西 Debussy 的 La Cathédrale engloutie 中得的印象。我对于他的那首诗的印象音调——三部曲，第三曲尚未完成，在我看的时候——非常爱，我以为堪有纯粹诗歌（La Poésie Pure）的价值。"自然，诗的标题《消沉的古伽蓝》也明确提示接受者，它是在模仿和表现德彪西的前奏曲 La Cathédrale engloutie（沉没的教堂）。诗的第一节如下：

（一）
树林的幽语
嗡嗡——
暮霭的氛氲
朦胧——
远寺的古塔
峙空——

---

[1] 曾锋："中国现代文学与音乐"，暨南大学2009年博士学位论文。

沈潜的残照

暗红——

飘零的游心

哀痛——

片片的乡愁

晚钟——

此诗从单纯的听觉形象和效果上对德彪西音乐的模仿，与音乐专业人士对此曲的分析相比较，同样非常准确到位。诗歌共三节，每节都是十二行，单行五个音节，双行两个音节加一个表回声、余音的破折号——，各节都是这样的安排。尽管诗人们通过诗歌各行的用词和音节的变化，也可以达到一定的"变奏"效果，但是单就外形来看，难道德彪西的前奏曲会是像诗人的诗形所表现的那样，是这样近乎僵化的不变的重复乐句吗？如果是像拉威尔的《波莱罗舞曲》之类的作品，那倒确实基本上是许多次的不变重复，仅仅在乐器、音色上有些变化。事实上，冯乃超的感觉是准确的，德彪西全曲的确类似引子主题的变奏，从音调到节奏都是如此。乐曲的第二个乐思（第7至13小节）和第一个乐思（第1至4小节）的关系很密切，到第28至41小节，第一个乐思变成了完整的主题，这个主题实际上和两个乐思都有联系。冯乃超以句式、节奏模式不变但押韵的模式变化（反复出现的主要韵字类似于乐曲的和声调性和钢琴的共鸣音效果）的三节诗来模仿这个乐曲，在听觉感受上是很吻合原曲的。特别是作为乐曲主体的B段（第14至27小节）、C段（第28至41小节）和C1段（第72至83小节），其节奏模式、主题发展和音响效果本来就基本上是重复或变奏的。尽管诗歌不可能完全复制音乐的节奏和音响效果，乐曲中有些精妙的效果和细微的变化是诗歌难以模仿的（如果那样的话，诗歌就变成了音乐原作，也就没有创作的必要了），但冯乃超此作已经在语言艺术所容许的限度内最大程度地逼近了音乐。

中国的诗人首先在整体基调上表现了乐曲的内涵，复现了乐曲所描写的意象：朦胧的薄雾、飘荡的钟声、肃穆的祈祷、深藏的古寺（教堂）。诗中色彩的朦胧、声响的缥缈、景象的衰颓、万物气息的恍惚迷离以及古寺在视野中短暂的突现，情绪的苍茫幽深，对时间、历史的流逝和人类的命运遭际的苍凉感悟等，都与乐曲在声、画、情、意上交相呼应。

诗歌在节奏、音节以及相应的意象上，几乎是对乐曲一字对一音的奇妙对译。乐曲的引子（第 1 至 6 小节）描写朦胧的晨雾中海底传来钟声。一系列空洞的四、五度和弦以微弱的音响连续上行，然后突然停顿，随后低声部奏出低沉的音响，仿佛海浪的涌动和钟声的袅袅余音。诗人便以这样的诗句对译："树林的幽语/嗡嗡——/暮霭的氛氲/朦胧——"

冯诗第 1 行五个音节可以配给乐曲第 1 小节，第 2 行两个音节加破折号可以配给第 2 小节，表现暮霭朦胧中林间幽语的袅袅回响。乐曲的节拍为 6/8，诗行的五个音节基本上模仿了连音线内平行四、五、八度的上行和弦的效果。诗歌第一节的第 1 至 4 行，摩擦较弱的舌面音 y 声母，晦暗的姑苏辙 u 韵调和着 ong 韵模仿钢琴的共鸣音，其声音效果与意象都呼应了德彪西前奏曲平静而迷蒙的引子。诗作以叠韵的后鼻音"嗡嗡——"与"朦胧——"来模仿乐曲中的钟声和回音，从声音和意象上都精确表现了音乐的效果，确是妙合无垠。

乐曲 A 段的旋律线开始暗示海浪的起伏，预示着教堂将要从海水中升起。B 段（第 14 至 27 小节）通过重复和自由模进的手法发展引子中出现的第一个乐思，乐曲的音量逐渐加大，力度逐渐增强，钢琴的共鸣越来越强烈，描写了教堂在钟声中浮出，直到钟楼上混乱的泛音在整个空中发出嗡嗡声为止。诗人的对译是："远寺的古塔/峙空——/沈潜的残照/暗红——/飘零的游心/哀痛——/片片的乡愁/晚钟——"诗情与乐情完美地谐奏着，诗意与乐象奇妙地互映着。诗歌这几行对应钢琴曲 B 段音乐的变化，也与前四行诗句在声音安排和意象、情绪上构成了对比，由弱趋强、由暗转亮。诗行较多地使用发音比较明确肯定、摩擦较强的双唇塞音 p、舌尖后塞擦音 zh，声母的发音方式和效果类似于乐曲中的演奏提示和表情术语：Augmentez progressivement（逐渐增强），p（弱）。再加上由言前辙 an 韵配合着 ong 韵形成比较明亮坚实的共鸣音，的确活现了 B 段明亮而有力的音乐所描绘的"远寺的古塔/峙空——"，诗歌的排比句式模仿乐曲效果的逐渐加强也是很成功的。冯乃超能够老练地聆听和分析音乐作品的和声效果，——"辨识和领会那些配合上去并衬托出来的伴奏的和声"，因而他会在诗作中表现出相应的"和声"技巧，将文字"化作音乐"。诗人对语言的声韵、音节的音乐效果，有着特殊的敏感："为什么这个音韵是这样的魅惑着我过去的灵魂？"诗中响亮的中东辙韵字模仿了钢琴宏大的共鸣声。

第一节第 10 行的舌尖中送气塞音 t 声母，加上仄声的 ong 韵，第 11、12 行的诗形（词语排列的视觉效果）、意象，则基本上对应着乐曲的 B 段后半部分。第 12 行的舌尖后塞擦音 zh 加上 ong 韵，则描写自第 23 小节开始出现的钟声般的音型。重叠和复现的 p 声母，叠字构成的不断涌现的视觉形象，破折号画出的波浪形，意象所刻画的翻腾不息的空间和形象，情绪潮流的涌动，声韵节奏的模式，完全复现、唤来了钢琴那奔腾起伏的声浪和情思，——音乐波状的线条和空间，诗歌创造的波形的艺术境界，人类心灵和情绪存在的波形节奏，三者和谐地共振，交融为一体。人们可以承认德彪西的钢琴曲简直就是诗歌所表现出的那个样子，虽然并非一回事，但的确就是那种效果和感觉。在诗人的导聆下，德彪西此曲的 B 段让人看见了"片片的乡愁"，听到了"晚钟"的袅袅余音。

诗歌第二节大致表现了乐曲 C 段（第 28 至 41 小节）、过渡句（第 42 至 46 小节）以及 A1 段（第 47 至 53 小节）的效果。诗歌的第三节大致模仿乐曲的 D 段、C1 段和尾声，与乐曲的变化相对应，诗歌在声音、意象和情绪上也作了相应的安排：由实转虚，由景到情，由明趋暗。

虽然《消沉的古伽蓝》对音乐的模仿和表现取得了一些效果，在同类作品中算是很成功的了，但如果没有音乐原作的存在，如果读者没有听过原曲，那么人们便无法知道这首诗是对一首钢琴前奏曲的模仿，诗人所苦心孤诣安排的大部分音乐化技巧便很难起到应有的作用了。正因为这样，诗人特意拟了一个与乐曲同名的标题以提醒、引导接受者。当然，诗歌的节奏、声韵、音节模式、音义组织、意象等，都有浓郁的音乐意味，即便脱离音乐原作，诗歌也能获得一定的独立的音乐形式和效果。但总的看来，诗歌的音乐化效果不能完全脱离文学的内容和语义，这种音乐效果也不能和音乐相提并论。音乐的感染力以及其与文学的共通性，诱惑作家和诗人在文学作品中表现和模仿音乐的效果和技巧，诸种艺术之间的对话在天才的创作者笔下将呈现出更多神奇的杰作。

## 第五讲
# 银信合封中的诚信记忆
### ——侨批

曾穗菁

清朝中期以来，伴随着东南亚的殖民化，资本主义国家为了掠夺殖民地和开发经济，需要在邻近国家招徕大量劳动力，由此采取了种种措施吸引中国东南、华南沿海民众移民前往南洋，这对华侨移居国外形成了强大的外部拉力。有侨就自然会出现家书，在19世纪鸦片战争以前，一些滞留在南洋的移民委托回国的同宗、同籍的乡里给家乡的亲人带回书信和银两，有的可能只是口信和银两，有的可能有信而无银，那时候还没有形成大规模的海外移民潮。1840年鸦片战争爆发，打开了中国闭关锁国的门户，一批又一批南方沿海民众沿着"海上丝绸之路"投奔东南亚谋生，形成了"下南洋"的移民潮。尤其是清朝咸丰十年（1860年）清政府与英国在北京签订的不平等条约《中英北京条约》里提及：凡有情愿出国做工之华民，"俱准与英民立约为凭，无论单身或愿携带家属一并赴通商各口，下英国船只，毫无禁阻"。就这样，清政府准许民众下南洋"淘金"，大规模海外移民由此开始，回乡的书信和接济家乡亲人生活的银两开始大量流回沿海乡村。在100多年前海内外金融邮政机构尚未建立或极不完善的情况下，有一种直接简易的托寄方式在跨国环境中诞生，逐渐形成了"银信合封"的独特家书——侨批，具有既是家书又是汇款凭证的双重特征。

"侨批"是指海外华侨通过民间渠道寄给家乡眷属连带家书或简单附言的汇款凭证。曾大量出现于广东、福建、广西等地。因方言区别，福建方言、广东潮州话和梅县客家话都把"信"叫做"批"，因此多称其为"侨批"，而广东五邑地区方言将寄款信件称为"银信"。

侨批是中国侨乡的历史特色、形成基础和主要标志。华侨华人远渡重洋，省吃俭用，将来之不易的血汗钱通过侨批的方式寄回家乡，用作赡养父母、抚育儿女等家庭开支，以及生产经营和捐助家乡各种公益事业等，是华侨华人故土情怀的历史见证，不仅维系着华侨华人与家乡亲人之间的思念和牵挂，也曾经是中国经济发展和对外贸易平衡的重要支撑。承担着侨批的收揽、中转、派送以及汇兑、解付等职责的侨批业、水客业在中国近现代邮政及金融发展史上也有着特殊的地位与作用。因其蕴藏深刻的历史和文化内涵，2010 年，广东侨批与福建侨批以"侨批档案"的名义入选第三批"中国档案文献遗产名录"；2012 年"侨批档案"入选"世界记忆亚太地区名录"，2013 年列入"世界记忆名录"。

"侨批，是华侨华人与家乡亲人间往来的银、信合一的国际移民文献，在广东、福建侨乡现存有 16 万件之多。它记录了华侨华人在亚洲、美洲、大洋洲发展的历程和侨居国历史、文化的变化，在近代国际移民记忆遗产中具有唯一性和突出的世界意义。"这是申报《世界记忆名录》文本资料中对于《侨批档案》的介绍。寥寥数语，将侨批在华侨及侨乡人民心中的重量准确描述了出来。

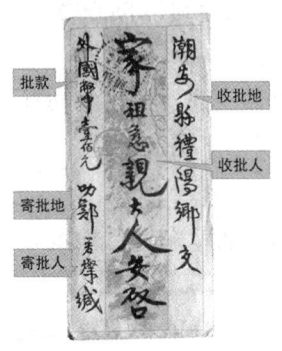

批款　　收批地
　　　　收批人
寄批地
寄批人

## 第一节　侨批：广东近代侨乡文化的集体记忆

广东侨批，分别由潮汕侨批、五邑银信和梅州侨批三部分组成。侨批随着华侨的出现而产生，集中出现于19世纪中期，直至1979年侨批业务归口中国银行管理，侨批历时一个半世纪后成为历史。2012年，申遗项目专家组首席专家、五邑大学副校长张国雄教授认为，这些侨批是研究近代华侨史、家族史、经济史、社会史、文化史、金融史、邮政史、中外交通史、国际关系史等的珍贵档案文献。2013年6月，侨批档案成功入选《世界记忆名录》，是广东诞生的首项世界记忆遗产。

一封封饱含深情的侨批，诉说着四处漂泊的海外游子无尽的思念，记载了他们永难释怀的乡愁。一封侨批就是一个故事，蕴藏着大量有价值的原生态史料，它能带我们回到历史现场，体味海外中国人最早的、最鲜活的"中国故事"。

侨批里涉及一个关键词"移民"。从最初创造财富的愿望出发，成千上万的侨乡男子出洋谋生，异邦、华侨、写批、水客……构成粤闽先民下南洋谋生创业、寄侨批养家的画面，并在二者支撑下，构筑起一条从家乡到"金山"（指北美地区）的移民通道。

当时，为了达到移民目的，也因为美国的"排华"政策致使普通华工很难通过合法渠道进入美国谋生，许多广东移民都是利用美国部分法例的漏洞，采取了一些不太合法的途径入境。例如，他们或用假证件冒认商人、学生身份申请；稍后很多人又转而购买美国土生身份证件等办法，申请入境。1906年，美国旧金山地震后发生了火灾，档案全部烧毁，在美国的一些华人趁机冒认是在美国出生，领得美籍证件。还有美籍华人到中国探亲回来后，就向移民局报告生下了孩子，这样就制造出一个移民空额，几年后，居美华人可以转让或出售这些空额及有关口供资料，让其他华人冒充办理移民，这甚至一度成为华人入籍的重要途径。

上述这种种用心，都在那个时代的侨批当中留下了痕迹。美国的"出世纸"寻来不易，行情看涨，一封1924年的侨批提到："现时欲得出世仔纸（即美国华人子女出身证明）甚难，价值数千元，人人欲寻，难寻！"一封1930年的侨批中也说："迄今时价潮流，出世仔纸价，金银二千元有之，或一千八百元亦有之，与旧不相全也。"又如美国华侨谭裔达将大儿子谭番就带入美国后，又千方百计在寻觅合适"出世仔纸"将小儿子谭番沛带出去，大儿子谭番就多次在家书中探讨这个问题："关于我弟来美问题，求其我与家父尽力访纸，但须时间查明纸底方能从事，总之你一面努力读书，俾我一面访纸，你千祈不可退学为要。"可见，侨批不仅仅记录了海外侨胞的创业历程，还有他们心中念念不忘的关于父子团圆、夫妻聚首的执念，见证着侨乡社会家庭结构的历史变迁。

侨批源于民间，并且大量收藏于民间，作为民间原生态

"草根"档案文献，大到"世情""国情"，小到"乡情""亲情"，是最好的社会"切片"和标本。

侨民远赴重洋，克勤克俭，节衣缩食，稍有积蓄，便想方设法从千山万水之外寄回的这些钱，是侨胞眷属的"经济生命线"，在特殊的历史时期，侨批更承担了特殊的角色，有着特殊的历史贡献。据记载，1921年前，每年有几千万元的侨批款进入潮汕经济社会；1921年后，这个数字增长到1亿元；而1931年后，每年侨批款的数额已倍增到2亿元。这段时期，有近50%的潮汕家庭是靠侨批过活的，当地流传着"食侨批"的说法。曾有统计显示，1864年至1949年间，五邑地区的侨汇总额达7亿多美元，这既是侨眷的主要生活来源，也是侨乡经济建设的资金支柱，亦是国家外汇收入的重要渠道。

在清代光绪以后到第二次世界大战前，五邑地区不少女性因为"嫁作金山妇（指嫁给北美华侨的女人）"而过上了衣食无忧的生活，惹人羡慕，当时台山流传的歌谣有唱："有女莫嫁耕田人，时时泥气郁败人；有女要嫁金山客，打转船头百算百。"在侨乡台山和开平，甚至出现过有"一千几百个金山客回来，台山、开平的年轻美貌女子都被婚配一空"的盛况。

华侨来信的内容十分丰富，除了会涉及汇款的分配和使用，还有孩子的教育、出洋问题，以及移民政策、家族的生意、国际的政治形势、国家和家乡的政治和社会问题等。侨批100多年的记忆文献，既是私人书信，更是文化交流的工具和载体。华侨是文化的传播者，把中国的文化传播到世界各地，同时把世界各地的文化传播回家乡，影响着广东、福建的发展变化。

1946年五邑华侨谭裔慈在信中教育儿子："儿读书科目太多，其不甚重要者，可以少下功夫。而以国文、英文、算数、珠算等为注重，余如手工、图画、音乐等可减少时间，以温习较重要之科目。盖人之精神之力有限，当然不能事善并美，之求其较为重要者下一番功夫，则较为易于进步也。"有的华侨要求妻子一定要督促孩子上学，女孩子也不例外，提醒妻子不要早早就给女儿找婆家，因为国外的孩子不论男女都是要读书的。有的华侨寄钱回来修建房屋提出要参照外国某某式样建筑或者干脆将设计好的图纸一同寄回来供家人参考。有的华侨则对家乡的新村建设和成村后的管理提出意见，强调各户的权利和义务，村务应该公开、公平。在广东侨乡的日常用语中，不乏一些通过批信得以使用和流传的外来语，比如 kou tow——叩头，kong fu——功夫，chop suey——杂碎，lo mein——捞面等（英语当中的粤语借用词），或拉士——last，芝士——cheese，晒士——size 等（粤语中的英文外来语），以及叉电——charge——充电，插梳——socket——插座，食布菲——buffet——自助餐等（英粤混用的词汇）……当时的广东侨乡民众就是生活在这样中外交融、新旧文化互相碰撞又共生的状态之中。

"世界记忆"项目注重收录的是"以不同介质表现人类发展历史的文献"，侨批所负载的不仅是广东近代侨乡文化的集体记忆，同时也是每一个侨居国关于华侨历史的一部分。因此，侨批具有的典型的世界性文化价值不言而喻。

## 第二节　侨批业：金融诚信先行典范

随着华侨数量的急剧增加而产生的"侨批"，汇款和寄信在侨批中的位置不是"平分秋色"的，批信只是办理侨汇时的附属形式，回批也只是侨汇已得到解付的凭证。也就是说，侨批商号主营的业务是寄钱汇款，是金融行为。侨批不仅帮助华侨实现了财富、情感和信息的跨国流通，而且作为早于中国现代银行产生的侨批业，更是我国进入国际金融市场的先行者，蕴含着货币、信用、国际汇兑等金融业沿革的历史。

早期经营侨批业务的是个人，俗称"水客"或"客头"。"水客"深入到海外的矿山、农场、种植园或侨胞的住所，收揽他们需要托寄回乡的财物书信；然后回乡传递，又将侨眷的回批带给海外侨胞，提供跨国越洋的双向服务。至今仍有侨乡子弟记得，小时候村里"水客"到来捎钱捎物时的欢欣场面：每当"水客"背着褡裢出现在村头时，乡邻就会立刻聚拢过来，急于知道自家的侨批是否来到。婶姆们还会相互探询："阿嫂，你家这月的番批到了吗？"交流她们的男人在南洋的生意与行情……

当时中国封闭已久，与境内外邮政和金融体系联系通道尚未建立，侨批成为连接海外的民间主渠道，有"草根金融"之称。侨批业的信条是"诚以修身，信以立业"。凡是涉及货币金钱的行业都必须讲诚信，否则日久绝无立足之地，侨批业亦然。

最初，南洋经营侨批的商号吸收汇款大都有区域界限之分，如闽南人开设之信局，收揽批银汇款者，大部分都是闽南人，全因乡亲之谊，知根知底，这才放心。而国内转递解付批款的批馆信局，最早是在清末经营侨批的商号，其组织与管理素无严密方法，设店于厦门、泉州，在厦门专收"客头"从南洋带回之银信，再在泉州雇佣"批脚"将银信转送至四乡五里侨眷家中。这些专门雇佣的"批脚"解送批款，要向收款人收取"酒资"（闽南话叫"脚骨钱"）作工资，其收取数额无定律，常凭"批脚"肆意索求或扣取 10% 或 20% 不等，久而久之，侨眷烦言颇多，海外客户也意见极大。这种状况必然导致批馆信局诚信的丧失。于是，原是菲律宾"水客"的漳州龙海人郭有品，乘此机会，宣扬"天下侨民和批商都是一家人"，并联络海外"水客"和国内批馆，组成"天一批郊"这种松散型同业行会，要求自律，制止"批脚"苛索工钱，同时，初步解决了收揽批银和解付批款的程序。接下来，批馆信局必须向清朝邮政官局"挂号"，领取营业执照，也让侨批业的信用更有保证。于是，"侨批信汇"定型在19世纪中后期，属于邮政、金融业范畴，涵盖了金融汇兑的三种方式：信汇、票汇和电汇。

确保行业信誉，才能拓展业界的生财之路。清代福建龙溪县（今漳州市龙海区）人郭有品，20多岁时到菲律宾的马尼拉谋生。光绪十八年（1892年）创办天一信局，为华侨投递银信。在创建天一信局前其是一名"水客"，常运送侨批往返于福建家乡与菲律宾马尼拉之间。在一次运送侨批及其钱款的途中，因遇台风导致船沉大海，郭有品获救后返乡，并没有以不可抗拒的自然灾害为由，注销解付侨批款，而是毫不犹豫地变卖了自己的田物，悉数解付给侨眷。自此，郭有品诚信经营的行为誉满南洋，华侨深为信赖。此后的"郭有品天一批局"始终秉承"诚信经营"的信条，得到了海内外华侨的信赖和支持，由此发展成为中国历史上最大的民间侨批局之一。

"侨批档案"里的16万封侨批中，大约有10万封来自潮汕地区。在潮汕地区，"经营有信""敬业有信"和"践诺有信"的故事比比皆是，折射出潮汕人诚信经商的道德光芒，他们恪守诚信的职业道德，风餐露宿，把一封封家书连同一笔笔批款送到各镇各村、各家各户以至穷乡僻壤的侨眷手中，一笔不漏、分文不差。如下图左边侨批关于"本局批银，即日发清"字样，意即批银限时送达，是批局的公开承诺。有时信件周转延误，批局会按先期接到的批单所列金额先付批款，待批信转递到潮汕后再将信送还，故于信上盖一印戳写明"批银先发"。批局在收办信款时准确快速"按址投送"，甚至还能"无址投送"，如下图右边侨批上写有"潮阳县北门外询交",意指在什么地点经询问确认后交付批银。这些都是侨批经营者以各种形式,公开向华侨和侨眷承诺,以诚信为立业之本的真实写照。

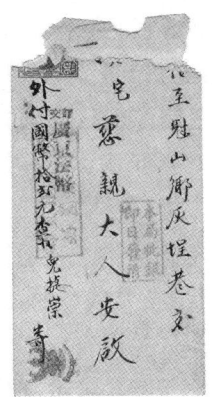 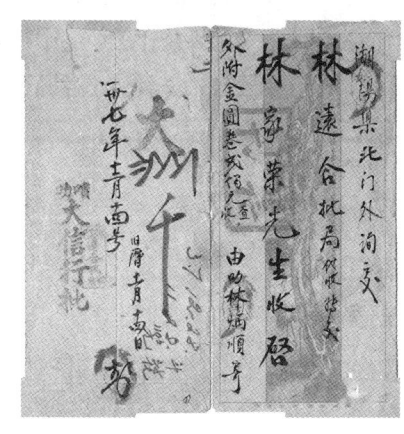

侨批业属于邮政金融,金融汇兑给人的印象是冰冷的钱钱交易,而侨批,由于其"银信合一"的特征,使其不同于一般的金融产品,它是富有情感的金融工具,蕴含丰富的信用文化价值。在全球化、网络化的商潮中,侨批业体现了中国东南沿海民众善于经商,逐利而不忘义,灵活又不忘信守承诺,以及甘冒风险、爱拼敢赢的精神。侨批的"规模集约""守诚笃信""跨国""多元"等文化因子经过沉淀成为信用文化的重要部分。

在国家外汇短缺的时代,侨汇的净收入对国家的重要性不言而喻。20 世纪 80 年代之前,通过海外侨批业渠道汇入中国的侨汇占大部分,尤其在中华人民共和国成立之前占到全部侨汇的 80% 至 90%。随侨批而来的侨汇除了养家、繁荣侨乡经济、兴办公益事业外,作为非贸易外汇收入能够部分平衡中国国际收支不平衡的现象,因其不存在偿还义务和货品抵扣而被喻为

"无烟工厂""无形输出"。侨汇总额每年都是我国平衡国际收支的重要组成部分。因此，侨批曾被国内学术界称为"海上洋务运动的产物"，被日本商人称为"经济魔鬼"。

20 世纪 80 年代后，在国内侨批局整体并入国家金融机构之后的 20 年左右时间，国外的侨批局也逐步正式将相关业务分解到银行、邮局。科技进步提升了金融效率，也替代了承载着多元诉求的一纸侨批。从此，侨汇兑付从数月、数天缩短到几小时、几分钟，极大地便利了人们的需求，纸质形态的侨批业从此走进了历史，走进了人们的记忆深处。

## 第三节　侨批文书：海外与故乡的情感纽带

"海邦剩馥"，是香港潮州籍国学大师饶宗颐对侨批和侨批文化研究的盛赞。侨批汇集厚重人文精神和丰富文化内涵，作为"不会说谎的历史文献"，处处透露出中华民族家风文化的精气神，"孝悌为本""家国一体""诚信处世""勤俭持家""勤学向上""立德树人"等传统教育观，即便是在当下，仍值得借鉴。

孝悌为本，是中华民族的家族文化。"孝"字的构成，上为老、下为子，意思是子能承其亲，并能顺其意。《孝经·开宗明义》章讲："夫孝，德之本也。"孝，不仅是流淌在炎黄子孙血液中的文化基因，也涌动在侨胞的侨批中。

一百多年来，不少同胞，或为躲避战乱灾害，或为养家谋生，他们"过番""卖猪仔"，背井离乡，漂洋过海，到南洋，到北美，做苦工，做小买卖，艰苦奋斗，成就事业。白天他们无一日歇息，夜晚他们乡愁绵绵，挂心双亲的温饱、健康、安危乃至终老。

"迢递客乡去路遥，断肠暮暮复朝朝。风光梓里成虚梦，惆怅何时始得消。"这首以"难"为题的七言绝句是印度尼西亚陈君瑞寄给潮州侨属的侨批，写尽侨胞出洋谋生的艰辛和对故乡的思恋。

"汉民吾儿知悉：久未受（收）到来信，甚念！自内地失落以来，未知你各人在家如何？美国邮局不接书信，中国银行不接汇款。故各人无法寄银回家……现下联军向前猛进，料战事当不久可望和平实现，若此处战事和平时，吾即返回美国。之（至）中日和平时，吾即回家相见矣。我现在外安好如常，请勿念！若受（收）到此信速速回音。若美国邮局通汇时，吾当即寄银回家可也……"这是收藏在江门五邑华侨华人博物馆中的一封"银信"，是开平塘口镇龙安里周氏家族成员周富从国外寄回乡给儿子的一封银信，简短的话语，字里行间流露出周富对身处战乱中的家人的牵挂。

这一封封情深意切的侨批，背后的故事大都平凡而琐碎，却页页道出了他们怦怦跳动的孝悌观念。侨批悠长浓烈的家风文化，还体现在注重书信的修辞、文法和礼节上。一封封侨批均不乏"双亲大人尊前""跪禀""敬禀者"等抬头，及"尊安""如意""谨禀"等结语。正如"侨批档案"申遗报告文本中描述的那样："侨批档案代表了中国数千年形成的书信形式和风格，集毛笔书法、硬笔书法、篆刻艺术于一体，具有杰出的审美价值。从书写形式的起笔称谓、问候，到内容的用语习惯和思维方式，再到结束的方式和礼仪用词等等，浓重地表达了中国传统的伦理道德观念、习俗文化和语言价值……"

读侨批，看到众多男儿为家计远赴南洋艰苦奋斗，而女性也从未缺席。过番女子有女儿，有儿媳，亦有母亲，做得全是勤杂工，她们寄出的侨批中丝丝缠绕在柴米油盐、亲邻长幼的琐事中，寄钱寄药寄旧衣，问大问细问金安："汝母每日，千辛万苦，受尽饥饿，积蓄寄去。挂念唐中孙儿，正受尽苦楚，工作十分沉重，手足每日浸水生蛆。汝务须勤俭耕作，以免家中大小受饥受寒……"一封封泛黄的侨批文书，一份份悠长的牵挂，满载着游子关于远赴他乡无以实现孝悌事亲的自责和遗憾。

家国一体，家风的产生和延续并非一种偶然现象，而是多种因素渗透影响的结果，有其历史必然性。中国千余年的儒家文化、宗法族制的浸润，出现了"家国同构"效应，家是国的缩影。尤其是有外辱之时，此现象尤为突出。

民国二十八年（1939 年），菲律宾华侨康起图寄侨批给福建厦门同安灌口的妻子王申妃，提及家人应支持国内抗战，有钱出钱，有力出力："贤内助王氏粧次：启者。目前对于此处海关入口手续异常繁杂，种种刁难，旧客甚至船到被押水厝，其余新入口之新客，手续可想而知矣。惟咱厝政府对于富户派捐之款，如咱亦被派列者，多出一点亦无问题，可免介意。因现在当在抗战中，凡是中国国民份子有钱出钱，有力出力，此乃当然职责，实在欢喜出本，内助乐为输将也。兹夹进汇票一纸，备唐洋式佰元，至收入，并外附进大洋式拾元，可一齐收用。专此。并请均安！夫康筹书民廿八新历四月初三日。"这封从菲律宾华侨寄给家乡妻子的平常家批，却在 20 行语句之中，用了大半篇幅交代支持政府派捐抗战事宜，表现出一个普通的爱国华侨"家国同构"的强烈意识，为了国家兴亡，义不容辞地参与到出钱出力的抗战洪流中去，并将此"家国一体"之家风传导给自己的家人，令人慨然而生敬意。

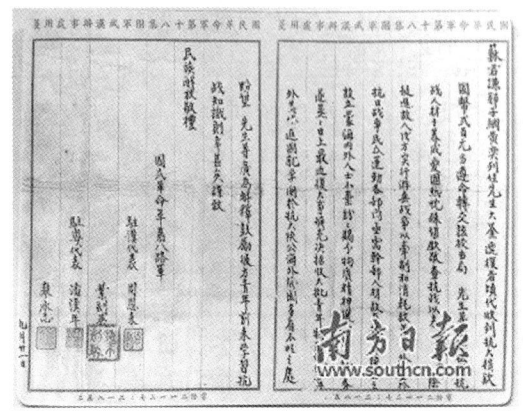

这是一张特殊的回批（上图），抗战期间，汕头澄海籍的旅泰华侨苏君谦、郭子纲和黄奕曾寄往国内一封特殊的侨批——捐资200元以支援延安抗日军政大学办学。周恩来、叶剑英、潘汉年及廖承志等联名复信，对他们的爱国热忱"殊堪钦敬"。

与侨批相伴而生的还有很多珍贵文献，见证了侨胞们爱乡爱国的壮举。这些文献主要包括汇款票据、银信机构账簿、华侨捐款凭证、华侨投资凭证等，其中，华侨捐款凭证中有很多华侨为家乡的教育、道路桥梁、医疗卫生、体育文化等事业的发展而捐献大量侨汇的捐款收据收条，以及华侨支持抗战救国而捐献物资的航空救国券、救国公债、捐款征信录等。很多保存至今的同期侨批中，印着"同仇敌忾""复兴民族"标语的批信比比皆是。

"每一封侨批，就是一个故事，千千万万封侨批汇聚起来，就是一部厚重的华侨史。"75岁的汕头侨批文物馆馆长林庆熙有着最切身的感受："我们的改革开放和发展建设事业同大批心系桑梓、心系祖国的华侨是分不开的。华侨的一个重要特点就是爱国爱乡。他们在异乡历尽艰辛、艰苦创业，顽强地生存下来，站稳脚跟后，依然牵挂着自己的家乡和亲人，有一块钱寄一块钱，有十块钱寄十块钱。这就是中国人、中国文化、中国精神、中国心。"

如今东南亚沿海多座城市都建有侨批馆，侨批在这数百年之中对潮汕地区的影响极大。汕头侨批文物馆创建于 2004 年，是我国首个侨批文物馆，设在汕头市潮汕历史文化研究中心，总面积 200 多平方米，馆藏侨批 12 万余封。该馆展有包括"侨批的历史轨迹""华侨侨眷生命线""侨批文化的研究""筹办侨批文物馆"四个部分的照片共计 200 幅，还陈列部分侨批原件、送批用具等文物。馆长林庆熙将自己称为"历史碎片的打捞者"、潮汕侨批文化的守门人，要继续讲好靠一封封侨批传递出来的汕头故事、华侨故事、中国故事，传承和弘扬华侨华人的故土情结、侨胞报效桑梓的赤子情怀。

侨批为海外华侨搭建了一座与家乡父老血脉相连的桥梁，也见证了"海上丝绸之路"沿线华人华侨与家乡之间紧密的人文交流。如将万千封批信揉进历史的长河中，浮现出的不仅仅是侨民艰苦卓绝的创业史，更是一幅幅书写和传递忠义孝悌的历史长卷。

第二编

红色基因的传承

## 第六讲
# 开天辟地的红船精神
—— 《建党伟业》

张新民

　　我走过我们人生的一半旅程，却又步入一片幽暗的森林，这是因为我迷失了正确的路径。啊！这森林是多么荒野，多么险恶，多么举步维艰！道出这景象又是多么困难！

—— ［德］但丁《神曲》

　　我们这个民族自从 19 世纪中叶开始，就步入了这"幽暗的森林"，"迷失了正确的路径"，从此坠入苦难的深渊。在优胜劣汰、弱肉强食的森林法则主导下，西方列强利用船坚炮利征服了睡梦中的狮子，鸦片战争、中法战争、中俄战争、八国联军入侵、甲午战争等，结果都是一样：瓜分、割让、赔款、掠夺、杀戮……"东亚病夫"这个诬号像绞索般套在中华民族的身上，"华人与狗不能入内"——充满屈辱的卑贱地位无情鞭打着国人的心灵。一个找不到出路的民族深陷迷茫之中，闭关锁国、妄自尊大，仍然自诩"天朝"、世界的中心，一次次失败之后只能以"精神胜利法"聊以自慰，路在何方？

## 第一节　红船精神的内涵

《建党伟业》是为庆祝中国共产党建党 90 周年而制作的献礼影片。该片由韩三平、黄建新执导，由刘烨、陈坤、张嘉译、冯远征、周润发、刘德华等 109 位明星出演，可谓阵容强大。

该影片讲述了从 1911 年辛亥革命到 1921 年中共一大召开这 11 年间的历史风云，涵盖了辛亥革命、二次革命、护国运动、护法运动、新文化运动、巴黎和会、五四运动、驱张运动、问题与主义之争、相约建党、一大召开等历史事件，展现了毛泽东、李大钊、陈独秀、周恩来、孙中山、蒋介石、胡适、宋教仁、廖仲恺、杨度、马林、袁世凯等历史人物 200 余人的历史风貌，展示了中国共产党诞生前的历史。当然，《建党伟业》不仅对宏观历史进行了线索清晰的勾勒，也对毛泽东、李大钊、陈独秀、周恩来、孙中山、袁世凯、蔡锷、张勋、徐世昌、胡适等人物都做了个性鲜明的表现，从而呈现的是一个波澜壮阔的大时代。

1921 年 8 月初，中国共产党第一次全国代表大会在浙江嘉兴南湖的一条游船上胜利闭幕，庄严宣告中国共产党的诞生。这条游船因而获得了一个永载中国革命史册的名字——红船。

"一个大党诞生于一条小船。"这一"大"与"小"的对比，生动折射出一个政党从小到大、从弱到强的历程。红船逐浪，路在何方。重任在兹，谁与担当？一群平均年龄仅有 28 岁的"同学少年"回应人民和历史的召唤，于悠悠小船之上发出了划破天际、响彻大地的最强呐喊，肩负起自近代以来各种政治力量不可能完成的艰巨使命，自此成为团结带领人民寻找光明的摆渡人。

大党之大，首先在于气魄大。这个气魄，突出表现为开天辟地、敢为人先的首创精神。首创精神是"红船精神"的灵魂，是动力之源。"数千年未有之大变局"下，以毛泽东同志为主要代表的中国共产党人，在众多思潮中经过反复比较、分析，选择了马克思主义作为指导思想和理论武器。面对"山沟里出不了马克思主义"的论调，中国共产党人解放思想、实事求是、敢破敢立，创造性地开创了农村包围城市、武装夺取政权的革命道路，对于怎样建设社会主义进行了重要探索，第一次实现了马克思主义与中国具体实践相结合。在把握中国国情和世界大势的基础上，在建设和改革开放的伟大实践中，中国共产党人与时俱进、不断探索、"走自己的路"，创造性地开辟了一条中国特色社会主义道路，实现了科学社会主义理论逻辑和中国社会发展历史逻辑的辩证统一，推动了马克思主义中国化的历史进程。

红船劈波行，精神聚人心。红船所代表和昭示的是时代高度，是发展方向，是奋进明灯，是铸就在中华儿女心中的永不褪色的精神丰碑。"红船精神"同井冈山精神、长征精神、延安精神、西柏坡精神等一道，伴随中国革命的光辉历程，共同构成我们党在前进道路上战胜各种困难和风险、不断夺取新胜利的强大精神力量和宝贵精神财富。近百年来，"红船精神"一直激励和鼓舞着我们党坚持站在历史的高度，走在时代的前列，勇当舵手，引领航向，不断取得革命、建设和改革的一个又一个胜利。

红船是中国共产党登上历史舞台的起点。我们党从这里诞生，从这里出征，从这里走向全国执政。2005 年 6 月，时任浙江省委书记的习近平同志首次提出"红船精神"，并将其概括为"开天辟地、敢为人先的首创精神，坚定理想、百折不挠的奋斗精神，立党为公、忠诚为民的奉献精神"。"红船精神"作为党的革命精神之源，构成了中国共产党革命精神和当代中国精神的核心内容，彰显出跨越时空的永恒价值和强大生命力，闪耀着璀璨光芒。

具体来说：一是"开天辟地、敢为人先的首创精神"，在实现中华民族伟大复兴的历史使命中，为党永葆先进性而矢志奋斗。二是"坚定理想、百折不挠的奋斗精神"，坚定共产主义远大理想和中国特色社会主义共同理想，为崇高理想信念而矢志奋斗。三是"立党为公、忠诚为民的奉献精神"，把人民放在心中最高位置，为人民过上更加美好生活而矢志奋斗。

以电影《建党伟业》为代表的影视作品就展示了中国共产党人身上的这种"红船"精神，《开天辟地》《中国1921》以及《青年毛泽东》《湘江北去》《少年中国》等都是这类的影视作品。这类的影视作品不仅再现了一批历史人物的精神风采，而且展现了他们何以被时代选择、他们又何以成为时代的先行者，他们在国家忧患之时民族存亡之际所表现出的无畏生死、勇担大任的气魄与胸怀，他们以宏阔的视野观世界之大势，引领时代发展之趋势，以济世救民为己任，铁肩担道义，成为一代天骄。中国共产党的诞生是历史的选择，是时代的选择。

## 第二节　时代的选择

鸦片战争后，中国闭关锁国的大门被列强的大炮轰开，西方资本主义国家的文化开始输入中国，开启"西学东渐"之势。

鸦片战争的失败，集中暴露了近代中国军事、经济和科学技术上的落后。因此，一些官僚知识分子和有识之士，就大力主张学习外国先进科学技术，发展中国现代军事工业，以实现船坚炮利、富国强兵，逐步形成了一种"中体西用"的洋务派文化思想。但洋务派只主张在不触动传统封建制度的基础上发展中国的现代军事和现代工业，而在制度文化和精神文化上，仍然坚持旧的封建传统，维护的仍旧是封建帝制，忽视乃至反对政治制度和伦理道德的改革，表现出这种文化思想的很大局限性。但毕竟这是一种改革主张，仍然遭到了守旧派官僚的极力反对，最后以失败而告终。

到甲午战败、洋务派"中体西用"的文化思想基本破产时，一种新的文化思想便正式形成，这就是以康有为、梁启超等为代表的维新派所倡导的启蒙主义思潮和政治维新的主张。维新派不但主张向外国学习先进的科学技术，还要学习外国的社会制度，进行政治、经济、法律、教育制度方面的一系列改革，在政治上他们主张君主立宪的改良主义制度，这比洋务派的文化思想要前进了一大步。但他们关注的主要是政治体制的改革，虽然也主张开发民智、变法图强，然而对于传统的封建伦理道德在总体上还是维护的，走的是改良主义道路，他们对封建主义的批判，主要停留在物质文化和制度文化的范围内，没有进入到更深层次的精神文化中，因而只能以失败告终。

以孙中山为代表的革命派虽然主张废除封建帝制，实行共和制，以推翻清朝专制统治为政治目标，比维新派要彻底一些；但他们在文化思想上与维新派并没有实质差别，他们追求的都是政治制度上的改革，对于传统封建伦理道德都还缺乏起码的批判。辛亥革命虽然推翻了中国最后一个封建王朝，形式上实行了民主共和制度，但却并没有结束封建压迫，并没有改变封建等级关系，中国仍然停留在半封建、半殖民地的历史阶段。这一切，都迫使中国先进的知识分子进一步思考中国长期停滞落后的原因。

辛亥革命推翻了清政府，但并未能根除封建主义社会基础，旧文化思想仍严重阻碍着民族意识的觉醒，内忧外患使国家和民族陷于垂危之中。受西方新思潮影响的进步知识分子在历史反思的基础上，深感思想启蒙的迫切需要。他们认为中国历次政治革命之所以屡遭挫折和失败，根本原因在于缺少一次深刻而又广泛的反对封建伦理观念的思想启蒙运动，广大国民在伦理观念方面没有真正觉悟。因此，他们就利用大量西方文学、哲学、社会学著作作为思想启蒙的资料，向民众灌输资产阶级民主主义思想，抨击封建主义思想文化，发起一场比晚清维新派、革命派更广泛的思想启蒙运动，由此而发展成为五四新文化运动。

五四新文化运动包括思想革命、道德革命、文学革命等许多领域，但前期的新文化运动主要表现为思想启蒙运动，它的基本纲领就是反对旧思想旧道德、提倡新思想、新道德。旧思想、旧道德就是指封建主义的思想道德文化，新思想、新道德指西方传入的资产阶级民主主义的思想道德文化，其核心是"民主"和"科学"的思想。《新青年》明确提出要"拥护那德谟克拉西（democracy，民主）和塞恩斯（science，科学）两位先生"。新文化运动的先驱者们以民主和科学思想为武器，向封建主义文化发动了全面的进攻。其主要内容有：①以法律上的平等人权，反对封建专制的政治制度、礼法制度；②以伦理上的独立人格、个性主义，反对封建道德和封建家族制度；③以学术上的破除迷信、思想自由，反对儒家独尊和文化专制主义。

1917年俄国十月革命的胜利，有力地推动了新文化运动，使它的思想性质逐渐转换。由于十月革命的影响，马克思主义开始在中国传播，促使中国先进知识分子把注意力由西方资本主义世界转向社会主义苏俄，重新思考中华民族的出路，得出了"走俄国人的路"的结论。李大钊和陈独秀先后接受了马克思主义，由激进的资产阶级民主主义知识分子转变为具有初步共产主义思想的知识分子和马克思主义的宣传者。这样，新文化运动就由前期以资产阶级思想为指导的思想启蒙运动，发展转变为在马克思主义革命思想与资产阶级民主思想共同影响下的统一战线的新文化运动。

1919 年五四反帝爱国运动的爆发，再一次推动了新文化运动的深入发展，使其声势更加壮大，参加和支持者越来越多，各种宣传新文化的社团和报刊纷纷涌现，马克思主义思想的传播更广泛，影响更扩大。新文化运动也由单纯的思想文化领域的启蒙和论争发展到与政治斗争紧密配合。

从晚清至中国共产党成立之前，中国近代知识分子进行了四次主要的探索：洋务运动、戊戌变法、辛亥革命、新文化运动，其主要代表人物：发起洋务运动的有奕䜣、曾国藩、李鸿章、左宗棠、张之洞等；提倡维新变法的有康有为、梁启超、谭嗣同等；揭起辛亥革命大旗推翻封建帝制的是孙中山、黄兴等；倡导新文化运动的是陈独秀、鲁迅、胡适、李大钊等，这四次主要的探索可以这样理解：沿着学习西方的器物（洋务运动）——学习西方的制度（戊戌变法和辛亥革命）——学习西方的思想（新文化运动）展开。甲午海战的惨败、洋务运动的破产以及戊戌变法的失败彻底宣告了封建制度已是穷途末路，垂死挣扎，此路已经走到死胡同；推翻帝制的同盟会后来的国民党虽然建立了共和制，但却屡遭帝制复辟戏弄，先是袁世凯称帝后是张勋复辟，后来国民党在中国执政实验了西方的三权分立的民主制度也以失败而告终，这同样说明了简单"拿来"西方那一套、照搬西方的政治制度以致食洋不化，此路不通。新文化运动是一场空前的思想文化运动，也是一次社会运动，它借西方的民主、自由、平等、人权等现代思想以摧毁封建思想制度和伦理道德的根基，之后又得到五四爱国运动的强力推动与润化，为中国共产党的横空出世提供了必要的思想和文化资源。中国共产党在20世纪20年代诞生绝非偶然，正是这批中国共产党的先行者放眼世界，顺应时代潮流，对中外社会政治制度进行了比较研究，立足于中国的国情，作出的选择，是历史的选择，是时代造就的。在历史、现实和未来的交汇点上，中国共产党站在了时代的潮头。

在新文化运动和五四运动时期，西方各种社会思潮和学说汹涌扑面而来，人文主义、理性主义、自由主义、民族主义、社会主义、国家主义、无政府主义、保守主义、个人主义、功利主义、实用主义等都在封建制度根深蒂固的中华大地上得到了实验，都受到了人们的推崇，成为反抗封建思想文化的利器，共产主义也随着这股"西学东进"的浪潮来到了中国，陈独秀、李大钊、毛泽东、周恩来、蔡和森、何叔衡、张国焘等成了她的追随者和忠实信徒，开始在古老的中华大地上播种燎原的火种，为苦难深重的中华民族寻找未来的出路。中国共产党正是顺应求民族独立、谋人民解放的历史使命，勇立社会历史发展的潮头，在南湖红船上宣告成立，从此使中国革命的历史翻开了崭新的一页。对此，毛泽东同志称为"开天辟地的大事变"。董必武同志在故地重游中欣然命笔："烟雨楼台革命萌生，此间曾著星星火；风云世界逢春蛰起，到处皆闻殷殷雷。"南湖红船点燃的星星之火，形成了中国革命的燎原之势，使四海翻腾，五岳震荡。我们党从这里走向井冈山，走向延安，走向西柏坡，由一个领导人民为夺取政权而奋斗的党，成为领导人民掌握政权并长期执政的党。

## 第三节　信念的力量

信念的力量从何而来？信念对于一个人意味着什么？信念对于一个政党意味着什么？信念对于一个民族意味着什么？

这里先从我们古老的历史文化传统里的一个概念说起，那就是"仁"。

仁慈、仁爱、仁义、仁至义尽、仁人志士、仁德、仁政、仁厚、仁心等，这些词语皆因有"仁"字而备受人们厚爱青睐，也因"仁"字蕴含着丰富的意义内涵。《说文》："仁，亲也。从人，从二。"本义是对人友善、相亲。《论语·颜渊》："樊迟问仁。子曰：'爱人。'""仁"后来发展为含义广泛的道德范畴，如儒家提倡"仁爱""仁政"等。孟子曰，仁也者，人也，谓能行仁恩者人也。又曰，仁，人心也。谓仁乃是人之所以为心也。仁的思想可谓是儒家思想的核心，贯穿《论语》始终，那么什么是仁呢，简单来讲，仁就是爱人，真心爱人。

我们再回到《说文》里的解释："仁，亲也。从人，从二。""从人，从二。"如何理解呢？人与天地并立谓之"仁"。

人何以与天地并立？人活一世，顶天立地，浩气贯长虹，人与天地并立，说的是一种胸怀天下，济世救民，所思的是民族生死存亡的大道，念及的是天下大众苍生的民生福祉，拯救民族国家于危难之际，救民于水火之中，如古人范仲淹所云"先天下之忧而忧，后天下之乐而乐"，后来周恩来所言"为中华之崛起而读书"，鲁迅所言"我以我血荐轩辕""横眉冷对千夫指，俯首甘为孺子牛"，他们身上的仁心道义绝非常人之扶危济困、除暴安良，"该出手时就出手，风风火火闯九州"，面对他人苦难常怀悲悯同情之心，危难之时敢于"两肋插刀"，伸出援手等可比，也绝非是说他们没有常人之仁义情怀，而是他们具有一种超越性的眼光、胸怀和志向，他们胸中装的是天下民众，是民族生存和国家安危，他们勇于舍小我、弃小家，为民族国家谋未来，为黎民百姓谋幸福，为人类求得公平正义。

正是他们身担天下之兴亡、胸怀民族国家之安危的大道大义大仁，他们心中永远有舍生忘死、舍身取义、无畏艰辛、勇于担当的不死信念，这种信念源自于他们对于真理、正义和主义的信仰，陈独秀、李大钊、毛泽东、周恩来、蔡和森、何叔衡等就是这种具有无比坚定信仰的人，也是信念无比坚强持久的人，更是为了信仰信念而无惧生死的人。

有信仰，就有坚定的信念，有信仰心中就有无比强大的精神力量。正是心中有信仰，有对信念的坚守，他们才具有非凡的气质，过人的胆识，他们的个性才得以彰显而自信，不为人言所羁，不惧强权而追求公理正义。

在枪声和火车的汽笛声中，宋教仁倒下了，他似一颗流星，在历史的长河中，消失得无影无踪。"家中贫寒，尚有老母健在，拜托诸公，代为照料。"临终遗言没有慷慨激昂的政党政治宣言，却令人折服在他的深情里。

同样的火车旁，汽笛声音响着，小凤仙跟在他身后，眼神戚戚，卑微地追问着一个风尘女子的宿命，蔡锷却说："人人都知道我蔡锷，爱美人不爱江山。"这大抵，是小凤仙眼里最动听的情话。这个女子，在人世里活得太过通透。奈何蔡锷七尺之躯，已许国，再难许卿。世人云蔡将军不爱江山爱美人，其实蔡将军是爱江山也爱美人。小凤仙的那句"你属于四亿人民，也就属于我，要活着"，这话语显露出巾帼之豪气，也不枉蔡将军一腔痴情付与君。

蔡锷发动护国战争，孙中山发动了护法运动，毛泽东终于想明白了杨昌济老师问的问题。陈独秀、李大钊、胡适等人，轰轰烈烈地掀起了新文化运动思潮，辜鸿铭提出了与众不同的想法，对形式主义加以暗讽；朱德、周恩来等进步青年积极讨伐北洋军阀的黑暗。在北大，在全国各地，这些声音碰撞出时代的浪花。那些声嘶力竭的深情召唤、铿锵有力的振臂高呼和无所畏惧的迈步向前，透过屏幕，穿越时空，将我们青年一代的热血点燃。

下面我们一起鉴赏一下片中人物的经典台词。

耻辱！莫大的耻辱！是我中华民族的耻辱！共和是大势所趋，是人心所向；可是仅仅六年，仅仅六年的时间，就出现了两个皇帝！请注意，民国是共和之国，在共和国里做皇帝，这是对共和天大的讽刺！

——《建党伟业》陈独秀

民国的精神是自由、平等、博爱，然则成立以来，平等被无视，自由被踩躏，博爱精神荡然无存。以先烈无量之头颅、无量之鲜血所获得"共和"二字之空名，是可忍，孰不可忍！这还是我无数先烈为之流血牺牲所换来的共和民国吗?！这一切，国会不答应、法律不答应，四万万民众更不会答应！

——《建党伟业》孙中山

辛亥革命推翻了封建帝制，建立了共和制，中华民国成立，但在之后的短短六年里先后出现了两个皇帝，仿佛封建势力借助共和制的窝孵出了自己的蛋，做着万万人之上的皇帝梦。这是对共和天大的讽刺，是对自由、平等、博爱的精神的差辱。在陈独秀、孙中山看来，天下是四万万人的天下，断不能接受有人再做皇帝梦。共和是大势所趋，人心所向，正如李大钊所说"庶民的胜利"，还有国际歌里面唱的"从来就没有什么救世主，也不靠神仙皇帝！要创造人类的幸福，全靠我们自己！"这是对真理的追求，对政治理想的追求，也是心中信念所致。

它们不是我们的政府，它们就是列强的帮凶。我们的目的是爱国，上街游行，向北洋政府施压！历史的重要时刻就要到了！我们今天的行动，是中国美好未来的先声！誓死力争！爱国无罪！

世界上谁最尊贵？我们劳工最尊贵！人们吃的、穿的、住的都是我们劳工做的，可是我们的生活仍然无比艰难，这合理吗？大家拼命干活儿，却吃不饱，穿不暖，住不踏实，这合理吗？

——《建党伟业》陈独秀

面对巴黎和会上北洋政府的腐败无能，陈独秀心中的信念就是只有奋力抗争，要建立一个公正、自由、平等的社会，一个独立、富强的国家。因此，他才不惧强权，身陷囹圄也绝不屈服。

陈独秀被捕入狱后，毛泽东、孙中山和李大钊等人到处奔走呼吁，欣赏一下他们的台词。

你们不敢杀陈独秀，死了一个，就会有五十个、一百个。不能与人民为敌。逆潮流而动。

——《建党伟业》孙中山

自你入狱，举国震动，人生辉煌，不过如此。

——《建党伟业》李大钊

纵观中国两千年的历史，可曾听说过学生杀人放火的典故，这是被逼无奈的反抗！大骂学生是暴徒是野蛮，大义何在？

政府为何要查封《湘江评论》？因为我们说了真话，他们害怕我们将真相大白于天下。

工人的工字怎么写，头顶着天，脚踩着地，结合起来就是个天字，这个天，是天下的天！工农大众就应该是天下的主人。

——《建党伟业》毛泽东

他们看到的是一种时代潮流，一种人心所向的大势，人生当做人杰，应该轰轰烈烈地干一番大事，为这个民族这个国家，为天下的劳苦大众。这是一个英雄辈出的年代，也是时事造就英雄的年代，更是一个英雄建功立业、个性飞扬，敢于引领时代发展大潮的年代。

旧派或保守派人物的台词也很精彩，值得我们赞赏。

大卫首相脑袋被驴踢了？伊藤博文活着的时候也不敢威胁老子。

——《建党伟业》袁世凯

所有国家的统治思想，都是从国家民族成长中内生而来。

——《建党伟业》辜鸿铭

多研究点问题，少研究点主义。

——《建党伟业》胡适

山东是我国文化发源地，中国不能失去山东恰如西方不能失去耶路撒冷，你们凭什么把我们的山东给日本人？我们中国人会永远记得你们强加给我们的耻辱。

——《建党伟业》顾维钧

袁世凯一代枭雄的果敢，旧派怪杰辜鸿铭说"我的辫子在身上，诸位的辫子在心头"，更显其狡辩、文采及思想的理性，顾维钧作为外交官在体验了"弱国无外交"的屈辱之后表现出的不屈精神仍然令人敬佩。这个时代，新与旧、激进与保守、传统与现代、中与西、古与今等交织混融在一起，但不论哪种哪类，都是个性尽显，真是"数风流人物还看今朝"，到底谁能独领风骚令古今风云人物竞折腰，历史已经给出了答案。

当初，党的"一大"会议在白色恐怖中召开，由上海转至嘉兴，在南湖红船上完成缔造中国共产党的使命，靠得是坚定的理想信念和百折不挠的革命精神。之后，我们党在长期艰苦卓绝的奋斗中，历经曲折而不畏艰险，屡受考验而不变初衷，由小到大，由弱变强，靠的还是坚定的理想信念和百折不挠的革命精神。中国共产党人不管风吹浪打，不怕急流险滩，始终坚定自己的理想和信念，以压倒一切敌人、战胜一切困难的大无畏英雄气概，矢志推动中国革命和建设事业的大船劈波斩浪、不断奋进。

在中国共产党带领中国人民为建立一个独立、自由、繁荣、富强的新中国的奋斗的征程中，无数的先烈和仁人志士为此抛头颅、洒热血，但他们不惧死亡，坦然面对，凛然正气，因为他们心中有坚定的信仰，有坚不可摧的信念，让我们一起聆听他们气壮山河的绝唱吧！

不错，目前的中国，固然是江山破碎，国弊民穷，但谁能断言，中国没有一个光明的前途呢？不，决不会的，我们相信，中国一定有个可赞美的光明前途。中华民族在很早以前，就造起了一座万里长城和开凿了几千里的运河，这就证明中华民族伟大无比的创造力？中国在战斗之中一旦斩去了帝国主义的锁链，肃清自己阵线内的汉奸卖国贼，得到了自由与解放，这种创造力，将会无限地发挥出来。到那时，中国的面貌将会被我们改造一新。所有贫穷和灾荒，混乱和仇杀，饥饿和寒冷，疾病和瘟疫，迷信和愚昧，以及那慢性的杀灭中国民族的鸦片毒物，这些等等都是帝国主义带给我们可憎的赠品，将来也要随着帝国主义的赶走而离去中国了。朋友，我相信，到那时，到处都是活跃的创造，到处都是日新月异的进步，欢歌将代替悲叹，笑脸将代替哭脸，富裕将代替贫穷，康健将代替疾病，智慧将代替愚昧，友爱将代替仇恨，生之快乐将代替死之忧伤，明媚的花园将代替暗淡的荒地！这时，我们民族就可以无愧色地立在人类的面前，而生育我们的母亲，也会最美丽地装饰起来，与世界上各位母亲平等的携手了。

这么光荣的一天，决不在辽远的将来，而在很近的将来，我们可以这样相信的，朋友！

——方志敏《可爱的中国》

### 就义诗

砍头不要紧，
只要主义真。
杀了夏明翰，
还有后来人。

——夏明翰

叶挺的《囚歌》："我希望有一天/地下的烈火/将我连这活棺材一齐烧掉/我应该在烈火与热血中得到永生！"

这是与天地共存、与日月同辉的信念的力量，这是任何镣铐都囚禁不住的对真理的呼唤，这是任何酷刑都无法征服的信仰的伟力！

中国共产党载着红船的意愿，以立党为公、忠诚为民的奉献精神，努力维护好、实现好、发展好最广大人民的根本利益。"革命声传画舫中，诞生共党庆工农。"中国共产党从诞生那天起，从来就没有自己的私利，而是以全心全意为人民谋福利为根本宗旨。密切联系群众是我们党区别于其他任何一个政党的显著标志。依水行舟，忠诚为民，成为贯穿中国革命和建设全过程的一条红线，也是"红船精神"的本质所在。肩负为人民谋利益的神圣职责和崇高使命，中国共产党人以自己的身体力行，宣传、发动和引领全国各族人民团结一心，和衷共济，英勇奋战，在推进中国革命和建设的进程中，不断维护好、实现好、发展好最广大人民的根本利益。

从辛亥革命胜利的 1911 年到中国共产党成立的 1921 年，这风云激荡的十年，推翻了一个帝国，建立了一个共和国，出现了两个皇帝，产生了一位临时总统、四个总统，组建了两个革命政党。这是百家争鸣的 10 年，有主张革命的陈独秀、李大钊，有主张改良的梁启超、胡适，有主张君主立宪的康有为、杨度，有主张复古的辜鸿铭、章士钊，用什么"派"之类的词语形容这个百家争鸣、纵横捭阖的时代是十分苍白的，新文化运动时，鼓吹新文化的胡适与鼓吹复古的辜鸿铭意见相近。这无疑是一个勇敢牺牲的年代，年轻的毛泽东去当兵，后来又放弃留洋，朱德在讨袁前线奋力厮杀，年轻的周恩来以绝食来抗争，年轻的宋教仁不明不白地被刺杀。这是个年纪轻轻干大事、年纪轻轻就丢性命的时代。无一人老态龙钟，无一人德高望重，无一人切磋长寿、研究养生益寿，正因为如此，这是一个伟大的时代，是一个值得尊重的时代。

历史沉睡着，时间依旧清醒。电影中为我们讲述着中国共产党筚路蓝缕的创业史，从第一滴沸腾的血开始，中国共产党就两袖清风，白手起家，抚愈民族的伤口。多少仁人志士，向摇摇欲坠的巨石发出致命一击，徐锡麟烈士，秋瑾烈士……最终是共产党带领人民走向独立，走向新中国，走向新时代！

出席中国共产党第一次全国代表大会的各地代表共 13 人，

他们是：上海小组的李达、李汉俊，武汉小组的董必武、陈潭秋，长沙小组的毛泽东、何叔衡，济南小组的王尽美、邓恩铭，北京小组的张国焘、刘仁静，广州小组的陈公博，旅日小组的周佛海。参加会议的还有武汉小组的包惠僧（他是在广州与陈独秀商谈工作期间，受陈个人委派参加会议的）。他们代表着全国50多名党员。当时，对党的创立作出了重要贡献的李大钊、陈独秀因各在北京和广州，工作脱不开身，而没有出席大会。因外国巡捕搜查为避免暴露，中共一大最后转移到浙江嘉兴南湖一条游船上召开而完成了中共一大的任务。自此一个只有几十人的中国共产党便踏上了披荆斩棘、浴血奋斗的艰苦历程，为实现自己的远大理想而不懈努力，牢记使命，不忘初心，让红船精神永远传扬下去。

　　杨昌济问毛泽东，真正想要的是什么。听了这句话，我们是不是也为之沉思，我们到底想要什么。中国共产党人，前仆后继，抛头颅、洒热血，奉献了青春甚至生命，为的到底是什么？是让全中国人民真正当家作主，过上幸福生活，最终实现共产主义。这样的理想目标听起来容易，做起来却那么难。多少的革命先辈用鲜血铺筑了通向当家作主、幸福生活的道路，那满是鲜花的美景是用生命换来的。新世纪的中国共产党人，面对这样的道路和景致，怎么还能有骄奢之心，起贪腐之欲，行一己之私。忘记历史就是背叛，这绝对是一句至理名言。

　　无论在什么时代，我们都希望能够实现自己的人生价值，那么究竟怎样才能最大限度地实现自己的价值呢？毫无疑问，那就是将自己的命运与国家的命运紧紧联系在一起，投身到建设中国特色社会主义的伟大事业中。当今世界，现代中国，我们的责任更加重大，使命异常艰巨。祖国的强盛，中华的振兴，任重而道远。我们一定要增强历史责任感和时代紧迫感，肩负起时代赋予我们的光荣使命，挥洒艰辛与汗水，为祖国的明天而努力奋斗，谱写新的华章。

最后我们用梁启超《少年中国说》中的话来做结语吧：

> 使举国之少年而亦为老大也，则吾中国为过去之国，其渐亡可翘足而待也。故今日之责任，不在他人，而全在我少年。少年智则国智，少年富则国富；少年强则国强，少年独立则国独立；少年自由则国自由，少年进步则国进步；少年胜于欧洲则国胜于欧洲，少年雄于地球则国雄于地球。红日初升，其道大光。河出伏流，一泻汪洋。潜龙腾渊，鳞爪飞扬。乳虎啸谷，百兽震惶。鹰隼试翼，风尘吸张。奇花初胎，矞矞皇皇。干将发硎，有作其芒。天戴其苍，地履其黄。纵有千古，横有八荒。前途似海，来日方长。美哉我少年中国，与天不老！壮哉我中国少年，与国无疆！

在一个激情澎湃的时代，中国共产党登上了历史舞台，在经历了岁月沧桑巨变之后，要实现"两个一百年"的目标，完成民族复兴的大业，仍有漫长的路要走，牢记初衷，方为本色，"没有共产党就没有新中国"，没有共产党就没有中华民族的未来。

## 第七讲
# 为人民而生的红色金融
### ——钱袋子与枪杆子

杨　明

　　"要始终坚持以人民为中心的发展思想，推进普惠金融高质量发展，健全具有高度适应性、竞争力、普惠性的现代金融体系，更好满足人民群众和实体经济多样化的金融需求，切实解决贷款难贷款贵问题。"〔1〕

　　2021 年末，我国金融业机构总资产为 381.95 万亿元。目前，我国已基本建成了与中国特色社会主义相适应的现代金融市场体系，人民币在全球外汇储备中的占比，由 2020 年三季度的 2.66%升至 2.79%，位居全球第五。〔2〕不忘初心，方能砥砺前行。一百年前的红色金融，如何在襁褓中助力中国革命发展？鞠躬尽瘁的红色金融家们有哪些别出心裁的金融创意？红色金融机构如何为贫苦交加的工农大众送去温暖和希望？这些答案的系统梳理，将让广大青年学子从中受到触及灵魂的精神洗礼，

〔1〕　"习近平 2022 年 2 月 28 日在中央全面深化改革委员会第二十四次会议上的讲话"，载 https://www.xuexi.cn/lgpage/detail/index.html？id=3395908122962024334&amp；item_ id=3395908122962024334，最后访问日期：2022 年 5 月 8 日。
〔2〕　"金融业迈向高质量发展"，载 http://tradeinservices.mofcom.gov.cn/article/yanjiu/hangyezk/202204/132897.html，最后访问日期：2022 年 5 月 8 日。

从而摒却舒适，坚定信念，让人生在奉献中闪光，在奋斗中升华，不断迸发出新时代走好新征程的磅礴伟力。

## 第一节　红色金融燎原发展

很多人也许不知道，红色金融是伴随着中国共产党的革命事业发生与发展的。可以说，哪里有革命的星星之火，那里就有红色金融的燎原发展。为贫苦工农服务，正是我党红色金融事业的起点和初心，那么，办理农民银行，是基于什么样的考量呢？

众所周知，1911 年的辛亥革命虽然推翻了清王朝的统治，赶跑了皇帝，但封建土地所有制依然严重阻碍了生产力的发展，农村经济萧条凋敝，广大农民一直深受高利贷和繁杂、混乱货币交易的盘剥之苦。一直到第一次国内革命战争时期，各地农民运动所面临的经济问题并没有什么改观，革命所要打破的旧的经济关系依然顽固。于是在各地党组织的领导下，农民运动如火如荼，也相应地出现了各种金融举措和服务农民的金融机构。

《红色金融史》一书对红色金融进行了四个分期，即：

艰苦探索期，时限是第一次国内革命战争时期，其中的典型红色金融机构有江西安源路矿工人消费合作社（1923 年）、浙江萧山衙前信用合作社（1924 年）、湖南衡山县柴山洲特别区第一农民银行（1926 年）、湖南浏阳浏东平民银行（1927 年）等；

逆境生存期，时限是第二次国内革命战争时期，其中的典型红色金融机构包括位于福建上杭县的蛟洋农民银行（1927 年）、井冈山上井造币厂（1928 年）、江西省吉安县的东固平民银行（1929 年）、闽西工农银行（1930 年）、中华苏维埃共和国国家银行（1931 年），洪湖苏区的石首农业银行（1930 年）与中华苏维埃共和国国家银行湘鄂西特区分行（1931 年），鄂北农民银行（1931 年）、湖北省黄安县（今红安县）七里坪的鄂豫皖特区苏维埃银行（1930 年），江西弋阳县芳家墩的赣东北特区贫民银行（1930 年）、赣东北省苏维埃银行（1931 年）、闽浙赣省苏维埃银行（1932 年），平江县工农银行（1930 年）、鄂东工农银行（1932 年）、鄂东南工农银行（1932 年），江西永新县朱砂楼的湘赣省工农银行（1932 年）、中华苏维埃共和国国家银行湘赣省分行（1933 年），川陕省苏维埃政府工农银行（1933 年），陕甘边苏维埃政府银行（1934 年）、神府特区苏维埃政府银行（1937 年）等。

扩大发展期，时限是抗日战争时期，其中的典型红色金融机构包括陕甘宁边区银行（1937 年）、山西五台县石咀村的晋察冀边区银行（1938 年）、山西兴县农民银行（1937 年）与西北农民银行（1940 年）、山西上党银号（1938 年）与山西省黎城县小寨村的冀南银行（1939 年）、山东掖县（今莱州市）的北海银行（1938 年）、江苏盐城的江淮银行（1941 年）、豫鄂边区建设银行（1941 年）等。

走向统一期，时限是解放战争时期，其中的典型红色金融机构包括西北农民银行、华北银行（1948 年）、晋察冀边区银行、长城银行、东北银行与合江银行、河南宝丰县的中州农民银行（1948 年）、石家庄的中国人民银行（1948 年）、江苏淮阴的华中银行（1945 年）与中国人民银行华东区行（1949 年）、东蒙银行与内蒙古人民银行（1947 年）、裕民行（1948 年）和新陆行（1949 年）及南方人民银行（1949 年）等。[1]

---

〔1〕　中国金融思想政治工作研究会编著：《中国红色金融史》，中国财政经济出版社 2021 年版。括号内的数字是成立的年月。

早在大革命时期，彭湃就曾经提出建立为贫困农民谋利益的金融机构的主张。1924年12月，浙江萧山县（今萧山区）衙前农民协会创办了萧山衙前信用合作社，是农民协会第一个合作金融机构。1925年5月，广东省第一次农民代表大会在广州举行，通过了《广东省农民协会成立宣言》，其中《广东农会章程》还明确提出了"办理农民银行"的问题。同年11月，《中国共产党告农民书》发表，提出了"由各乡村自治机关用地方公款办理乡村无息借贷局"。

这其中，有一个人同样功不可没，那就是毛泽东。1925年，他回到韶山老家休养身体，在此期间，他仍不忘农民问题，组织了韶山农民运动，这次运动重塑了他对农民阶层和农民运动的看法。他在《中国社会各阶级的分析》中郑重指出，农民是中国无产阶级的最广大和最忠实的同盟军。1926年，毛泽东在《国民革命与农民运动》一文中明确地说道："国民革命的中心问题是农民问题。"一袭蓝布长衫、一把油纸伞、一双朴素的草鞋，1927年，毛泽东通过一个月的时间，徒步考察了位于湖南的长沙、衡山、湘潭、湘乡、醴陵五县，真正用双脚亲自丈量了当时湖南农村的真实现状，完成了著名的《湖南农民运动考察报告》，揭示当时的农民运动非常成功，贫民阶层已成为运动的主力，爆发出以往不可想象的力量。正是在毛泽东的积极推动下，中国共产党人与农村、农民水乳交融，而红色金融也带上了鲜明的农民、贫民、工农特征。

随着蒋介石、汪精卫一步一步叛变革命，发动反革命政变，中国共产党人越来越认识到，建立和巩固红色政权，除了建立自己的军队，还要牢牢掌握财政金融的主权。1927年4月，海陆丰第一次武装起义反抗国民党反动派时，起义宣言中就明确提出"建设农民银行"。第三次起义胜利后，海陆丰苏维埃政府便开始酝酿成立工农自己的银行。1928年1月28日，海丰县委向省委报告提出："拟决定办一工农合作社。每个工农已决定捐出一角。同时，并设工农银行，发行货币。"2月20日，为"救济金融，利便市面交易"，海丰县苏维埃人民委员会根据第二次工农兵代表大会的决议特发通令，成立海陆丰劳动银行，总行设在海丰城的南丰织造厂，同时颁布《发行纸币条例》发行银票。由于时间紧张，先期的劳动银行银票暂借南丰织造厂银票2万元加盖劳动银行印章后发行流通。这种在旧银票上加盖新印章的拿来主义做法，既是当时紧张情势下迫不得已的应急举措，也是一种机动灵活的应对策略。遗憾的是，1928年2月末，在国民党军队的不断围攻下，苏维埃政府被迫撤离革命根据地，劳动银行随之结束。虽然存在时间只有一个多星期，但海陆丰劳动银行却是中国第一个农村苏维埃政权领导下的红色金融机构，在我党货币金融史上写下浓墨重彩的一页，闪耀着熠熠光辉。

井冈山革命根据地的开辟使中国革命焕然一新，同时我党我军的红色金融事业也同步发展，一方面是做好宣传动员，另一方面则将经济金融政策落地生根，造福农民。1927年，党领导的东固暴动取得胜利，后成立了东固平民银行，到1929年春，发行纸币多达2万元；同年11月，赣西临时苏维埃政府成立，东固平民银行改为东固银行；1930年10月，红一方面军攻占吉安，成立了江西省苏维埃政府，在东固银行基础上组建了江西工农银行，随后，该行又与闽西工农银行发展为中华苏维埃共和国国家银行，毛泽民任行长。党领导的这些银行，想方设法为当地农民群众服务，积极发展壮大。为广泛吸纳闲散资金，在东固贫民银行的密切配合下成立了东固消费合作社，积极发行公债券和股票，同时颁发入股证、社员证、购买证等；

社员可以廉价购买、优先购买商品，认购了股票的社员年终还可以分红，这大大激发了群众的积极性。我们党所领导的土地革命就是要解决广大农民和工人的吃饭问题、经济问题，这样才能发动广大群众参加革命，捍卫来之不易的胜利果实。

抗战时期，我党边区政府在发行货币方面同样与国民党政府、日伪政权斗智斗勇，案例不胜枚举。如延安光华商店的代价券就是典范，1938年由陕甘宁边区银行开始印发。因当时正值国共两党第二次合作，根据协议，边区不设银行，不印发货币，市面上通用法币。边区政府本着既独立自主又维护统一战线原则，不便以银行的名义发行货币，只以延安光华商店的名义发行元以下的代价券，其中面值最大的代价券是七角五分。为什么不是五毛、八毛，而是有零有整的七角五分呢？这也是不得已而为之的妙招。在发行代价券后，国民政府财政部长孔祥熙专门责问此事，林伯渠回复说，法币很好，币值稳定，边区人民很喜欢用，但面值大，没有一元以下辅币的话不利于人们日常使用；并且之前我们也向国民政府相关部门请示发行小面额辅币，但一直没有答复，所以才使用了小面额的代价券。可以设想，五毛的代价券边区政府觉得面值小，八毛的国民党那边又会认为太大，为了最大限度发挥代价券的作用，所以设计启用了七角五分的。老话说，"八九不离十"，那么七五是不是正合适呢？这可能是人类货币史上最独特的币值了。1941年初"皖南事变"发生后，国民党政府停发了八路军和新四军军饷，陕甘宁边区政府随即废止了法币在边区的流通。截至1941年2月18日，光华券共计发行438万元。[1]发行代价券，既不

---

〔1〕 中国金融思想政治工作研究会编著：《中国红色金融史》，中国财政经济出版社2021年版。

破坏国共抗日合作，也确保了边区财政的独立自主，这是特殊时期的特殊货币对策，也是特殊情况下的特殊金融斗争，彰显了边区政府灵活应变的斗争策略和金融工作者的聪明智慧，在红色金融史上堪称经典。

　　抗日大旗下的红色金融事业，除了经典，还有传奇。兴县，地处山西西北；兴县农民银行，是个特殊的银行，特殊就特殊在其是一个由本地开明士绅、中共秘密党员刘少白开办的银行，这家银行表面上是服务于当地抗日联合政府，真正的任务却是保障八路军120师的军需供应。1937年12月，由贺龙、关向应、萧克率领的八路军120师挺进晋西北，当地人民热情高涨，积极捐款捐物，为了管好用好这笔抗战捐款，晋西北党委委托刘少白开设了这家银行。1937年12月底，银行印制了第一批钞票，面额为1角、2角，总计2万元兴农币，不到两个月就被兑换完。接着又印制了第二批、第三批、第四批，分别为5万元、10万元和15万元。到1940年，兴农币共发行233.02万元。兴县农民银行通过发行兴农币，积累了一批晋钞、法币，大部分支援了八路军120师等抗日武装的军费需要，70%多的资金用于为八路军购买粮食、武器，补充军需，支援抗战。据说当时八路军只要拿着关向应政委的字条，随到随拿，最多的一次从行里拿了1万元；有时候银行实在没有现钞，就写个凭据，盖上印章，让八路军先去买物资，日后商家再拿着这个凭据来银行兑换现钱。这大概就是红色金融里最早的支票吧。1940年5月10日，西北农民银行成立，兴县农民银行完成了历史使命，退出了舞台，但它发挥的积极作用仍在继续……

　　西北农民银行对于晋绥边区政府独立自主发展经济、巩固抗日民主政权发挥了重大作用，具体举措概括起来包括以财政借款为主，发行西农币；严密组织稽查，肃清边区日伪钞票；从保护法币到禁用法币，对法币既联合又斗争；执行金融法令，禁绝银洋暗流；管理外汇，增加出口贸易，保护边区经济等。1948年1月，陕甘宁边区银行并入西北农民银行，1948年底，西北农民银行和北海银行、华北银行合并为中国人民银行，首任行长为南汉宸。

从浙江萧山衙前信用合作社到中国人民银行，红色金融完成了凤凰涅槃，实现了华丽转身；虽然日后还要经历各种大风大浪，但对于一辈辈红色金融人来说，披荆斩棘方能乘风破浪，因为，他们一心为民，心中有党！

## 第二节　红色金融家

1931年秋，中央苏区红都瑞金的一个房间里，昏暗的油灯下一个男子在深夜中苦思冥想，一不小心衣袖被烧了一下，发出"滋滋"的声音，一股火烧羊毛的焦臭味顿时弥漫了整个屋子。"什么味道这么臭？""袖子不小心被烧了一下。"等了一会儿，他忽然一拍桌子欣喜地说，"对呀，这就是好办法啊！"妻子被他吓了一跳，"什么好办法？大惊小怪的！""我出去一下。"说完他便匆匆跑出了家门。天快亮的时候，疲惫的他回到了家中，妻子还在等他，"到底出什么事了？""我刚才跟菊如同志商量了一下，纸币防伪问题解决了！""啊，太好了，怎么解决的？"妻子关切地问。他严肃地说，"这是国家机密，关系到整个苏维埃的金融稳定"。

他叫毛泽民，她是他的妻子钱希钧。他从韶山冲走来，走向了广阔的中国革命舞台；他是经营高手，金融专家，被誉为红军中的"红色管家"；他走到哪里，哪里的经济就变得有声有色，事业就为之一新。在生产印钞纸的纸浆中加入细羊毛，印刷出来的苏区纸币如果一烧就会发出焦臭味，反之就没有。这就是上面他所讲的国家机密，也是他的一个小小发明创造。正是这个简单办法，巧妙地解决了苏区纸币防伪问题，为当时苏区的金融稳定作出了重大贡献。[1]

毛泽民自 1921 年参加革命，次年加入中国共产党；1922 年底开始在江西安源从事工人运动，组织成立安源路矿工人消费合作社并担任总经理；1925 年开始，辗转上海、武汉、天津等地，从事党的中央机关刊物和进步书刊的秘密印刷发行工作；1931 年担任中华苏维埃国家银行行长；1934 年 10 月，国家银行被编入中央纵队十五大队，他任大队长兼没收征集委员会副主任，开始长征，这个大队后来被称为"扁担上的国家银行"；1938 年 2 月，原定去苏联治病的他受中央派遣，化名周斌，出任新疆省（1955 年 10 月 1 日成立新疆维吾尔自治区）财政厅副厅长、代理厅长职务；1942 年 9 月 17 日，他被反动军阀盛世才逮捕，次年 9 月被秘密杀害。

"我们是为工农管钱，为红军理财的，一定要勤俭节约！"这是毛泽民经常挂在嘴边的话。"绝不脱离党，共产党员有他的气节！""我不能放弃共产主义立场！"[2]这是他人生最终的选择和表现。"苟利国家生死以，岂因祸福避趋之。"他的一生虽然短暂，却发出了耀眼的光芒；他虽然不带兵打仗，但却让滚滚财源汇成了战士们手中枪炮的怒吼；他虽然管着大量的金银钱币，但只有党和工农才是他真心实意的服务对象。

---

[1] 毛衣袖口被烧的启发——毛泽民破解纸币"防伪"难题，来源于学习强国。

[2] "毛泽民：从韶山冲走出来的'红色管家'"，载 https://www.xuexi.cn/lg-page/detail/index.html？id=9331221377100944359&amp；item_id=9331221377100944359，最后访问日期：2022 年 6 月 8 日。

在安源路矿工作时，毛泽民想方设法为工友们谋福利。"为摆脱矿区垄断商号的经济盘剥，毛泽民亲自或派人到长沙、武汉等大城市采购货物以保证物美价廉。为降低采购成本，安排工友股东作为采购人员，自己人采购格外认真卖力，货比三家。为降低运输成本，安排俱乐部所属的株萍铁路职工顺车捎回采购的货物。这样一来，合作社的货物通常比一般商号便宜三分之一以上。"一次，来买东西的一位工友问毛泽民："这是什么？"他回答说："袜子啊！""袜子是什么？""保护脚的。"说完，他让工友坐到了凳子上，打来水帮工友把脚洗干净并擦干，然后为他穿上了新的袜子，长长的袜子不仅护脚，还能保护膝盖。"这样以后你走路、干活就舒服多了。"毛泽民关心地说："你买了袜子，就不要再穿你的旧鞋了，都破了洞了，再买双胶鞋吧？"工友说："好！好！""加入消费合作社可以买便宜货。"这是消费合作社吸引工人的宣传话语，也是对工人入社的承诺。全心全意为工人服务，哪能不赢得大家的真心拥护？但除了广大工人的信任与积极参与，工人消费合作社的良性运营还要靠高效而精细化的管理。为此，毛泽民带人制定并通过了详细的规章，"规定了营业员职责及聘任和辞退制度、营业时间、职工请假制度、门卫制度……要求合作社营业员要有保人，保人须缴纳500元保证金"。这些制度上的防范使得懒散、贪污、人情照顾等商业中的普遍问题得以在源头被根治，也使得合作社的经营业绩在短时间内取得了丰硕成果。1924年秋，毛泽民因病离职，到年底时，合作社兑换银元多达2万元，基金2.8万多元，销售总额则高达7.6万多元。[1]如此雄厚的资金实力，对

---

〔1〕 中国金融思想政治工作研究会编著：《中国红色金融史》，中国财政经济出版社2021年版。

于党的事业也起到了积极帮助，合作社中的一部分资金就成为当时全党的活动经费，为其他地方工人运动的开展提供了有力的经济支持。

"德不孤，必有邻。"如果你去邯郸晋冀鲁豫烈士陵园瞻仰左权将军，在将军墓的旁边会看到一位你不太熟悉的烈士，他是红军会计制度的开创者、冀南银行行长、我国金融事业奠基者高捷成。"我所欠挂百川银庄两万多元的债，时刻记念在心，本利至今当在三万余。国家得救，民族得存，清债还利当不短欠分文。"[1]这是 1937 年 4 月 10 日高捷成在延安给宗叔高开国写的一封短信。言辞恳切，表现了一位财务工作者严谨负责的态度，也表明了自己以身许国的决心。1932 年，高捷成这位财经奇才在漳州被毛泽民发现，一番劝说后，跟着队伍回到了瑞金，参加了红军，加入了中国共产党。这位在厦门大学读过经济学专业又有着丰富实战经验的金融人才，自此便抛妻离子，以革命为家，贡献自己的财经智慧，直至牺牲。1943 年 5 月 14 日在河北内丘县白鹿角村与敌人遭遇，在战斗中不幸负伤，高捷成不顾个人安危，坚持让警卫员带重要文件先行撤退，自己掩护，随后英勇牺牲在敌人的刺刀之下，时年 34 岁。

1939 年秋冀南银行成立，高捷成任行长兼政委，他手下的工作人员最多的时候有一千多人，被称为当地最大的部门。在高捷成和同志们的努力下，货币斗争取得了显著成效。从 1941 年起，冀钞信誉上升，阵地扩大，币值增高，有效地抑制了其他各种钞票的流通。连敌伪军中的士兵都乐意保存，有的甚至还将它作为投降八路军的通行证。冀钞的使用面逐步扩大到了

---

〔1〕 "高捷成致信叔父　立志'救国抗战'"，载 https://www.xuexi.cn/lgpage/detail/index.html？id=2752165494252338813&amp；item_ id=27521654942523 38813，最后访问日期：2022 年 6 月 8 日。

太行、冀鲁豫及黄河以南等地区，将近200个县市4千多万人口用上了边币，其成为解放区最广泛的一种货币，有力地支持了抗日战争。[1] 在银行的创建过程中，高捷成克服了边区严重的财政困难，顶着敌人疯狂的掠夺和严密的封锁，在艰苦的环境中出色地完成了任务，培养了一支经过战争考验的革命金融队伍，建立起了一套合理的银行管理运行制度，为我党金融事业的发展初奠基石。

身为行长的他严于律己，以身作则，身先士卒，知难而上。1940年底，日寇又发动了对根据地的"大扫荡"，高捷成率领冀南银行总行大队人马由小寨村出发向冀西转移。在途中碰上了一条河，河上没有桥，大家只能踩着石头过河。因人多拥挤，行动缓慢，敌人的追兵眼看就要到了，在这紧急时刻，高捷成下马破冰，站在冰冷刺骨的河水中，指挥人马迅速过河，使大家安全转移，摆脱了一场追击。

后来，高捷成一手创立的冀南银行与晋察冀边区银行合并为华北银行，而华北银行即是中国人民银行的前身。"盛世如你所愿!"他当可以含笑九泉了。

山西兴县的刘少白的确是个传奇人物。和阎锡山是同学，晚清贡生出身的他36岁从山西大学获得法学学士学位，在傅作义手下当过局长，王若飞的挚友，对溥仪称道"臣刘少白"，受到毛泽东主席高度评价的开明绅士，中国红色银行事业的创始人之一。接下来我们谈谈这位资历不浅的红色金融家。

能称当上"家"的，多半是技术实力派。兴县农民银行成立后，他以捐献的银元、实物为信用，开始组织发行钞票。为

---

〔1〕 高捷成・主要事迹・三、临危授命，责无旁贷，创办冀南银行，载 https://baike.baidu.com/item/%E9%AB%98%E6%8D%B7%E6%88%90/4411332? fr = aladdin，最后访问日期：2022年6月8日。

防止伪造，刘少白在钞票两面设计了三个暗号，对外严格保密，只有经理、总务、干事、出纳四个职务的人知晓。由于条件简陋，刘少白常和几个银行职员手抄钞票的编号。这样的手写编号钞票，在全世界都很少见，在红色货币收藏中有着独特的价值。1940 年 1 月，兴县农民银行改为西北农民银行，刘少白继续担任行长。西北农民银行发行的纸币被称为西农币。一次，委托别人印刷的一批纸币被不小心多加了一个"晋"字，于是"西北农民银行"成了"晋西北农民银行"。有人说就这样将就着用吧，但刘少白说不行，政治上不行，因为当时就是想把西北敌后抗日根据地连成一片，而西北农民银行发行的纸币可以统一西北地区的金融。显然，"晋西北农民银行"与"西北农民银行"意义完全不同。于是，他带领大家一张一张涂改钞票上的"晋"字。承载着艰难岁月的故事，这一批被刘少白用墨迹涂改过的"错币"，多年后已存世极少，成为国内钱币收藏界难得一见的珍品。

毛泽东主席评价刘少白说："在抗日战争和抗日战争以后的困难时期内，曾经给我们以相当的帮助。"[1]1942 年 11 月，他被选为晋绥边区临时参议会副议长。1949 年 9 月，他出席全国政协第一次会议，当选为全国政协委员、山西省政协副主席。

"以身许国，毕生求真，屡遭坎坷，不改初衷，急公好义，扶贫济困，高风亮节，直道而行，浩然正气，亘古长存！"原中央党校校长杨献珍这样评价刘少白。[2]

毛泽民 1896 年出生于湖南湘潭韶山村，1942 年牺牲在新疆，正是 46 岁的盛年；高捷成 1909 出生于福建漳州龙海市，1943 牺牲于河北内丘县白鹿角村，年仅 34 岁；刘少白 1883 年

---

〔1〕《毛泽东选集》，人民出版社 1991 年版。

〔2〕 中共山西省委党史办公室编著：《刘少白传》，中共党史出版社 2014 年版。

出生在山西兴县黑峪口村，1968 病逝于北京，享年 85 岁。"英雄不问出处"，遑论年龄，共同的红色金融事业将一批又一批金融精英凝聚在了一起，谱写了中国金融史上气势恢宏的篇章。

## 第三节　初心在人民

1986 年 11 月 14 日，邓小平在人民大会堂会见了美国纽约证券交易所时任董事长约翰·范尔霖。邓小平送给他一张 50 元面值的上海飞乐音响股份有限公司股票。这一"小礼物"让国际舆论十分震惊——一个社会主义国家要搞股票交易市场。

其实，股票对于共产党人来说并不陌生，差不多一百年前，安源路矿工人消费合作社就曾经发行过，并取得了可观的经济效益和政治影响力。1923 年 2 月 7 日，在江西萍乡市安源区安源镇老后街，安源路矿工人消费合作社正式开业，合作社尝试采用了面向工友的股份制集资形式，成为中国共产党领导下的第一个股份制经济实体。消费合作社《招股简章》对股东结构、股份设置、红利分配、经营管理作出了明文规定，重点突出工人阶级的主体地位。"凡本部部员，每月薪在九元以下者劝认一股，九元以上者劝认二股，多认者听便。""以五角为一股，分为二十万股。""股息每年以八厘四计算。每年红利平均分作十分，以四分摊分于各股，三分留为扩充社务之基金，二分为俱乐部基金，一分为社内办事员酬劳金。"在合作社下设机构里，除了粮食、服物、器用、南货、杂务等股，还有个专门的兑换股，这是为什么呢？原来当时在煤矿上，矿工领到的工资不是银元，而是矿方发行的在矿区流通的矿票，以前矿票只能到矿方和资本家控制的当地商号、银铺买东西或兑换银元。在这个过程中，矿票实际价值要缩水两成以上，让矿工蒙受很大损失。

为帮助工友彻底解决矿票工资兑换的问题，消费合作社专设了兑换股，由毛泽民亲自担任兑换股经理，保证合作社社员一元矿票可以在合作社兑换一元银元，一律不贴水。正是这些维护路矿工人切身利益的一系列做法，使得合作社招股得到了广大工友们的支持，他们尽管家庭生活困难，但依然踊跃认购股票，很快筹集到 7800 多元股金。[1]

今天，在安源路矿工人运动纪念馆，仍然可以看到一张当时的股票，为纸质彩色石印，长 24.5 厘米，宽 12.8 厘米，正面上方印有票头"安源路礦工人消费合作社股票"，右侧第一行红色印刷字"收到"，另起一行"張君海秋股金一股共計光洋　圓伍角整"，"張海秋"三字黑墨手写，第三行"安源路礦工人消費合作社"，第四行"總經理易禮容"，下有"易理容"篆书蓝色印章，第五行"民國十二年二月十三號"，月份"二"和日期"十三"黑墨手写，接下来是"安源路礦工人消費合作社"篆书蓝色印章，最下是"给"字；股票背面为竖排蓝墨石印的招股简章。这张股票于 2003 年被鉴定为国家一级文物。

乍看起来，股票好像是资本主义的东西，但这只是一种片面理解。中国共产党所领导的安源路矿运动中所产生的红色股票，时时刻刻都在为劳苦矿工、路工服务，分分毫毫都取之于工人服务于工人。所以共产党人才能在几万名矿工中站稳脚跟、一呼百应，并从中发展出了更多的革命战士和专业人才。后来大家很熟的八路军兵工英雄吴运铎，当时就是在安源路矿读的小学，耳濡目染，心向往之，让他逐步成长成为坚定的革命战士。

在 20 世纪积贫积弱的中国，在战乱频仍的乡村，红色金融

---

[1] 中国金融思想政治工作研究会编著：《中国红色金融史》，中国财政经济出版社 2021 年版。

的出现无疑给劳苦大众带来了福音和希望。伴随着红军的军事行动，惠民举措也在各地有组织地展开。1929 年 1 月，红军自井冈山向赣南闽西进军途中张贴毛泽东起草的《红军第四军司令部布告》，宣传党的各项基本政策。"地主田地，农民收种，债不要还，租不要送。""增加工钱，老板担任，八时工作，恰好相称。城市商人，积铢累寸，只要服从，余皆不论。"[1]这些政策旨在保护广大劳苦工农的利益，"朱毛红军"的名声在更广大范围内传播开来。党和红军正是抓住了农村地租和劳工工钱这样的有力抓手，向地主、商人尤其是反动官商展开斗争，为劳苦群众谋福利，所以才能在人民的海洋中自由翱翔，从而让国民党反动派陷入了人民战争的汪洋大海。

无论是在根据地，还是南征北战，党和红军都抓住一切机会播撒红色金融的种子和希望。如长征到了遵义，苏维埃中央银行利用宝贵的 12 天顺利发行了红军票。1935 年 1 月 12 日，国家银行在遵义开业，以银元和紧缺的食盐为保证，发行以银元为本位、与银元一比一兑换的银币券纸币，俗称"红军票"，面值有一元、五角、二角、一角、五分五种。银币券上均有毛泽民的亲笔签名。为方便群众随时购买急需物资和纸币兑换，国家银行特别设立临时物资供应处和货币兑换处。与以往的军阀奸商勾结盘剥不同，让利于民，是国家银行供应、售卖物资的目的。如 1 斤盐在红军未到来前价格为 1 块银元，而 1 元"红军票"可买到 7 斤食盐；此外，国家银行还以高价"红军票"收购群众手中的生活用品，这样一来，当地民众都乐意卖出自己的物品兑换"红军票"，再用"红军票"去购买食盐，

---

〔1〕 中国金融思想政治工作研究会编著：《中国红色金融史》，中国财政经济出版社 2021 年版。

这使得"红军票"快速赢得了民心，在遵义短短的十几天顺利流通。那么问题来了，红军走后群众手里拿着纸票，找谁买东西？为不让群众吃亏，离开遵义前，国家银行工作人员又在闹市区摆上银元及布匹、粮食、食盐等货物，抓紧回收"红军票"；二渡赤水再进遵义城，国家银行的一个主要任务就是兑换、回收此前留下的"红军票"；再后来，贺龙率领的红二、六军团到达遵义后，又帮着回收红军票，花费了1万多银元。下面的人心疼银元花了很多，贺老总问，"中国有几个共产党？"是的，中国只有一个为劳苦大众谋幸福的共产党。正是共产党人和工农红军的这种诚信，保证不让老百姓把红军票窝在手里吃亏的做法，进一步赢得了遵义人民群众的信任。所以，习近平总书记讲，"人民就是江山，江山就是人民"。这也是所有红色金融人一路走来所坚定并践行的信念，他们不管在哪里闹革命，都是想方设法为当地的群众解决难题，改善生活。

抗战后期的西北农民银行使得边区政府的货币发行权逐步走上了独立自主之路，在接下来的全民族抗战的烽火岁月中，西北农民银行配合晋绥边区政府，克服着战时生死存亡的种种危机，1943年，根据人民生活生产实际，西北农民银行发放春耕生产贷款1237万元，青苗贷款860万元，纺织贷款及建设费145万元。1944年6月欧洲第二战场开辟后，世界反法西斯的斗争形势开始反转，边区范围逐渐扩大，西北农民银行有了游刃有余的业务空间，加大力度支援大生产运动，全区增放无息贷款5000多万元，到1945年春，发放农业和纺织业贷款3000万元，借贷出产棉花10 500斤。[1]这一笔笔贷款，都化作了农民田里的种子、肥料、瓜果米麦。"百姓足，君孰与不足?"两千多年前孔子学生有若的政治理想，在边区得到了实现，生活得到改善的广大农民踊跃支援抗战，子弟踊跃参军、保卫自家甜蜜生活。直至后来的解放战争时期，千千万万的百姓肩扛手推、献粮拆家积极拥军支前，这些都不是偶然的。陈毅陈老总说:"淮海战役的胜利，是人民群众用小车推出来的。"而人民群众对党和人民军队的拥护，则是我党、我军通过为人民服务的点滴行动换来的，这其中，也一定有红色金融人的努力和贡献。

赓续红色血脉，汲取前进力量。回看百年红色金融历史，聚焦千万红色金融先辈，每一件杰作，每一步脚印，一切的一切，都是为了人民幸福、民族复兴、国家富强。今天，金融行业百舸争流，金融从业者为有钱人理财，为缺钱人融资，然后从中获利。但金融业的主旋律从没改变!"下一步，人民银行将继续坚持以人民为中心的发展思想，扩大普惠金融覆盖面，健全具有高度适应性、竞争力、普惠性的现代金融体系，大力推进普惠金融高质量发展。"[1]这是因为，中国金融的血液里流淌着信念坚定、力量磅礴的红色基因。

---

〔1〕 "继续扩大普惠金融覆盖面，大力推进普惠金融高质量发展"，载 https://www.sohu.com/a/528496083_ 121270986? scm＝1019. e000a. v1. 0&spm＝smpc. csrpage. news-list. 3. 1653036974152VxVkFcE，最后访问日期：2022 年 6 月 8 日。

# 革命理想高于天的长征精神
## ——《地球的红飘带》

李景云

魏巍的《地球的红飘带》，以历史现实主义笔法再现了红军长征史实，描绘了长征的艰难困苦，展现了红军舍生取义、万众一心的精神气概。作者1983年动手搜集材料，1987年4月完成写作，小说在军旅界、文艺界以及普通读者群中引起了强烈的反响。

## 第一节　地球的红飘带

魏巍，是一位见证了抗日战争、解放战争、抗美援朝战争的军旅作家，在他的身上，既有军人勇于承担的责任感，又有作家的文艺情怀。

### 一、作者心中的史诗——写作背景

魏巍在《长征路寻访日记》和《地球的红飘带》卷首语等多个地方提到长征对于自己的意义："自我参军之日起，即异常向往二万五千里长征这段神话般的历史。可以说，中国工农红军的长征是我心中的诗。"（《四行日记》）"长征是我心中的诗。自我投身这支军队之日起，就一直倾慕着它，向往着它。"（《地球的红飘带》卷首语）"红军的长征是我参加这支军队之日起就倾心和向往的。可以说，长征是我心中的诗。"（《关于〈地球的红飘带〉》）

因对长征这段历史的向往与仰慕，加上作为军人的责任感，魏巍对使用文学方式重现长征这一历史事实给予了高度的重视。秉着客观、真实反映历史的原则，魏巍用了两年的时间（即从1983年到1985年），两次重走长征路线，参观长征时期的历史遗迹，采访参加过长征的老红军以及当地百姓，感受大自然的天险，为作品的真实性打下了坚实的基础。

故事从中央红军抢渡湘江写起，按照历史的顺序，再现了红军长征路上的困境。有大自然的天险：乌江波涛汹涌，赤水深在谷底却又湍急，大娄山"离天三尺三""万峰插天，中通一线"，雪山变幻莫测让人寸步难行，草地被称为神秘之国与死亡之国；有敌人的阻碍：蒋介石调兵围堵，让红军在天险中步履维艰；还有高层内部的斗争：博古、李德等和周、毛军事路线的矛盾，张国焘的机会主义与党中央的矛盾，等等。除此之外，国民政府引发的民族隔阂，也在一定程度上给红军长征带来了困难：龙胜县放火的苗族、瑶族和侗族；在山林把守不让红军通过的彝族；多次发生冲突的藏族，等等。

小说不仅写出了红军长征路途的险阻，也真实刻画了一个个鲜活的人物：拥有政治远见的毛泽东、顾全大局的周恩来、超人肝胆的叶剑英、"军中慈父"朱德、粗中有细的彭德怀；利欲熏心、权力至上的张国焘；两面三刀的蒋介石、圆滑老练的吴奇伟、进退两难的王家烈。这一个个栩栩如生的人物，带着我们重回历史，真切感受党的力量，体会党的伟大。

## 二、"地球的红飘带"的象征意义

魏巍以"地球的红飘带"来定名，有着丰富的意蕴，卷首语如此解释："中国英雄们的长征，是中国人民的史诗，也是世界人类的史诗。这部史诗是中国人民和中国共产党人用自己的脚步和鲜血镌刻在我们这个星球上的。它像一支鲜艳夺目的红飘带挂在这个星球上，给人类，给后世留下永远的纪念。"通过阅读作品，我们可以得出几个寓意：

"地球的红飘带"比喻曲折的长征之路。作品从湘江开始，到通过哈达铺向北出发结束，中间反复穿越广西、贵州、云南、四川。中央红军走过的路程，连接起来就好像一条长长的、随风而动的飘带，在地球上迎风飘扬。

"地球的红飘带"暗含红军战士视死如归之精神。长征之路是共产党用鲜血淌出来的，红军通过的每一个战场，都以鲜血为代价：碧绿的湘江水，被红军战士的鲜血染成了红色；乌江上的青翠长桥，由无数个红军战士生命换来；在皑皑雪山，无数个红桃沉睡；在茫茫草地，无数个杜铁锤消失。然而，尽管血染江水，红军战士也毫不退缩；尽管身埋他乡，红军战士依然义无反顾。"为什么战旗美如画？"因为"英雄的鲜血染红了它"；"为什么大地春常在？"因为"英雄的生命开鲜花"，《英雄赞歌》十分准确地表述了地球红飘带的内涵与意义。

"地球的红飘带"传承红色所代表的勇气、斗志、决心、光荣等传统文化之内涵。红色是中国文化的一个重要组成部分。在中国人眼中，红色，是吉祥的、温暖的；寓意了成功，代表了活力；充斥着勇气，激发着热情。红色能够唤起战士内心建功立业的激情，激发战士保家卫国的信念。

也许正是因为红色的文化内涵，1927 年 11 月，吴兰阶先生为潘忠汝、吴光浩等领导的起义军提出"红军"的称号；同年12月，张太雷、叶挺等领导的起义军打出了"工农红军"的旗帜；1928年5月，中共中央明确工农革命军改名为"红军"。[1]而我们的党旗、军旗、国旗，均以红色为底蕴，寓意着革命事业，也寓意着共产党人的热情、勇气、崇高的革命理想和革命精神。

作品中有两个细节隐喻了"地球的红飘带"的特指意义：

"火把，一支又一支的火把，进行得更迅速了。它简直像一条蜿蜒的赤龙在向前飞翔。在这漆黑的夜里，在这无边的风雨之夜，还有什么更美丽的事物吗？没有了，没有了，只有这红艳艳的火把！因为那上面寄托着整个中国大地的希望，甚至是整个进步人类的希望。在浓黑如墨的夜色里，一支支的火把，就像一个个红红的嘟着嘴的桃子，也像火把下一颗颗赤红的心！"（第五十章）

"山垭口上高高地飘着一面红旗。那面红旗衬着皎洁的白雪，简直像一团正在燃烧着的红色火焰，随着山风狂热地翻飞着，仿佛即刻就要飞向天空似的……"（第五十四章）

魏巍以"地球的红飘带"为作品题目，既表达了红军长征路途之遥远，又赞扬了红军战士勇敢、坚定的意志，更是从传统文化的继承角度演绎了中国共产党领导下的红军战士的赤诚忠心。这就应和了他对在作品卷首语中对长征的评价——那是自己心中倾慕、向往的史诗。

---

[1] 徐托柱："'红军'名字的来历"，载《党史博采》1997年第12期。

# 第二节　伟大旗帜引领历史巨变

长征时期，中国正处于外患内忧的困境，外有日寇对我国虎视眈眈，内有蒋介石为首的国民党不断对红军进行"围剿"，而王明等人不符合中国实际的领导方针直接导致了红军第五次反"围剿"失败，中国革命到了生死存亡关头。中央红军决定改变战略方案，暂时撤出苏区。这一走就走了二万五千里，而且是千难万险，危机重重。

二万五千里长征，是中国历史乃至世界历史上的一次壮举，是战争史上的伟大奇迹。而中国红军之所以能在如此艰难险阻中取得胜利，作者在书中给了我们答案：长征的胜利，是因为红军有着革命理想大于天的信念；是因为有马列主义的中国化运用；是因为中国共产党全心全意为人民服务的宗旨获得了各族人民的支持；是因为红军上下团结一心。

## 一、革命理想大于天的理想信念是长征胜利的根本原因

党和红军战士之所以能够绝处逢生、越挫越勇，完成二万五千里长征，创造出令人赞叹的世界奇迹，是以坚定的信念为精神支撑。而中国红军的信念就是实现共产主义，人民当家作主。

周恩来、毛泽东等中央领导干部自不必说，具有无产阶级政治家的胸怀与品格，其他指战员同样对革命理想赤胆忠心，坚定不移。

在湘江，为了掩护大部队，三十四师全军覆没，师长陈树湘被捕，舍生取义。我们看看他的红色故事：

"他就悄悄解开衣服，撕开警卫员给他扎上的绷带，把手伸进伤口，把自己的肠子扯了出来，用尽平生气力把自己的肠子扯断、咬断，等到敌人发现，他圆睁着眼骂道：'白狗子，我让你们领赏钱去吧！'说过，微微一笑，就很快闭上了眼睛……"（第五章）

叶剑英，一个文人参谋，在危急时刻表现出了超人的胆识与忠心，让中央红军免于危难：张国焘为了破坏北上，电报陈昌浩即便破坏党内团结也要逼右路军南下。如果阴谋得逞，党中央将陷入重重危机。叶剑英拿到电报后，不顾自身安危去给党中央报信，并为了稳住陈昌浩，为中央红军赢得时间，叶剑英又重回总指挥部，最后机智地带着直属队脱离张国焘的监控，与中央顺利汇合。

具有革命理想信念，对革命事业无比忠诚，不只体现在指战员身上，普通战士身上也有突出表现：

乌江岸边，修桥的工兵同志表现出的正是视死如归的精神意志：

"只要炮弹落不到头上，他们就坐在竹排上作业，就像大姑娘做针线活儿似的。炮弹落到头上了，把竹排炸垮了，尸体捞上来放到岸上，另一个人又上去，还是照样子，话都不说一声……"（第九章）

泸定桥上，除了光溜溜的铁锁，还有对岸敌人的机枪扫射，上去就是死亡。然而面对死亡，将士们依然义无反顾，争当先锋，抢占高地，为部队的过河开路。

"明明前面就是死亡，而人们却要争着、闹着、哭着要去，这是红军中的特有的也是通常的现象。也许后世人觉得这些不可理解。"但"这正是那种被唤醒了的阶级自觉和对旧社会决一死战的决心。这是他们心之深处的情感"。（第五十一章）

这个"决心""情感"，就是革命必胜的理想信念。信仰指引着方向，信仰补充着力量。共产主义理想信念与为共产主义事业而奋斗的伟大旗帜为共产党人指明了革命前进方向，也是共产党人在一次次危急时刻能够冲出绝境、获得胜利的力量源泉。正因为如此，80年后，习近平总书记在长征胜利80周年纪念会上再次强调："长征是一次理想信念的伟大远征。崇高的理想，坚定的信念，永远是中国共产党人的政治灵魂。"[1]

## 二、马列主义的中国化运用是长征胜利的核心所在

"为什么像长征这样以农民为主体的革命会取得胜利呢？历史已经做出了回答：长征有近代无产阶级的领导，它的体现者中国共产党具有马克思列宁主义的灵魂。"（卷首语）

马克思主义是灵魂的指引，是引领方向的旗帜。列宁根据俄国的具体实践，扩展了马克思主义，创造了马列主义；毛泽东把马列主义运用到中国革命，形成了具有中国特色的毛泽东思想。正是在毛泽东思想的正确指导下，中国共产党才在长征中战胜了一个又一个天险，最后各方面红军胜利会师。

作品从一开始就借普通战士之口对错误使用马列主义行为进行了批判：

---

〔1〕习近平："在纪念红军长征胜利80周年大会上的讲话"，载 http://dangshi. people. com. cn，最后访问日期：2022年6月6日。

"我们有意见敢提吗？……好，今天你让我提我就提。我一九二八年就参加了红军，一、二、三、四、五次反'围剿'我全参加了，为什么前四次仗打得都那么好，为什么你们一来弄成了这个样子，把我们的根据地都弄丢了？……"（第一章）

"前四次反'围剿'打得多痛快，一次就消灭了他好几个师，俘虏是成千地捉，光师长就抓了好几个；就是第五次反'围剿'搞糟了，连苏区也丢了，你说这是为什么？"

"为什么？还不是那些'洋房子先生'搞的！"

"我看也是。"江西口音说，"莫斯科的'洋房子'又加上上海的'洋房子'……"（第二章）

经过几次反"围剿"，以及红军长征经历，无数红军战士以生命为代价论证了博古、李德等人的书本马列主义是不符合中国革命实情的，马列主义只有结合中国国情，才能够真正发挥它的指导性作用，才能具有无限生命力；中国革命只有在马列主义指导下，从中国实际情况出发，才能够准确把握革命方向，才能够设计出正确的战略战术，取得革命的胜利。

因此，在贵州遵义，党中央召开了政治局扩大会议，史称"遵义会议"，这次会议针对第五次反"围剿"的失败做了总结。

作品对这次会议做了详细描写：博古从客观角度分析失败的原因；周恩来从领导者角度进行了自我批评；王稼祥直接批评李德、博古等人的领导作风；毛泽东则从军事路线角度进行了分析，提出了马列主义结合中国国情、一切从实际出发的理论思想；聂荣臻、彭德怀更是从具体案例出发直接指出了李德等人的主观主义、马克思主义理论脱离中国实际国情所造成的错误结果以及伤亡损失。

这次会议，是长征中一次深远的历史性转折，以后的革命斗争也证明了这次会议的正确性与关键性。正因为毛泽东领悟了马列主义的真正内涵，把马列主义和中国实际相结合，并凭借着他出色的军事才能与合理的战略战术，才让中央红军成功地与红四方面军进行会师。

　　然而，红四方面军领导者张国焘，却是一个利欲熏心的投机主义者。至此，红军内部斗争真正开始。为了手握大权，张国焘拖延整个部队进军速度，先获得周恩来的总政委岗位，然后把自己的人安插在政治局，最后当腊子口枪声激烈的时候，张国焘却想着另立中央。

　　张国焘的私欲让红四方面军再次陷入了危机，也引起了党内战士的怀疑：

　　"在卓木碉会议之前，人们的疑问只是'为什么和一方面军分开？''为什么要南进？'而现在却增加了新的疑问。这个疑问，正好是对他们信任的'张主席'本身：'他这样做对吗？''符合党章要求吗？''有利于一致对敌吗？'……他想不到挖空一尊塑像基础的，正是他自己。"（第七十四章）

　　作者通过张国焘的行为引发了读者对那段历史的反思，同时以毛泽东正确领导所获得的胜利事实，再一次论证了以毛泽东、周恩来为中心的中央领导的睿智和理性：在历史的转折点上，只有坚持马列主义的伟大旗帜，只有维护正确的路线方针，只有团结统一，才能够获得真正的胜利。

## 三、人民的支持是长征胜利的决定因素

　　"全心全意为人民服务"不是空口号，它要求党员、部队真正融入人民生活，从人民中来，到人民中去，从内心深处热爱人民，想人民所想，做人民所需。团结人民，与人民保持血肉

联系，是共产党、红军在长征、抗日战争、解放战争乃至新中国建设中取得胜利的决定性因素。

魏巍在作品中塑造了众多普通指战员、战士形象，这些指战员、战士大部分都是从人民中间走出来，并以坚定的理想信念，完成了一个又一个非常任务，甚至最后牺牲自己成全他人。比如杨米贵，篾匠出身，以自己的聪明才智让部队渡过了乌江；杜铁锤，铁匠出身，凭着自己的努力当上了排长，为革命贡献了力量，然而在过草地时，他把唯一的口粮留给了宣传队小鬼，自己却在泥潭里失去了生命；苗家小鬼李小猴，原本是挑煤巴的，跟着杜铁锤参加了红军，在腊子口凭借着身体的灵活打开了难关。这样的战士数不胜数，他们奋不顾身、舍生取义的故事，再次证明了党中央群众路线的正确性。一个又一个的杨米贵、杜铁锤、李小猴，让红军长征乃至之后战争的胜利有了最大力量来源。

作品还以传奇色彩描述了红军与各族人民之间的故事：

在贵州黎平，一个唱戏的，一个杀猪的和一个剃头的，在红军即将到来的时候，组织百姓打开城门，帮助红军轻松地解放了一座县城（第六章）；在金沙江，一个店小二和36个船工想尽办法为红军完成了伟大而艰巨的渡江任务（第三十七、三十八章）。

在遵义，一个十七八岁的红军卫生员，经常给穷人治病，最后因给群众治病耽误了行程，被地主武装逮捕杀害。百姓听到消息后，趁着黑夜偷偷把他的尸体装殓埋葬。不久就传出了小红军显灵给老百姓治病的神奇故事，并称其为"红军菩萨"。地主武装多次挖坟都遭到了当地百姓的反抗，最后因害怕"红军菩萨"显灵以及百姓愤怒而作罢（第二十四章）。

在大凉山彝汉杂居的越西城，彝汉之间因历史和当时国民政府原因造成的矛盾，在刘伯承和小叶丹的结盟故事中慢慢消散——"像湖水一般莹澈，像鲜血一样真诚。这是中国近代史上的传奇：一位无产阶级的将军同奴隶制社会一位部落的首领歃血为盟"（第四十三章），——为长征打开了前进之路。且在刘伯承的成功教育下，小叶丹不但放弃了民族内部矛盾，还主动联合其他家族，组成了一支游击队，反抗国民党的军阀斗争。

　　作者对此事件的描写融入了神话色彩，增添了一份神秘。这从另一方面说明，红军全心全意为人民服务的宗旨得到了人民的回应与支持。也正因为红军是人民的军队，以解放人民为自己的革命理想信念，才使得他们在困境时能够获得人民极大的帮助：

> "那些贫农们，铁匠、木匠师傅们，却偷偷将他们藏到家里，或者背上山去，将他们藏在山洞里，一趟又一趟地给他们送饭，待养好伤送他们上路。"（第四章）

　　历史告诉我们，"人民是我们党执政的最大底气，是我们共和国的坚实根基，是我们强党兴国的根本所在。我们党来自于人民，为人民而生，因人民而兴，必须始终与人民心心相印、与人民同甘共苦、与人民团结奋斗"。[1]

## 四、团结一心、众志成城是长征胜利的必要条件

　　红军之所以能够在长征中渡过一次次难关，除了坚定的信念、马列主义的指引以及人民的支持，还与兵士之间团结一致的优良传统分不开。

　　作品从正反两个角度论述了团结的重要性，凡是上下团结

---

〔1〕《习近平谈治国理政》（第3卷），外文出版社2020年版，第137页。

的，定能克服个个难关；相反，以自我为中心，时刻讲求小团体利益者，最终会民心失散，以失败而告终。

团结意味着民主。共产党——无论领导还是士兵，都保持着民主的思想。尽管内部有分歧，但遇大事时都能保持一致，为着共同的理想而奋斗。比如博古和毛泽东等人，他们的分歧在于中国革命是使用理论的马列主义，还是实践的马列主义。但在关于林彪提出更换领导人问题上，博古的回答是："有的同志在酝酿变换领导，我不认为是适当的。现在是党和军队生死存亡的关头，总要团结，顾全大局。"（第三十五章）由此可见，尽管博古存在教条化思想，但他也是有着深刻的团结意识和大局观念的，而大局观念，则是胜利的必备要求。

团结意味着互助。且不说周恩来、朱德等领导怎样爱兵如子，也不说士兵之间怎么样互助，单单跟着部队的几位中共老人，就把团结互助演绎得淋漓尽致。作品以乐观的笔墨叙述了徐老和谢老之间的追赶故事：

> "徐老手里提着两张羊皮、一根草绳去追谢老，谢老躲躲闪闪，连续向后退让。只听徐老说：'快，穿上！穿上！'又听谢老说：'不行！不行！'徐老又说：'谢胡子，你的身子骨不行嘛！'谢老又接上说：'徐老，数你的年纪大嘛！'谢老在前面跑，徐老就在后面追，气的徐老顿足大叫：'谢胡子，这是什么时候嘛，你还客气！'周围的人也都笑起来。"（第五十四章）

正是这种团结友爱的精神，使得兵士、军民上下一心，为着共同的理想和事业奋不顾身，最终完成了神话般的壮举。

另外，作者又通过国民党和军阀之间钩心斗角致使围堵红军失败、共产党内投机分子张国焘人心所失，从反面论证了团结的必要性。

在国民党方面，上到蒋介石，下到各个军阀将领，每一个人都怀着私心，为自己争取利益。蒋介石既想让各地军阀"围剿"红军，又想收割军阀的势力；各地军阀只想保住自己的地盘。而军阀内部成员，也是一盘散沙，比如贵州王家烈麾下的赫师长和白师长，前脚刚向王家烈表忠心，后脚就投靠蒋介石，出卖王家烈。国民党和军阀之间看似团结实则分散，最终导致蒋介石对红军采取的"困死政策"一次次失败。

在红军方面，在红一、红四方面军会师之后，张国焘为了夺取政权，以"组织问题"没解决为由延迟攻打松潘；在周恩来让出总政委后，又要求安插自己的人进入政治局。为了自己的野心，他破坏中央挺军北上的计划，对革命事业造成了严重损害。张国焘自以为是的结果便是自己的悲剧下场："本来是要造成自己的权力和树立自己的形象，事实却恰恰相反，群众的盲目信任变成了怀疑和动摇。他想不到挖空一尊塑像基础的，正是他自己。"（第七十四章）正是他自己对革命的背叛、破坏红军内部的团结，虽然刚开始瞒住了群众的眼睛，但最终必定会有所败露，为人所不齿。

长征的历史告诉我们：团结是凝集人心、战胜困境的力量和保障。在我们伟大民族的进程中，团结一心、众志成城所迸发出来的力量是钢铁般的、无坚不摧的。

## 第三节　长征的文化内涵

革命先辈在艰苦的长征过程中，创造了鲜明独特的红色革命文化：革命理想高于天的坚定信念；不怕艰苦、舍生取义、排除万难的革命英雄主义；众志成城、团结一心的集体主义；与时俱进、理论联系实际的改革创新精神，等等。

这些宝贵的长征文化精神财富，孕育于中国共产党成立，成熟于中国共产党长征，成为我们每一代人奋斗的精神指引，同样也会在每一代人的奋斗过程中完善、升华。

## 一、旗帜指引方向，信念赋予力量

信念是一个人的精神支柱，有信念才有毅力，有信念才能让自己在艰苦环境中坚持下去。中国共产党人的旗帜是马列主义，中国共产党人的信念是让全国人民当家作主，实现共产主义。毛泽东、周恩来、朱德、叶剑英等，都是以马列主义为中国革命指导思想，对实现共产主义有着无比强大信念的人，他们胸有丘壑、心怀民族国家之安危。在长征路途上，面对一个又一个自然与人为的艰难险阻，以毛泽东为代表的中央红军，本着强大的革命信念，把马列主义与中国实际相结合，制定出符合中国革命需要的方针政策、战略战术，一次次冲出蒋介石的包围圈，最终打下腊子口、通过哈达铺，向北出发，完成二万五千里长征。

长征需要旗帜指引方向，长征更需要信念来坚定信心、赋予力量。小卫生员、金雨来、杨米贵、杜铁锤等，他们虽出身百姓，却也有着坚定的革命信念。因为有革命必胜的信念，不管面前是滔滔江水还是皑皑雪山、茫茫草地，他们义无反顾，尽管自己倒在了长征的路上，但他们相信"干人"队伍一定会得到"干人"的支持，只要有穷人的地方，肯定就有红军的存在，有红军的地方，革命就一定能够胜利。

革命先辈们在长征时期把马列主义与中国国情相结合形成的毛泽东思想，不但指引了中国长征的伟大胜利，在随后的抗日战争时期、解放战争时期，中华人民共和国成立后社会主义发展的每一个阶段，在保持中国特色社会主义的发展方向上，均提供了高度的理论指导。而人民当家作主、实现共产主义的革命信念，深深扎根在每一代革命者的内心。共产党人不忘初心、牢记自己全心全意为人民服务的使命，在建设中国特色社会主义这个"长征之路"上翻越一座又一座"雪山"，踏过一片又一片"草地"，完成了改革开放，建立了社会主义市场经济，实现了一个又一个奋斗目标，向着中华民族伟大复兴的中国梦的道路不断前进。

## 二、革命的英雄主义彰显集体主义精神

革命英雄主义，区别于个人英雄主义，是以革命事业为信仰，以对革命事业绝对忠诚为核心，把革命事业看作高于一切，为了革命的利益和需要，不畏艰险、舍生取义。长征中的集体主义是传统文化意义上的内涵延伸，在传统文化时期，其标准是个人要符合宗法家族、国家的利益；在长征时期，其标准为个人的行为与言论要符合革命事业的集体利益。但集体主义并不意味着个人利益完全缺失，而是在社会、国家、民族利益基础上追求个人利益，协调好集体和个人的关系。

革命的英雄主义是集体主义精神的具体表现；而集体主义精神是革命英雄主义行为的依据。

《地球的红飘带》不仅塑造了为革命而献身的红军英雄群体形象，也刻画着许多个体英雄形象。无论红军战士集体或个人的行为，无不展现着集体主义精神的魅力：有教条主义倾向的博古、李德等人，在关键时刻也能够顾全大局，是因为他们把国家利益、革命事业放到首位；一位无产阶级将军刘伯承，能够和一个彝族奴隶主歃血为盟，同样是刘伯承心中国家民族利益至上的集体主义意识体现。集体主义精神体现在个体红军身上，则是由革命事业必胜的理想信念转化成的长征路上的种种

壮举：湘江水上漂浮的红军战士尸身；乌江岸边在竹排上作业的工兵们；为了不当俘虏而断肠而亡的陈树湘；为了寻找食物而牺牲的金雨来；补给给了其他战士而自己深陷沼泽的杜铁锤；营长亡了连长自觉顶上、连长亡了排长自觉顶上的红军指战员……没有集体利益至上的思想，就不可能有为了他人而牺牲自我的行为，他们身上体现的就是集体主义思想指向下的革命英雄主义。就像毛泽东同志对人民军队的评价，因为他们具有高度的革命英雄主义精神，所以他们能够一往无前，不惧敌人的任何力量，不怕任何艰难困苦，就算只剩一个人，也勇往直前地战斗到底。

一个个战士经历的故事告诉我们：只有把集体放在个人利益之上，把家、国放在私人之前，革命的英雄主义才能开出信念之鲜花，个人的价值才能得到真正的发挥，中国梦才能真正梦想成真。

在新的历史时期，同样涌现了大批具有革命英雄主义的共产党员：甘做人民的螺丝钉的雷锋，在平凡的岗位上做出不平凡的事业；用自己的身体制服了井喷的"铁人"王进喜，为国家的石油事业作出了极大的贡献；在雪域高原跋涉了21趟"二万五千里"的投递员王顺友，把时代发展的声音传递给了雪域高原人民，连接了党和人民的心；扑向山火的小英雄赖宁，保护了人民的财产；牺牲在"非典"战场的叶欣；抗洪英雄李向群；84岁奔赴抗疫战场的钟南山……

这些看似个人的行为，体现出来的却是集体的爱国主义情怀。一个又一个普通又可爱的人表现出了新时期"长征"中的革命英雄主义。他们在困难面前毫不退缩、勇往直前，以一种不怕艰苦、不怕牺牲的革命英雄主义行为，散发的正是新时期集体主义精神的光芒。

## 三、创新才能推动社会发展

理论联系实际的创新精神也是长征精神的重要组成部分。

历史上每一次变革，社会的每一次进步，都是创新的具体体现。历史上的农民运动不计其数，为什么长征能够胜利？是因为共产党人的理论指引是在实践基础之上不断创新的结果。

指导中国长征胜利的理论是马列主义，然而长征的成功并不是博古等人的书本马列主义，而是毛泽东根据中国实际情况，创新了的马列主义——毛泽东思想。1935 年的遵义会议是一次历史性转折，是教条的马列主义和创新的马列主义的一次深入对话，这次对话为长征的胜利打下了坚实基础。

长征中，马列主义与中国国情相结合，形成了毛泽东思想。毛泽东思想指导中国革命取得了最后的胜利，建立了中华人民共和国；邓小平根据中国实际，从思想、政治、组织等路线上创新了马列主义、毛泽东思想，形成了邓小平理论，中国进入了改革开放新时期。因为创新，中国经济相对于之前有了一个飞速发展，中国迈入了特色社会主义阶段。

中国共产党指导思想从单纯的马列主义，到毛泽东思想，到邓小平理论，到"三个代表"、科学发展观、习近平新时代中国特色社会主义思想的一步步更新，都是马列主义在中国不同时期不同国情下的具体体现。

创新是社会发展的动力。中华五千年的文明，正是不断创新的成果。中华人民共和国成立以来，尤其是改革开放以来，"创新"更是发挥其优势，使我国发生着质的飞跃：两弹一星、杂交水稻、航天五号、天河二号……

十四五规划要求"坚持创新驱动发展，全面塑造发展新优势"，从科技创新、企业技术创新、人才创新等方面进行了新的要求，确定了新的发展目标。这也再一次证明了只有敢于创新、能够创新，革命事业才能取得真正的胜利。

长征中形成的红色革命文化，继承了中华优秀传统文化中"天下兴亡，匹夫有责"的担当意识，"舍身取义"的牺牲精神，"自强不息"的奋斗精神，"与人友善"的团结精神。在此基础上又开拓了革命的乐观主义精神，官兵平等的民主精神，不拘泥于书本的创新精神，以及敢作敢当的坦然胸怀。

回顾长征之路，再看中华人民共和国成立之后的一个个重大事件，为什么不管部队官兵还是普通人都能够如此英勇？

"明明前面是火，也要跳进火里；明明前面是水，也要跳到水里；明明前面是死亡，也要迎着死亡走去。"（第四十八章）

这是长征精神在当代的体现：党和人民不怕艰苦、为理想而奋勇前进的坚强意志，是"长征"胜利的必然因素；党中央能够与时俱进，根据不同时期不同国情制定相应的措施，是"长征"胜利的理论指引；中国共产党全心全意为人民服务的宗旨赢得了广大人民支持，是"长征"胜利的重要依靠；全国人民团结一心、众志成城的集体力量，是"长征"胜利的力量源泉。

这些富有时代特征的、具有民族特色的宝贵精神财富，都是共产党人能够在社会主义建设的实践中，不断创建中国道路、发扬中国特色、创造中国奇迹的根本所在。

## 第九讲
# 以天下为己任的担当精神
### ——红色家书

陈俏湄


　　土耳其作家奥尔罕·帕慕克在其获得 2006 年诺贝尔文学奖的小说《我的名字叫红》中有这样一段话："信就像一本书，你可以闻、摸和摆弄的读它，聪明的人会说：去看看信里都说了什么？而愚笨的人却会说：看一看信里都写了什么？"书信拥有特殊的生命力，它们是时光的见证者，默默诉说着众生百态，其中有点滴心绪、绵长情意，有尘封的往事、湮没的历史，有高山流水、儿女情长，也有家国大义、赤子之心。

## 第一节　尺素美：家书文化的历史传承

　　书信是一种古老的传递信息、交流情感的方式。刘勰曾言："三代政暇，文翰颇疏。春秋聘繁，书介弥盛。"（《文心雕龙·书记》）可见，早在春秋时期书信就已出现了。当时的书信以公函居多，家书逐渐从中分离出来，历经两汉到魏晋，成为固定的文体。"家书"一词最早见于西汉，顾名思义，是家庭或家族内用来传递信息的书信，是人们日常生活中最不可少的一种书信形式。

　　我国的家书历史源远流长，迄今发现最早的两封古代家书是刻在战国末期的木简上的。1975年，在湖北省云梦县出土了两件木牍。据考证，这是写于秦始皇二十四年（公元前223年）的两封家书，作者是从军出征的两名秦国士兵。这两个士兵名叫"黑夫"和"惊"，在淮阳当兵，写信向家人汇报军中生活，表达对亲人的思念。从汉代开始，随着社会的发展、文学的繁荣，家书应用更加广泛，内容不断充实，留下了不少千古传诵的名篇。从刘邦的《手敕太子文》、曹操的《诫子植》、刘备的《诫刘禅》、诸葛亮的《诫子书》到骆宾王的《与亲情书》、司马光的《训俭示康》、王夫之的《示侄孙生蕃》、文天祥的《狱中家书》，家书不但成为传递亲情、实行家教的重要方式，还可以张扬才情、指点江山、剖白心志，包含了越来越丰富的内容。明清是古代家书发展的巅峰时期，许多文人学士的文集中都收有家书，个人尺牍专集和尺牍选本也大量涌现。王守仁、汤显祖、袁宏道、王夫之、郑板桥、袁枚、纪昀、林则徐、左宗棠、张之洞、曾国藩、李鸿章等人的家书流传甚广。其内容包罗万象，举凡议论政治、谈诗论艺、抒情言志、训诫子弟乃至生活起居、儿女姻亲等家庭琐事，皆可入书，无所不谈。自民国至中华人民共和国成立后，社会经历了巨大的变化，家书在社会变迁中凝结了更为厚重的历史内容，成为时代的见证。随着邮政业务的发展，更多家庭开始通过家书保持联络，收递家书成为人们日常生活的重要内容。直到20世纪90年代，家书还是家人之间联系的主要方式。1994年，流行歌手李春波演唱的《一封家书》风靡全国，唱遍大街小巷。这首歌的歌词从问候"亲爱的爸爸妈妈，你们好吗"开始，主体表达对父母的牵挂，最后以"此致敬礼"结尾，在内容上呈现为一封完整的家书。2000年后，随着电子邮件、手机的普及，传统家书才逐渐让位于现代通信工具。

　　古往今来的万千家书汇集成绚丽多姿的中华家书文化，随着历史的发展和文明的演进，家书文化积淀了丰富的内涵。作为千百年来世代相传、与民众生活密切相关的文化表现形式，家书的写作、格式、封装等都有一定的要求和规范，其中包含了礼仪、书法、笔墨、纸张、邮政等传统文化元素。单说家书的文字内容，就多层面地反映了有关文学历史、人情伦理、礼仪教化、修身齐家等方面的深厚内涵。

　　"复恐匆匆说不尽，行人临发又开封"，家书作为过去人们与亲人联系的唯一途径，是亲情互动的重要载体，其抒发情感格外坦诚动人。汉乐府《饮马长城窟行》道："客从远方来，遗我双鲤鱼。呼儿烹鲤鱼，中有尺素书。长跪读素书，书中竟何如。上言加餐食，下言长相忆。"加餐食、长相忆，简单朴素的文字，传达出对家人无限深切的挂念。在历代家书中，最常见的便是对家人表达关切、传递亲情的文字，其中包含人类最普遍的情感与亲切的生活气息，最能引人共鸣。故清代学人陈康祺在《郎潜纪闻》一书中道："读家书数篇，语语真挚，肝肺槎牙，跃然纸上。"现代诗人柳亚子在写给14岁儿子无忌的信中说："无忌：我礼拜日、礼拜一、礼拜二寄给你三封信，你通通收到了吗？你的足洗过吗？衣服换过吗？望你告诉我。倘然没有洗没有换，这个礼拜六，一定要洗要换。童子军入吗？体操操的什么东西？功课不吃力吗？牙齿不痛吗？饭吃得下吗？你可详细对我讲。你每礼拜上课的课程表，望抄一张寄来。"每一件琐碎小事的絮叨叮嘱，都是一位慈父的拳拳关爱和殷殷牵挂。清代"扬州八怪"之一郑板桥素有"狂士"之称，然而在他的家书中丝毫不见其狂，处处显得仁爱体贴。郑板桥在外为官，不能亲自管教儿子，故而嘱咐弟弟在家对孩子无需溺爱或有所顾忌："余五十二岁始得一子，岂有不爱之理！然爱之必以其道，虽嬉戏玩耍，务令忠厚悱恻，毋为刻急也。""我不在家，儿子便是你管束。要须长其忠厚之情，驱其残忍之性，不得以为犹子而姑纵惜也。"他特意交代弟弟对家中孩子一视同仁，不要偏袒，"家人儿女，总是天地间一般人，当一般爱惜，不可使吾儿凌虐他。凡鱼飧果饼，宜均分散给，大家欢嬉跳跃。若吾儿坐食好物，令家人子远立而望，不得一沾唇齿；其父母见而怜之，无可如何，呼之使去，岂非割心剜肉乎！夫读书中举，中进士，作官，此是小事，第一要明理作个好人。可将此书读与郑嫂饶嫂听，使二妇人知爱子之道，在此不在彼也"。言辞恳切，既有关于为人处世、持家育儿的谆谆教诲，又饱含对家人的温情，心系家庭和睦。中国历来就是一个重亲情、重友情、重乡情的人情社会，家书生动记录了传统社会崇礼尚德、和谐友爱的人情美。

在中国传统社会形态中，家书是一种重要的家训方法和家教形式。人们通过家书把有关道德修养、为人处世、求知治学的感悟与经验传授给子孙。长辈对晚辈进行训教、劝勉类的书信，成为传统家书的重要组成部分。此类家书比较著名的有《颜氏家训》《朱氏家训》《诸葛亮诫子书》《孔融家书》《陶渊明家书》，清代的纪晓岚、郑板桥、林则徐、李鸿章、曾国藩等名人家书，还有现代的胡适家书、闻一多家书、傅雷家书等。这些家书慷慨其情，譬喻其理，箴规子弟，泽被后世，其点化、熏陶、规劝、训诫作用历久而弥新。其中脍炙人口的如诸葛亮在《诫子书》中劝勉儿子勤学立志，要淡泊自守、宁静自处："夫君子之行，静以修身，俭以养德，非淡泊无以明志，非宁静无以致远。夫学须静也，才须学也。"司马光的《训俭示康书》围绕着"以俭立名，以侈自败"的古训，结合自己的经历体验，强调"俭"能立身扬名维持家运长久，"奢"则可能导致身败名裂遗祸后代。苏轼在《与子由弟书》中劝勉弟弟遇到困难和挫折时不妨"任性逍遥，随缘放旷"，进而达到谈笑死生、履险如夷的人生境界。朱熹的《与长子受之书》以"勤""谨"二字勉励其子，并列举求学、做人、交友之要旨：求学要勤于思考，不耻下问；做人对尊长言行要谨慎、谦虚、恭敬；交友要"不拘长少，惟善是取"，如此才不会辱没家门。其他诸如"勿以善小而不为，勿以恶小而为之""惟贤惟德，能服于人""恭为德首，慎为行基"等融入人生阅历与道德人格的教导，都来自历代家书。民族的优秀文化传统，种种睿智、通达、隽永的思想，通过生动恳切的文字得以世代相传。

通过对日常生活的反映，历代家书还可以成为社会史研究的重要补充资料。家书是写给自家亲人看的，往往无话不谈、真切不加掩饰，其内容的广泛性、真实性，不仅可以丰富重大历史事件的细节，多侧面、多维度地反映历史原貌，还可以让人们注意到历史中默默无闻的个体，重建中国的民间记忆，从而勾勒出中国人的生活史、心灵史。比如早在一千多年前，秦国士兵"黑夫"和"惊"的家书中，就包含了丰富的情感、生活和历史的信息。两兄弟在信中报平安，问候母亲的身体如何，表达对姑姑、姐姐、新婚妻子等亲人的牵挂。其中提到让母亲往军中捎送钱和衣物，原文道："黑夫等直佐淮阳，攻反城久，伤未可智（知）也，愿母遗黑夫用勿少。书到皆为报，报必言相家爵来未来，告黑夫其未来状。闻王得苟得……毋恙也？辞相家爵不也？书衣之南军毋……不也？""愿母幸遗钱五六百，布谨善者毋下二丈五尺。……用垣柏钱矣，室弗遗，即死矣。急急急。"信中大意说，黑夫就要跟大军去攻打淮阳，可能要打很久，也不知道是否会受伤，希望母亲多给点资费。收到信务必给个回信，告知给家里挣的爵位发到没有。听说王上只要一得到（立功证书）就能发，是否确定没有问题，有没有辞谢。书信、衣服和钱一定要送到南军，希望母亲给五六百文钱，好布至少要二丈五尺。目前向叫垣柏的人借的钱快花完了，家里再不送钱过来，就要陷入困境了。据考证，这两封家书反映了秦始皇二十四年（公元前223年）秦国统一中国战争期间吞并楚国的淮阳之战。从信中所述看，"黑夫"和"惊"作为秦军中的两名普通士卒，连日常花销和衣服都要家中负担，当时的秦国士卒要么没有军饷，要么得到的军饷很有限，那么秦国凭什么来招募军队和激励军心呢？联系到信中询问爵位发放的情况，"军功换取爵位"可能是当时秦国实行的奖励手段，因而"黑夫"和"惊"在艰苦的军旅生活中也把得到爵位当作希望所在。如此看来，这两封家书作为珍贵的史料，对研究秦国统一中国战争中的细节问题会有所帮助，也可以作为历史教学的生动材料。另外，我们也能从信中感受到大时代下的普通士兵在战事来临前的忐忑不安，经济窘迫中向家人求助的急切，以及对冒死征战换取的爵位怀有的满腔期待。这些都是身处历史洪流中的小人物最真实生动的情感，点点滴滴的苦恼、恐惧、希望和欢喜，构成了属于普通人的历史。

诗人杜甫的名句"烽火连三月，家书抵万金"千百年来传诵不衰，"抵万金"道出了家书在中国人情感生活中的分量。在中华民族的历史长河中，家书同样具有不可替代的价值，它是维系亲情的纽带、传承家风的桥梁，也是民族历史与文化信息的重要载体。

## 第二节　赤子心：红色家书的精神资源

书信中所承载的家国情怀是家书文化的突出特质，强调以天下为己任、与国家命运休戚与共的爱国之情，教导后辈做对国家、对社会的有用之才，是历代家书的常见内容。唐代边塞诗人岑参曾写过一首《碛西头送李判官入京》：

> 一身从远使，万里向安西。
> 汉月垂乡泪，胡沙费马蹄。
> 寻河愁地尽，过碛觉天低。
> 送子军中饮，家书醉里题。

岑参当时在距离京城长安万里之遥的安西（今甘肃省河西走廊西端）任职，为即将回京的李判官践行，并委托他捎回一封家书。"一身从远使，万里向安西""汉月垂乡泪""家书醉里题"都流露出挥之不去的思乡情，其背后，是身负守边重任的诗人在思念之外深沉的家国担当精神。这种精神在现代的红色家书中得到一脉相承的延续，而且显得尤为突出。

红色家书是现代家书中特殊的一部分。红色，是在现代中国的历史语境中被赋予特定文化意蕴的颜色，它与民族国家争取自由解放的历程紧密联系在一起，与无数中国人的希望、探索、战斗、奉献乃至牺牲联系在一起。什么是红色的？是战斗的旗、烈士的血，也是每一个立志报效中华的中国人的赤子之心。他们汇聚在一起，成为燃遍中华大地的星星之火。

"天下兴亡，匹夫有责"的责任感和忧患意识，是红色家书中极为醒目的精神景观。聂荣臻20岁时去法国勤工俭学，在写给父母的信中说：

> 海外游子，悬念何如？又闻川战复起，兵自增而匪复狂！水深火热之家乡，父老之苦困也何堪？狼毒野心之列强无故侵占我国土。二十一条之否认被拒绝，而租地期满又故意不肯交

还。私位饱囊之政府，只知自争地盘，拥数十万之雄兵，无非残杀同胞。热血男儿何堪睹此？男也，虽不敢以天下为己任，而拯父老出诸水火，争国权以救危亡，是青年男儿之有责！况男远出留学，所学何为？决非一衣一食自为计，而在四万万同胞之均有衣食也。亦非自安自乐以自足，而在四万万同胞之均能享安乐也。此男素抱之志，亦即男视为终身之事业也！

　　这封信很有代表性，面对陷于"狼毒野心之列强"和"私位饱囊之政府"之间内外交困的国家，面对家乡的水深火热、父老的困苦，"拯父老出诸水火，争国权以救危亡"成为那个时代无数有识之士的追求。他们的探索、学习、奋斗，人生道路的选择，都是缘于心中沉甸甸的家国忧患。学习为了什么？聂荣臻说，"决非一衣一食自为计，而在四万万同胞之均有衣食也。亦非自安自乐以自足，而在四万万同胞之均能享安乐也"。前往欧洲求学的周恩来写信给表兄谈到自己的计划，"唯在求实学以谋自立，虚心考查以求了解彼邦社会真相暨解决诸道，而思所以应用于吾民族者"。在20世纪的文化背景下，心系中华的有志青年们接受了有关自由、平等、解放的现代思想，形成了改造社会、创建大同世界的志向。李立三在法国写给父母的信中以诗的形式抒发凌云壮志："我还要唱那自由之歌，撞那自由之钟，唤醒可怜的同胞，……造一个光明灿烂的新世界，作一个幸福无比的新国民。"他们以救国救民为志，也如此劝勉他人。王稼祥在写给堂弟的信中勉励他做个"廿世纪的新青年"，"青年是国民之一，尤是国民的优秀者，自然应该负救国的责任"。面对家人选择的救亡之路，他们深明大义。华侨王雨亭在送自己年仅15岁的儿子王唯真回国抗战时写道："这是个大时代，你要踏上民族解放战争的最前线，我当然要助成你的支援，决不能因为'舐犊之爱'而湮没我们的民族意识。"即使深陷危困，他们所记挂的依然是未实现的理想。革命者王若飞在被捕入狱后致信表姐夫说："念国难之日急，恨身之蹉跎，冲天有志，奋飞无术。"曾写下"砍头不要紧，只要主义真"的烈士夏明翰在狱中写信给姐姐，表达对信念的毫不动摇，"大姐为我坐监牢，外甥为我受株连，我们没有罪，我们要斗争，人该怎么做，路该怎么走，要有正确的答案"。

正是因为有如此坚定的信念和强烈的担当，个人的得失变得微不足道。红色家书记录了一个壮烈的时代。无数为自由解放之理想前赴后继的奋斗者，褪去烈士、领袖、革命者的光环，他们是丈夫、妻子、父母、子女、兄弟姐妹。他们在家书中表白、劝慰或告别，诉说着自己的不舍、思念、遗憾和叮嘱，以及在一切之上的义无反顾。八路军副总参谋长左权在苏联学习时常致信母亲，遗憾表示"恐十年不能回家""将全力贡献革命"。他在写给叔父的信中说："我虽一时不能回家，我牺牲了我的一切幸福，为我的事业来奋斗，请相信这一道路是光明的、伟大的，愿以我的成功的事业，报你与我母亲对我的恩爱，报我林哥对我的培养。"在给母亲的最后一封信中，左权写道："我全军将士，都有一个决心，为了民族国家的利益，过去没有一个铜板，现在仍然是没有一个铜板，准备将来也不要一个铜板，过去吃过草，准备还吃草。"直到牺牲，他都没能履行与母亲的"十年之约"。罗荣桓随军北上抗战，致信哥哥说："以后对家庭更无法顾及，非我无情，实处此国难当前，奈何！"非我无情，奈何国难当前。为了民族大义，他们不得不舍弃个人的幸福、家庭的温情。夏明翰被捕后自知时日无多，在狱中写信给母亲告别："亲爱的妈妈，别难过，别呜咽，别让子规啼血蒙了眼，别用泪水送儿别人间。儿女不见妈妈两鬓白，但相信你会看到我们举过的红旗飘扬在祖国的蓝天！"他还致信妻子道："红珠留作相思念，赤云孤苦望成全。坚持革命继吾志，誓将真理传人寰！"夏明翰曾将一颗玉石红珠赠给妻子郑家均，寓意"我赠红珠如赠心，但愿君心似我心"，夫妻情意深厚。在生命的最后时刻，他惦记着年迈的母亲、挚爱的妻子和年幼的女儿赤云，但字里行间无一丝哀怨，只有视死如归的豪迈。

除了被人们传诵纪念的烈士，还有更多淹没在历史风尘中的无名英雄，他们的悲欢喜乐、默默奉献也许无人知晓。一个名叫查茂德的八路军战士在 1947 年大战前夕写给妻子的短信，让我们得以了解更多普通战士的心路历程。从信中可知，查茂德有两个活泼可爱的孩子，一想到家人，他就感到满足、高兴，但为了打仗不得不跟家人暂时分别，他在不舍之余，也决心要消灭敌人。大战来临前，他对胜利满怀信心，同时做好了牺牲的准备，因此对妻子有所交代：

战斗是比不得唱戏，不是开玩笑，只有牺牲的精神才能打垮和消灭敌人。趟（倘）我这次到前方或负伤牺牲都不要难过，谨记我如下之言：

无产阶级的革命一定会成功的，只是时间之长短，但也不是很长的。家人一定要翻身。要求民主与独立，这是全世界劳苦大众都走革命这条道路，苏联革命成功是我们的好好榜样。

就是我牺牲了也是很光荣的，是为革命而牺牲，是有价值。在任何情况下我是不屈不挠，坚决□□□部队与敌人战斗到底。一直把敌人消灭尽为止。望你好好保重身体，多吃饭，不生病，我就死前方放心。同时希你好好扶养丰丰小儿、小女雪雪，长大完成我未完之事。一直完成社会主义革命到共产主义社会。谨记谨记。

1946 年，国共两党的战争全面爆发，刘邓率领的 129 师决定在豫北、晋南两个地区向敌人发起反攻作战，查茂德是当时 129 师独五旅的副旅长，之后在豫北战役中牺牲。他在家书中对妻子的叮嘱，不幸成了最后的遗言。这封信当时写在从笔记本中撕下的纸页上，全文带着些许乡音和絮絮而谈的口语色彩，仿佛就站在妻子面前，说家人一定要翻身，打仗比不得唱戏，说你要好好保重，多吃饭、不生病，我才放心。在质朴的文字中包含的情意是那么深，信念朴素而坚定。

像查茂德这样默默献身的革命者还有很多，为了国家和民族，他们在风华正茂的年纪就与至亲生死相隔。赵云霄是一个普通的地下党员，因为叛徒告密，她和丈夫双双被捕入狱。丈夫被杀害五个月后，她在狱中生下一个女儿，取名启明。孩子满月后，赵云霄接到了死刑判决书，她给襁褓中的女儿写下一封遗书。在这封以血泪书成的信中，赵云霄反复唤着女儿的名字，一遍又一遍地叫她"小宝宝""我的小宝贝""小明明"。初为人母对孩子的满腔爱意无处安放，来不及多抱抱她、照顾她，来不及看她长大就要永别，一个母亲只能把所有的悲伤、遗憾和眷恋倾注在每一次呼唤中。她不厌其烦地向孩子说明有关父母的细节："小宝宝！我很明白地告诉你，你的父母是共产党员，且到俄国读过书。""你的父亲是死于民国十七年阳历十月十四日。你的母亲是死于民国十八年阳历三月二十六日。""你的母亲姓赵，你可记着。你的母亲是二十三岁死的。""小明明！有你父亲在牢中给我的信及作品，你要好好的保存。""小宝宝！我不能抚育你长大，希望你长大时好好的读书。且要知道你的父母是怎样死的。"你要记得，你要知道，你要好好保存，你要好好读书。这些最后的叮嘱倾注了无限的悲愤与期望，赵云霄希望女儿不要忘记父母为之献身的事业。

无论是名垂青史还是湮没无闻，这些家书的写作者以朴素深挚的文字表达了类似的情感。夏明翰说，别难过，坚持革命继吾志，誓将真理传人寰。查茂德说，为革命牺牲是有价值的，把孩子抚养长大完成我未完之事。赵云霄说，要知道你的父母是怎样死的，长大后好好读书。他们对家人的叮嘱都饱含舍己为国的献身精神，为了自由的理想、进步的事业，即使牺牲家庭幸福、放弃天伦之乐甚至献出自己的生命，也无怨无悔。唯独念念不忘的，是事业的传承，他们期盼下一代能创造光明的未来。正如叶剑英 1949 年写信给在苏联留学的女儿，满怀希望地说："让爸爸们，把新民主的地基，铲得平平的，让你们后一代加工的，把我们的祖国，建筑起一座自由、快乐、文明、进步、庄严、华丽的世界。"

历史与每一个普通的参与者息息相关。如果说古往今来的家书勾勒出普通民众的生活史、心灵史，那么红色家书则因为写在一个风云动荡的时代，而记载了无数心忧天下的中国人为了民族的解放振兴积极探索、不懈奋斗、无私奉献的动人历程。正是一代代人前赴后继的努力，才铸就我们民族的精神，创造了民族的历史。

## 第三节　薪火传：当代青年的文化使命

木心在他的诗里说，从前的日色变得慢，车、马，邮件都慢。如今则是一个日新月异的时代。国人对于家书的普遍记忆，可能已经渐渐远去。近二十年间，电话、互联网和手机迅速普及，写信的人越来越少了。家书，那一张张曾经温暖人们心灵的信纸，逐渐变得模糊起来。

现代互联网通信技术带来迅速便捷的信息交流，只要敲击键盘、点击发送键，就可以实现即时沟通。情感的表达似乎更简单了，我们有复制粘贴或转发即可完成的群发祝福、网络段子，有层出不穷的各式表情包。然而信息爆炸的同时，文化的表现形式趋于同质化。看似丰富的模板背后，隐藏着个性化表达失落的危机。书写的个性、个人的独特体验，被充斥日常生活的程式化、快餐化的表达消磨和掩盖了。在传统家书的笔墨中，每个人、每种情绪都有属于特定时刻的印迹。笔迹的千姿百态记录了不同的书写者与书写情境，匆忙中的潦草、得意时的飞扬、郑重时的工整以及悲伤时滴落笔画间的泪滴，都在诉说文字之外的千言万语。除了个性化的笔迹，还有反映社会风尚与个人喜好的信封、信纸和邮票，同样具有从生活、情感到审美的丰富内涵。"五四"时期的诗人刘大白曾在其题为《邮吻》的诗中写道："从她的很郑重的折叠里，/我把那粉红色的信笺，/很郑重地展开了。/我把她郑重地写的，/一字字一行行，/一字字一行行地，很郑重地读了。/我不是爱那一角模糊的油印，/我不是爱那满幅的精致的花纹，/只是缓缓地/轻轻地/很仔细地揭起那绿色的邮花；/我知道这邮花背后，/藏着她秘密的一吻。""她"郑重地写、郑重地折叠，"我"郑重地展开、郑重地读，粉色的信笺、精致的花纹和绿色的邮花，与文字一起，共同构筑了属于两人的交流空间。由此，每一封家书都以其完整的形态封存了一段记忆，其中包含属于特定个体某一时期的生活与心境。这种具有仪式感、历史感的精致"慢"文化及其美学意蕴，在一个追求效率的社会似乎失去了价值。

与此同时，曾在历代家书中流传不息、贯串为一道精神脉络的家国担当意识，日渐淡出人们的视野。在新世纪以来颠覆崇高、疏离宏大叙事的后现代文化背景下，在一个追求个人"小确幸"的"小"时代，盛行不衰的成功学和无处不在的消费主义不断制造需求与焦虑，引导人们专注于个体的生存得失。喜欢自称"社畜"的当代青年，一方面较少有来自历史因袭的文化负担，在全球化浪潮中以独立姿态追求个性与个人成就的满足，另一方面习惯以自嘲的态度面对转型期社会带来的现实困境，在压力之下倾向于戏谑中的逃避和消极抵抗。在这样的氛围中，今天的年轻人是否还勇于谈论梦想？又有多少人向往为理想献身的高尚精神，心怀对于世界的责任感和造福社会的担当意识？

翻看红色家书，许多写信者也正处于青春年华，赴法留学的聂荣臻 20 岁、李立三 20 岁、周恩来 22 岁，夏明翰牺牲时 28 岁、赵云霄年牺牲时年仅 23 岁……他们把自己最好的时光献给了理想。2020 年纪念抗美援朝 70 周年期间，一批写于朝鲜战场的信在网络上引起关注，让半个世纪前的那段历史及其参与者鲜活了起来。其中有一封图文并茂的家书，来自一个叫徵明的志愿军战士。也许因为识字有限，或是出于未泯的童心，徵明在行文中以图代字，错落有致插入丰富的手绘。这些插图生动细致，"上学""写信""敌人""戴上大红花"……一一表意准确，代指"勋章"的小图特意用了红色，信末提到争取带着奖章回国去见毛主席，所画主席肖像颇为传神，极有辨识度。我们不得而知这个叫徵明的战士何以画得那么好，也不知战争结束后他能否如信中所愿荣归故乡，在和平年代他或许会有不一样的人生。还有一封洋洋洒洒数千言的长信，是名叫少康的战士写给弟弟的。少康的字迹娟秀，文笔从容优美，介绍朝鲜秋天的景象绘声绘色："金风从山岭上掠下来，吹落了落叶乔木的黄叶，吹得高粱叶沙沙地响，吹到冲积平原上，便翻起一阵金黄的稻浪。"他回忆在朝鲜的难忘月夜，寒冷的十月在战事前挖阵地，"冷啊！穿着棉袄干活热，一休息就要冷。明天就要打响，那还休息啊！干吧！越快越好。天快亮才干完。吃完饭，躺在山坡上就睡了。睡足了，准备晚上狠狠地敲他一顿。可是敌人跑了。追！当然要追！步兵翻山越岭在追，炮兵挂上炮，上公路追！"即使描写残酷的战争，依然活泼昂扬，有生机勃勃的活力。这些信展现了家书记录生活与历史的丰富性和生动性，充满个体生命温度的表达，令徽明、少康们仿佛就站在我们面前，讲述他们的故事。他们热爱生活，有欣赏美好事物的诗意和情趣，跟今天的年轻人没有什么两样。但同时，这些年轻的战士也愿为了信念和理想放弃享受，奔赴战场。

我们有幸生在一个民族崛起、国家富强的年代，也许不再需要像前辈们那样抛头颅、洒热血，然而每个时代都有苦难、有考验，都需要有人以"匹夫有责"的担当，在关键时刻挺身向前。在2020年春节，中国人民经历了一场没有硝烟的战争。在与疫情对抗的战场上，无数普通人在自己的岗位上默默坚守，其中有抗疫一线的医务工作者，有保证基础设施正常运转的工人、司机，有忙于基层工作的社区服务者、志愿者。面对病毒的生命威胁，他们都是无畏的勇士。在严峻的时刻，人们再次提笔，郑重写下一封封家书。

来自山东的医师李蕊在进入隔离病区的第二天，收到了父亲手写的送别诗："腊月三十，猴服一穿，/告别老幼，冲上前线。/患者安危，责任比天。/家国情怀，铭记心间。/家中老幼，不必挂念，/疫情扑灭，国泰民安。/老父翘首，盼儿凯旋。"对此，李蕊在日记中回忆了父亲给自己的影响："2003年的非典，你也曾穿上'猴服'，离开我们的小家，转身奔向一线保护大家。在你潜移默化的感召中，我学会了凡事付出前不求结果，只讲担当！今日的我，才会毫不犹豫地勇敢挑起重担，毅然站在抗击疫情的最前沿。"另一封家书讲述了类似的传承：

"17年后，我终于成了你。我们同是白衣天使，更是肩负同样使命的战友。"一位母亲在信中向孩子表达她的期望："妈妈希望你也能成为这样的人，让我们成为彼此的英雄。"从父亲到女儿，从"你"到"我"，责任、勇气、担当，也许就是这样代代相传。

20世纪，艾青在诗中说："为什么我的眼里常含泪水，因为我对这土地爱得深沉……"80余年后的今天，疫情期间的一封家书写道："从容奔赴，是因为脚下这片土地值得一个人深爱。"曾经铸造民族的血肉长城的那种深厚情感，以另一种自信舒展的姿态在新的考验中得以延续。抗疫家书仿佛一次不期而至的回归，它接续了家书文化书写心志、维系亲情、实行家教的传统，传递着文化与情感的充沛能量，生动记录了普通人的抗疫心声，也在国家面临危难的紧要关头，遥遥应和着红色家书中的民族大义。

青年是一个民族的未来，是创造历史的生力军。写下红色家书的先辈们以做20世纪的新青年自勉："青年是国民之一，尤是国民的优秀者，自然应该负救国的责任。"在动荡的岁月中，他们以天下为己任，毅然担起救国救民的历史责任。今天，21世纪的中国青年身处另一个大时代，全球化浪潮中的大国崛起，这既带来无限机遇，也意味着更多的挑战。当代青年是否依然有作为国民之优秀者的自觉与责任感，能否继承前人的文化传统和精神资源，为中华民族开创更美好的未来？时代在召唤，历史在召唤，这是摆在每一个青年面前的严肃使命。

# 舍生忘死的抗美援朝精神

## ——《上甘岭》

黄亚雯

飒踏流星千万，平山覆海克艰难。站在时代的潮头回望，70 年前，朝鲜战场乱云飞渡之间，志愿军战士个个铁筑筋骨，站如青松在，坐是定海石。刀兵之中显韧勇，乱世来去彰英雄。70 年前，抗美援朝战争获得了胜利，无数沐浴血火之间为我们描绘和平昌盛的人民英雄就此永铭史册。这些英雄并立荧幕之上，勾勒出一幅惊艳群像，便是《上甘岭》，便是抗美援朝精神。他们团结一致，他们奋勇当先，他们众志成城，他们舍生取义，他们把自己年轻而珍贵的生命都投入了这一件为家国天下，为肩上责任而做的事上。在飞速发展的 21 世纪，在两个一百年的交点，这一伟大的精神对我们有新的指导意义与实践价值。生逢乱世，披衣带甲；生得合和，亦当守志不渝。

## 第一节　八百平远壮士，卫国抗美援朝

1952 年的秋天，本该是满载着收获的季节，却因一场战争的到来而在萧瑟朴素的同时染上了鲜红的色彩。当时的国际形势于中国极为不利，以美国为首的西方势力，对新生的社会主

义中国虎视眈眈、满怀戒备，且朝鲜战争前期美机不断侵犯我东北领空，进行侦察、扫射和轰炸。我国在国际关系中一直处于被动地位。为了向世界各国展示新生中国的军事力量，也为了改变对中国不利的国际局势，我国无数仁人志士甘愿成为中国人民解放军志愿军，"雄赳赳气昂昂，跨过鸭绿江"，八百平远壮士，卫国抗美援朝。为援助朝鲜人民而战，为保护中国东北而战，为中国立足世界而战，为守护国际正义而战。

上甘岭战役发生在中国取得了接连的抗战胜利，逐渐掌握了整个战场的局面，而联合国军却节节败退且溃不成军的时候。当时的联合国军作战不利，导致战争驶向了对他们而言被动不利的局面。为了缓和这种局势，联合国军与中朝两国进行了停战谈判。然而在谈判当中，美国提出了美其名曰"自愿遣返"实则为强行扣留中朝军队被俘人员的主张，此举与中朝两国的政治主张相违背，由于无法协商一致，战争只能延续，而这也成为上甘岭战役爆发的导火索。

为了粉碎以美国为主导的联合国军的攻势，中朝两国的军队站在了某种政治考量的立场上布置作战方略，采取了"充分准备持久作战"和"争取和谈以结束战争"的战争指导思想，在军事立场上又提出了"持久作战"和"积极防御"的战略方向。中国人民志愿军顺应形势开启了战略转变的战斗方针，从运动战转化为了阵地战，从主张军事斗争到军事斗争和政治斗争两者兼顾。至此，上甘岭战役全面爆发。这场战役是由战斗逐渐演变而来的，其作战规模之宏大，斗争程度之激烈，足以被称为我国近代战争史上罕见的一场战役。同时，这场战役也同样是抗美援朝战争走向成功非常重要的助力，上甘岭战役对于抗美援朝战争的胜利产生了无比重大的影响。

1952 年 10 月 14 日，美国主导作战的联合国军在朝鲜中部的"三八线"旁调动了 6 万多人的军队，集中火力向中朝双方展开大规模攻势，他们由此开始了占领朝鲜中部金化郡五圣山南麓的上甘岭的计划。中朝双方对此也做出了回应，中国人民志愿军在当时从朝鲜金化东北上甘岭地区开启了顽强抵御的防御作战。在这场战役里，美军出动军队 6 万余人，大炮 300 多架，坦克 170 余辆，调动飞机 3000 多架次，对志愿军两个连约 3.7 平方公里的阵地发射炮弹 190 余万发，炸弹 5000 余枚。中国人民志愿军共伤亡 11 500 人，其中阵亡 4838 人，伤 6691 人，共计 1.15 万人，伤亡率在 25% 以上。当时，美国为了击溃中国志愿军而派遣了美 7 师、韩 2 师先后两批军队前往作战，最后却无一例外以失败收场。中国人民志愿军钢铁般的坚强意志与顽强奋战的精神信念消磨了联合军队的战斗意图，最后扭转了白马山战斗后的不利局面，致使联合国军方面损失惨重，在历经了惨烈的牺牲之后，联合国军方面不得不停止进攻以减少损失。敌我双方持续鏖战 43 天，敌我反复争夺阵地达 59 次，我军击退敌人 900 多次冲锋，战役激烈程度前所罕见，特别是炮兵火力密度，堪称"平山填海，斩林断杆"。虽不曾目睹，从影片中观看的场面仍是非常震撼。思及比拍摄更要凶猛激烈的真实战况，令人长嗟慨叹。在这场战役中，中国人民志愿军众志成城，奋勇斗争，顽强拼搏，即便在断水断粮的情况下也绝不对敌人低头，坚定守护己方阵地，绝不放弃任何一寸土地。历经数十天的艰辛奋斗，中国人民志愿军凭借自己强大的毅力和不屈的精神圆满完成了保卫上甘岭的任务。

　　这场战争涉及人数之多、影响之广、波及范围之大同样令人震撼。从政治区域来说，它对中国、朝鲜、美国以及韩国这四个国家日后的成长和发展都有着深远的影响。且上甘岭之战所影响到的领域也非常广泛，涉及经济、文化、社会、军事等方面。从经济层面上来看，这场战争极大地消耗了各参战国的国家金库库存，无论是士兵们的吃喝用度还是军事武器的装备都需要花费不少的资金，而为了进行战争所需要持续投入消耗的资源则更不必多说了。此外，由于各国投入战争的人数庞大，也因此而损失了大量本该促进国家生产力发展的劳动力资源，各参战国的经济发展都受到了各种程度的打击，这对于这些国家战后的重建修整都有所不利。从文化层面上来看，战争爆发的朝鲜半岛南部由于遭受到强大凶悍敌人和激烈集中火力的袭击，历史文物大都惨遭破坏，给朝鲜的文化传承带来了不小的冲击。从社会层面上来看，上甘岭战役对朝鲜和韩国两国的社会影响是巨大的。由于战役在朝鲜半岛进行，因而位于朝鲜半岛的朝鲜和韩国都受到了直接的影响。虽说这场战役的结果是中国和朝鲜共同取得了胜利，迫使联合国军停止了战争，却也直接导致了韩国和朝鲜的分裂。在这次战斗中，参战国双方的人员都伤亡惨重，因此引发了各国民众的慌乱和不安。从军事层面上来看，上甘岭之战的持续时间很长，且军事武装资源消耗巨大，双方的军队也受到了很大的损害，不利于国家军事力量的稳定发展。

除此之外，这场战役为推动抗美援朝战争走向胜利同样作出了重大贡献，上甘岭战役的重要意义主要体现在三个方面：一是打击联军信心。美韩联军本来的作战计划是要以美国为主导联合各国的联军部队对朝鲜进行袭击，并以此来谋取正面战场胜仗的优势。然而，中国人民解放军坚定的意志和顽强的信念击溃了敌军夺取正面战场的想法，上甘岭战役的胜利也使联军的自信心大为受挫，间接影响了敌军士气，为抗美援朝战争日后的胜利埋下了关键的种子。二是促使志愿军掌握战争主动权。自上甘岭一战取胜之后，从战场形势上面来说，中国志愿军进而巩固并加深了自己在正面战场上的地位。除此之外，战役的胜利在削弱敌方信心的同时也增强了我方军队的信心，强化了战士们守护军事基地的决心。就该意义而言，上甘岭一战促使志愿军获得了战争的主动权，因此也有了更多余力解决其他的问题。三是鼓舞了中国人民。上甘岭战役中中国志愿军可歌可泣的斗争精神和顽强不屈的坚强意志为中国民众所动容，也因此鼓舞了一代代的中华子女。

在那个年代，"上甘岭"精神风靡一时，而拍摄的电影《上甘岭》也为大众所津津乐道，其中所传递出来的民族精神、斗争精神等通过电影以及书籍以口口相传的形式流传了下来，孕育成为源远流长的中华文化，给华夏民族的后代留下了宝贵的精神财富。至今为止，"上甘岭"精神仍旧具有重要的作用，在促进中国新时代现代化事业的建设以及国人精神文化的铸造等方面仍具有深远的影响力。

一个苏醒并站立起来的、敢于为了祖国而顽强抗争的民族是不可战胜的。不论是任何国家，任何民族，任何势力，如若想要通过霸凌手段把他们的意志强加给中国、改变中国的前进方向、阻挠中国人民创造自己美好的生活，中国人民定会为了本民族的光明未来而抗争到底！作为中国人，我们更是要肩负着维护中华民族荣光的使命与职责，把上甘岭精神一直弘扬下去。勤奋学习，努力工作，发挥自己的聪明才智，战胜一切困难，培养一批又一批中国新时代现代化建设的新人，为推动中国走向富强民主文明和谐美丽的现代化中国而奉献自己的一分力量，为中华民族的伟大复兴而努力奋斗！

## 第二节　舍生忘死成义，军魂永铸丰碑

《上甘岭》是一部展现中国人民志愿军奔赴朝鲜战场抗美援朝的时代缩影的经典历史电影，由长春电影制片厂出品，由沙蒙、林杉执导，高保成、徐林格、刘玉茹等主演，于1956年12月1日上映。影片改编自电影文学剧本《二十四天》。

电影通过黑白的屏幕呈现于观众眼前，讲述了抗美援朝时期在上甘岭的战役中，志愿军某部八连在连长张忠发带领下坚守阵地顽强奋战，克服了抗战过程中遇到的一切困难，于坑道内坚持与敌人浴血奋战并在最后获取胜利的抗战故事。但凡是看过《上甘岭》这部电影的观众，想必都会对那一幕幕恍若重现当年战争的场景记忆犹新。电影的拍摄技巧灵活，拍摄手法娴熟，使战争场面达到了真实化与艺术化兼具的效果，随之迸发了《上甘岭》那独有的催人泪下又震撼人心的艺术力量。电影里的情节跌宕起伏，既扣人心弦又让人为之动容，敌我两方所形成力量悬殊的军事力量让观众揪心不已，可中国人民志愿军比联合国军不知道强多少倍的凝聚力却又让我们倍感振奋。

影片中，八连整个团队勇敢承担起了指挥下达的命令，与实力并不对等的敌人坚强抗争。即便在斗争的过程中，八连战士们接连身处险境，英勇的战士们还是体现了他们良好的心理素质和应变能力，通过彼此之间的温暖鼓励与关心顽强地扛过了24天的艰难时光，后终于等到朝鲜人民军队的支援，在中朝两国军队的配合奋战之下，赢得了一场势如破竹的胜利。

从电影《上甘岭》的叙事方式和情节铺写上来看，个人英雄主义在通篇中都是不存在的。这部影片当中没有一位主人公，不像其他抗战影片一样刻意地塑造一位民族英雄，而是以整个

中国人民志愿军的视角酣畅淋漓地描摹了那一场战役，体现了军队上下团结一心的精神品质以及每位战士顽强奋斗的英勇气概。

除此之外，战斗之中的几个小细节也显现出了中国人民解放军战士们的智慧，工笔叙事则使电影的情节又增添了几分真实。电影中战士们面临的现实与战斗环境都是艰难困苦的，却处处不乏乐观与幽默，让观众在观看过程中反而体会到了积极向上勇于奋斗的"上甘岭"精神。

随着电影情节的推进，敌我双方的战争形势愈趋紧张，联合国军开始在我军狭小的阵地上投放大量炮弹，且对中国军队后方的运输线路展开了严密的封锁。考虑到战局态势，我方军队不得不从主动转化为被动防守的状态。再跟随拍摄画面遥望，两个山头前边的主峰阵地也随之陷入了危急的状态之下。在主峰上，中国人民志愿军某部七连遭受到了敌人惨绝人寰的攻击侵略，全员伤亡惨重，整个队伍几近全军覆没。在这种危急的情况下，志愿军某部八连连长张忠发奉命执行主峰阵地的坚守任务，与他的队员战士们一同冲锋上了弥漫着一片硝烟的主峰阵地。在那里，张忠发发现七连的战士绝大多数已倒地不起，死的死，伤的伤，只剩下瞎了一只眼睛的七连指导员还坚守在自己的岗位之上，用尽全身力气匍匐于石崖中指挥队伍的战斗。这一幕场景令观众心酸、难过，却又不得不为志愿军战士们肃然起敬，为他们而感到深深的自豪。在接手了坚守阵地的任务之后，七连长握着八连长的手，颤抖地说："这块阵地，长500英尺，宽不到300英尺，此刻一寸不失，我将它交给你们了。"八连全员带着这份沉重的任务整装待发，随时准备开始一场艰苦卓绝的奋战。

师部传来指令让八连坚守阵地24小时，用这一天的时间来作为缓冲，预留足够的时间来等待后方部队的支援。而现实冰冷且残酷，在仅仅一个上午的时间中，联合国军的军队就对主峰阵地这片小小的区域展开了23次疯狂攻击，八连的士兵们势单力薄招架不住，以致死伤惨重。此时，师指挥所察觉到了敌军调动更多士兵攻略该地的企图，不得已之下只能舍弃阵地的表面，指挥八连部队暂且退避到坑道之处。

隔天，联合国军继一举攻下两个山头阵地之后又开启了对五圣山大规模的袭击。为了应付敌军的进攻，连长张忠发派遣八连的士兵配合其他退入坑道部队主动出击，击退了进攻夺取五圣山的大批敌人。而与此同时，在经过了充分的讨论之后师指挥部采取了明智的决策，放弃了对这两个山头表面阵地的抢夺，并发出指令让前面的坑道部队拖延敌人的进犯，以困住敌人好争取足够时间让后部支援队补给上来。看似短暂的24天里，在作战过程中八连的队伍却遭遇到了无法想象的困难。队员的数量逐渐减少，而带来的干粮也逐渐支撑不起军队的行动，不仅仅要打败眼前的敌人，随着食物与药物资源的逐渐耗尽，八连的战士们还要与生存做艰难的对抗。除此之外，等待着战士们的只有意想不到的更多困难，八连战士与后方的联系被切除，战士们面临着严重缺水的窘境，供给补给的队员又在行进路上惨遭牺牲。在异常艰难的条件环境之下，八连战士们唯一能做的就是彼此之间相互打气鼓劲，哪怕吊着一口气也要坚持着，互相配合抗击联合国军不间断的攻击与侵袭，在这种艰难困苦的境地奇迹般地坚持了24天之久，给大后方的进攻做了充足的筹备。

熬过了最艰难的时刻，便迎来了彻彻底底打反击的时候了。张忠发率领着八连兄弟们一同冲进了敌人的阵地里，与大部队之间相互协作，一同歼灭了敌方部队，取得了上甘岭之战的最终胜利。

影片最后，八连连长将阵地交到上级手中时说："这块阵地，长500公尺，宽不到300公尺，此刻一寸不少的，我将它交给你们了。"同样的话语，第一次是寄托，第二次是交代，这充分体现了我志愿军坚守阵地，绝不退缩，坚决完成任务的信心。

上甘岭战役从根本上改变了朝鲜战争的局面，这一战之后，美国军队不得不重新考虑停战的决议，最终在停战协定上签了字，宣告了这场战争里美韩双方以失败告终。

上甘岭战役抵挡了以美国为主导的联合国军对鸭绿江的进攻，激励了解放军战士们的士气，打击了侵略者的嚣张气焰，让美国不可战胜的神话随之破灭，让中国在世界的舞台上展露了头角。它为朝鲜战场的全面停战确立了基调，这无论是对于中国还是朝鲜的发展与进步而言都有着深刻的意义。

在此次战役中，可爱的志愿军们不顾牺牲奋勇抗争的伟大精神让我们敬佩不已，而他们众志成城齐心协力的美好品质也值得我们学习。通过影片我们深深地记住了这样一个事实，正是英勇顽强的志愿军用这种可歌可泣的精神品质打退了不可一世的侵略者，也正是由此志愿军们铸造出了深为国人所感动和震撼的上甘岭精神。

从电影的情节和场景中，观众深切地体会到了志愿军的艰难与不易，却也因此而更加敬佩这些可爱的人们。电影中，一位战士在混乱的战争场面中不幸中弹，可他却没有立刻倒下，而是用尽全身力气喊出了这样一句话："指导员，你们不用管我，你们一定保住我们八连的荣誉！"与此同时，这一幕并没有配合此景此情通过背景音乐或定格镜头来刻意渲染出一份悲壮的抗战画面，也没有为使观众落泪而强加煽情。即便如此，这样的镜头却更让人为之感动，那位平凡而伟大的战士就是在抗美援朝战争中无数前仆后继的志愿军当中的一员，战争是真实的、残酷的，在他们光荣牺牲的一刻，战争还在继续，时间不会为他们停下，战友们也来不及为他们悲伤，因为他们还需要继续奋战、继续抵抗，战胜敌人，才能让身边的兄弟牺牲得有价值。正是因为如此，更能体现出这些可爱的志愿军们伟大的精神品质，哪怕没有掌声与鲜花，他们也愿意为了祖国的未来而奉献出自己的一切，而这一切全都是源于他们对祖国对民族对人民深切真挚的热爱。

电影中其中一个让人印象深刻的桥段是在坑道上八连战士为了抗战而顽强求取生存的那一幕。在上甘岭的坑道上面，由于联合国军的封锁，八连战士们面临了粮食断绝的艰难处境。为了支持连里的资源补充，一批又一批的战士下山去抢水去搜集粮食，但成功的士兵却少之又少，大多数的士兵不是在出去就是在返回的途中就被敌军发现而牺牲。而当有一位队员成功翻越这数座大山历经险路将两个苹果带到连长面前的时候，连长却义不容辞地将这两个苹果塞给了作出重大贡献的卫生员，卫生员在接下苹果之后又马上把苹果传给了重伤人员……就这样，这两个苹果在坑道里被八连的队员们传来传去，最后还是完整无损地交到了连长的手中。

在电影接近尾声时，为了损坏敌人盘踞在山头的枪炮台，让后方的战士们能够成功夺回山头阵地，通信员小杨不惜一切代价保护士兵们的安全，将自己的身体堵在插入炸弹的洞口上阻止炮弹的袭击，甘愿以自己年轻的生命作为代价来换取战役的胜利。不仅仅是小杨，在抗美援朝战争中还有无数个像小杨一样的战士们为了促成战争的胜利而付出了生命的代价。八连战士们这种舍己为人、团结友爱、无私奉献的精神让人们深受感触，"传递苹果"和"堵住洞口"的画面也深深地烙印在观众的脑海里，激励我们向这些可爱的战士们学习，鼓舞我们始终心系国家，为中华崛起而奋斗。

虽然上甘岭战役早已过去将近 70 年，但银幕上那感人肺腑的画面，耳畔那高亢昂扬的战歌仍能带着我们重温那个令人刻骨铭心的场景与那段可歌可泣的历史。在抗美援朝战争当中，总计有 197 653 名英雄战士牺牲，全体战士历经了时长两年零九个月的奋战。血的教训教会我们强大与屹立，今天，社会主义中国巍然屹立于世界东方，没有任何力量能够撼动我们伟大祖国的地位，没有任何力量能够阻挡中国人民和中华民族的前进步伐。在当下，我们要永远铭记革命先辈们的伟大贡献，我们要铭记历史，勿忘中国成立之初所经历的艰辛，继承发扬革命先辈们的奋战坚守精神，为中国更美好的未来而继续努力。

或许今天的我们不用再走上战场，但是我们要不断充实和培养自己，为祖国的发展贡献自己的力量，用实际行动回报革命先辈们用生命换来的和平昌盛。

彭德怀元帅在朝鲜战争结束后说了一句极富象征意义的话："帝国主义在东方海岸上架起几尊大炮就可以征服一个国家的时代已经过去了。"帝国主义时代的湮灭是因为千千万万个像上甘岭战争中可爱的战士们一样的志愿军在为此奋斗！上甘岭战役不仅确立了朝韩的南疆北界，还赢来了东亚地区几十年来的和平。在此次战役中，中国的志愿军里涌现出了无数的英雄战士，他们奋勇拼搏的英雄事迹为世人们所称颂和赞扬，也因此而铸造成了可歌可泣的上甘岭精神，为中华民族自古以来拥有的优秀精神文化又增添了浓重靓丽的一笔。

上甘岭的胜利所呈现的是我国军人高超的指挥艺术、英勇的战斗作风以及不屈的抗争精神。无论是多么强大的敌人，也无论是多么残酷的战争环境，中国志愿军为了国家而浴血奋战、甘为牺牲、勇于奉献的精神品质都让人钦佩不已。现如今，中国繁荣强盛，我们国人更要铭记前辈们艰苦卓绝的斗争历史，不忘初心，砥砺前行！以抗美援朝涌现出的一批批英雄楷模为榜样，在舒适有利的环境条件下更要严格督促自己积极进取奋斗，为建设现代化的美丽中国贡献出自己的一分力量！

勿忘历史，吾辈自强，你我自应如英雄模范般坚守，如英雄模范般奋斗，无畏而行，排除万难，为实现中华民族伟大复兴的中国梦建设奉献力量！

谁是最可爱的人，是那些为国捐躯的英雄们，是那些英勇抗敌、不畏炮火的志愿军战士们，更是每一位心系国家、为国出力的普通人。

《上甘岭》这部影片诠释了中国那历经上下五千年悠久历史却不会被埋没掩藏，反而在一次次的抗争中而焕然一新的伟大斗争精神：无论环境怎样艰难、条件如何险恶，只要还有一个人，就会继续战斗下去；只要团队还在，战斗就还有希望。就像电影中所说，我们军队的每一名官兵，都懂得为什么而战、为谁而战。就如年轻的通讯员义无反顾以身炸暗堡前对连长喊："连长，让祖国和人民听我们胜利的消息吧。"一支军队的成长壮大，往往靠先进旗帜引领做支撑；一个民族的崛起兴盛，常常以民族精神焕发为先导。而伟大的抗美援朝精神就是这样一种引领中华民族前进的伟大精神。爱国、英勇、牺牲、忠诚、奋斗、担当，这些都是抗美援朝精神的鲜明标签。无数志愿军战士用自己的鲜血和生命，证实了自己对祖国和人民的无限忠诚。杨根思坚守阵地，最后抱着炸药包冲入敌群；黄继光舍身堵枪眼，为部队开辟了胜利的道路；邱少云任凭烈火烧身，严守潜伏纪律，直至生命的最后一刻……他们以勇敢、坚毅、顽强、无畏成为全国人民崇敬、学习的楷模，不愧为中华民族的英雄儿女，不愧为祖国安全和世界和平的坚强卫士，无愧于"最可爱的人"的光荣称号。

## 第三节　人无精神不立，国无精神不强

在几千年的发展中，中华民族形成了以爱国主义为核心的伟大的创造精神、奋斗精神、团结精神、梦想精神，而抗美援朝精神其实就是爱国精神的一个很好的体现。爱国主义是千百年来固定下来的对自己祖国的一种最深厚的感情，爱国主义是烈烈悬空，凝聚团结全党、全军、全国各族人民的伟大旗帜，是我们赢得抗美援朝胜利中取之不尽、用之不竭的力量源泉。抗美援朝精神之所以历久弥新，时隔 70 年仍能熠熠生辉，也是由于这场伟大战争是全国各族人民共同谱写的壮丽凯歌。抗美援朝精神，是我们战胜强大敌人、赢得战争胜利的基本保证，也是我们国家、民族和军队的宝贵精神财富。70 年来，伟大的抗美援朝精神一直激励着中华儿女不畏牺牲，砥砺奋进，创造了一个又一个人间奇迹，谱写了中华民族伟大复兴道路上振奋人心的乐章。

"我们要建设的社会主义现代化强国，不仅要在物质上强，更要在精神上强。" 2020 年伟大的抗疫斗争，见证了中国强大的物质力量和更强大的精神力量。抗美援朝精神是马克思列宁主义、毛泽东思想同正义战争伟大实践相结合的产物。它是人民军队宗旨、本色和作风的体现，是中华民族不畏强暴、敢于斗争的历史传统的弘扬，是中国人民极其宝贵的精神财富。抗美援朝精神始终放射着璀璨的光辉，始终铭刻于精神的丰碑。我们感动于那年那日英雄的情怀与担当，更要从中汲取勇于担当、勇往直前、勇于胜利的力量，用自己的双手把祖国建设得更加

繁荣富强。

今日的中国已然不同于抗美援朝时期。其在经济及军事实力方面发生了翻天覆地的变化，均已走在世界前列。但我们依然要铭记抗美援朝历史，向革命前辈致敬，向革命使命致敬，向革命精神致敬！努力发扬革命前辈在战争中所展现出的伟大爱国主义精神、伟大革命精神和国际主义精神，在继承和弘扬抗美援朝精神中汇聚民族力量、锻造民族血性、激发民族智慧。

正如习近平总书记在纪念大会上所言："中国人民已经组织起来了，是惹不得的。如果惹翻了，是不好办的！"强大的祖国给予我们面向未来、发展自我的底气和信心，而作为中华民族中的一员，我们也应努力学习和弘扬伟大的抗美援朝精神，以更加坚定自信的态度，积极的心态迎接光明的未来。

我们之所以纪念抗美援朝战争，目的不是延续对抗与挑起敌对情绪，而是为了更好汲取历史经验，获取精神力量，以为更好地共创和平未来添柴加薪。2010 年 10 月 25 日，习近平总书记在纪念中国人民志愿军抗美援朝出国作战 60 周年座谈会上说道："纪念抗美援朝战争胜利，就是要大力弘扬抗美援朝精神，为坚持和发展中国特色社会主义提供强大精神动力。抗美援朝战争是对新中国凝聚力和战斗力的严峻考验。伟大的抗美援朝精神是全国各族人民同仇敌忾、克敌制胜的强大精神力量。"2020 年 10 月 19 日，习近平总书记在参观"铭记伟大胜利捍卫和平正义——纪念中国人民志愿军抗美援朝出国作战 70 周年主题展览"时亦强调："抗美援朝战争锻造形成的伟大抗美援朝精神，是弥足珍贵的精神财富，必将激励中国人民和中华民族克服一切艰难险阻、战胜一切强大敌人。"这表明了我们纪念抗美援朝战争的初心未变——和平一直是我们的追求。

2020 年是中国人民志愿军抗美援朝出国作战 70 周年，也是

"两个一百年"奋斗目标的历史交汇点。重温中国人民志愿军建立的不朽历史功勋，致敬谱写了气壮山河英雄赞歌、创造了人类战争史上以弱胜强光辉典范的志愿军将士，大力弘扬伟大的抗美援朝精神，对于激励和动员全党全军全国各族人民在新时代新征程上披荆斩棘、奋勇前进，具有重大意义。

习近平总书记指出："抗美援朝战争的胜利，是正义的胜利、和平的胜利、人民的胜利。"70多年前发生的那场战争，是帝国主义侵略者强加给中国人民的。在美国悍然发动对朝鲜的全面战争，并不顾中国政府多次警告，把战火烧到了新生的中华人民共和国国土之上的危急关头，中国共产党和政府毅然作出抗美援朝、保家卫国的历史性决策，以大无畏的英雄气概果敢承担起保卫家国、保卫和平的历史使命。这是第二次世界大战结束后第一场大规模的国际性局部战争，在极不对称的敌我关系与极为艰难的条件下，英雄的中国人民志愿军高举正义旗帜，同朝鲜人民和军队一道，历经两年零九个月舍生忘死的浴血奋战，赢得了抗美援朝战争伟大胜利。这是保卫和平、反抗侵略的正义之战，弘扬和光大了中国共产党和人民军队的革命精神，进一步锤炼了经过严酷战争洗礼的人民军队，打出了中国的国威和人民军队军威，创造了惊天地、泣鬼神的战争奇迹。这是全国各族人民共同谱写的壮丽凯歌，充分体现了中华民族不畏强暴、维护世界和平的坚定决心和坚强力量，极大提高了我国国际地位，极大鼓舞了全世界被压迫民族和人民争取民族独立和人民解放的正义事业，极大推进了世界和平与人类进步事业。

鉴往事，知来者。抗美援朝战争胜利以来，中国发生了翻天覆地的变化。我们党团结带领全国各族人民发愤图强、艰苦创业，创造了举世瞩目的发展成就，成功开辟了中国特色社会主义道路，中国特色社会主义进入新时代，脱贫攻坚战、全面建成小康社会胜利在望，中华民族伟大复兴迎来了光明前景。

当今世界正经历百年未有之大变局，我国正处于实现中华民族伟大复兴关键时期，党团结带领人民进行具有许多新的带有历史特点的伟大斗争。纪念中国人民志愿军抗美援朝出国作战 70 周年，正是要以发展的思维、长远的眼光来审视历史、观察现实、思考未来，更好地汲取历史经验，从中获得现实和长远的教益，凝聚实现中华民族伟大复兴的强大力量。

抗美援朝战争的正义性是中国人民志愿军的力量源泉及其获得胜利的根本原因。这场正义之战得到全世界爱好和平国家和人民的同情、支持和援助，最终正义之师赢得了战争胜利，打乱了帝国主义扩张势力范围的部署，维护了亚洲以及世界的和平。"我们的事业是正义的。正义的事业是任何敌人也攻不破的。"中国人民热爱和平、珍惜和平，把维护世界和平、反对霸权主义和强权政治作为自己的神圣职责，坚决反对动辄使用武力或以武力威胁处理国际争端，坚决反对打着所谓"民主""自由""人权"等幌子肆意干涉别国内政。前进道路上，我们要坚持中国共产党领导，坚持走中国特色社会主义道路，坚持以人民为中心的发展思想，坚定不移走和平发展道路，站在历史正确一边，站在国际道义一边，为决胜全面建成小康社会、夺取新时代中国特色社会主义伟大胜利、实现中国梦、强军梦不懈奋斗，为维护世界和平、推动构建人类命运共同体作出更大贡献。

习近平总书记指出："抗美援朝战争锻造形成的伟大抗美援朝精神，是弥足珍贵的精神财富，必将激励中国人民和中华民族克服一切艰难险阻、战胜一切强大敌人。"伟大的抗美援朝精神，是中国共产党和人民军队崇高风范的生动写照，是中华民族传统美德和民族品格的集中展示，是以爱国主义为核心的民族精神的具体体现。大步走在前进之路上，我们仍会面临各色的风险挑战，会遇到各色的荆棘坎坷，要学好党史、新中国史、改革开放史、社会主义发展史，大力弘扬伟大的抗美援朝精神，牢记初心使命，坚定必胜信念，发扬斗争精神，增强斗争本领，以压倒一切困难而不为困难所压倒的决心和勇气，向第二个百年奋斗目标进军。

当今世界恰如一盘百年变局与世纪疫情相互叠加而成的险棋，局势的不稳定与不确定两大特征更加突出，更加令人无法忽略。在此背景下，纪念中国人民志愿军抗美援朝出国作战70周年可以向世界表明中国走和平发展道路、维护世界和地区和平稳定、推动构建人类命运共同体的坚定决心；可以推动抗美援朝精神在当代中国以致世界范围内再次得到传播与丰盈，使其获得新的时代内涵，结合时代精神，成为跨越时间长河的精神丰碑；可以警醒世人，对外应如何携手并进共赢"疫魔"大敌，对内应如何团结携手，稳步向前。"以史为鉴、面向未来、珍爱和平、促进友好，应该是我们共同的追求，值得我们共同努力。"今人应让目光穿透历史的云烟，一览史册这本满载往者的巨著，遥望更光明的远方且不忘珍视我们现在来之不易的和平。

感悟抗美援朝精神，奋进新时代、开启新征程，让我们更加紧密地团结在以习近平同志为核心的党中央周围，增强"四个意识"、坚定"四个自信"、做到"两个维护"，万众一心、攻坚克难、风雨无阻向前进。英雄必当长青，历史必将证明，中华民族的团结精神向来不二，中华民族的胸襟宽广，向来博爱，中华民族走向伟大复兴的历史脚步不可阻挡！

第三编

新时代中国故事的传播

## 第十一讲
# 举国同心的抗疫精神
### ——最美逆行者

曾英杰

2019 年 12 月 26 日，湖北省武汉市中西医结合医院发现一例患者胸部 CT 片与其他病毒性肺炎完全不同。很快，类似病患在短时间内大量出现，新华医院呼吸与重症医学科主任张继先果断决定向上级报告。12 月 31 日上午，国家卫健委专家组抵达武汉并展开相关检测核实工作，2020 年 1 月 7 日，实验室检出一种新型冠状病毒，后来这种病毒被世界卫生组织命名为"COVID-19"，具有极强的传染性。病毒突袭而至，疫情来势汹汹，此次疫情不仅成为新中国成立以来我国遭遇的传播速度最快、感染范围最广、防控难度最大的重大突发公共卫生事件，更是百年来全球发生的最严重的传染病大流行，一场没有硝烟的战争就此打响。

"沧海横流方显英雄本色"，在本次抗击新冠病毒疫情过程中，集中爆发出许多时代英模的动人事迹，在感动每一位中国人的同时，也成为我们应当学习的榜样。在他们中有奋战在第一线的医务工作者，有无数来自基层的党员干部，还有更多舍小家为大家的无名英雄；有人组成党员突击队日夜奋战在火神山工地一线，昼夜奋战保证工程如期高质量完成；还有人不辞辛苦走访各大社区，筑牢人民生命健康安全的基层防线……正是因为有这些平凡而伟大的"最美逆行者"，用他们无私奉献的辛勤汗水与不辞辛苦的拼搏精神，铸就了保卫人民身体健康与生命安全的万里长城。

2020年9月17日晚8点，以"小切口、小人物、大情怀、大主题"为创作思路，以"真实、鲜活、温暖"为创作基调，以这场史无前例的疫情防控阻击战为题材的电视剧《最美逆行者》在央视一套播出，该剧七个故事单元《逆行》《别来，无恙》《婆媳战疫》《幸福社区》《一千公里》《了不起的兔子叔叔》《同舟》就是根据全民抗疫中涌现出的那些先进人物和感人事迹改编而成，突出纪实性，贴近生活，独具吸引力和感染力。除了在制作细节上下功夫，该剧还着重赞颂了举国同心、命运与共的伟大抗疫精神。

## 第一节　伟大抗疫精神

2020年9月8日，全国抗击新冠肺炎疫情表彰大会在北京举行，在本次大会中，习近平总书记代表党和国家，对抗击新冠肺炎疫情过程中表现突出的先进个人、先进集体代表给予嘉奖，并授予钟南山"共和国勋章"，张伯礼、张定宇、陈薇"人民英雄"国家荣誉称号，向在抗击疫情中无私奉献的英雄致以崇高敬意。在被授予国家荣誉称号的三位"人民英雄"中，患有渐冻症、步伐略显蹒跚的张定宇格外引人注目。在这次大会上，习近平总书记指出"在这场同严重疫情的殊死较量中，中国人民和中华民族以敢于斗争、敢于胜利的大无畏气概，铸就了生命至上、举国同心、舍生忘死、尊重科学、命运与共的伟大抗疫精神"。而《最美逆行者》正是用电视剧的艺术形式生动诠释了习近平总书记所说的"生命至上、举国同心、舍生忘死、尊重科学、命运与共"的伟大抗疫精神。

正如习近平总书记所指出的："疫情无情人有情。人的生命是最宝贵的，生命只有一次，失去不会再来。在保护人民生命安全面前，我们必须不惜一切代价，我们也能够做到不惜一切代价，因为中国共产党的根本宗旨是全心全意为人民服务，我们的国家是人民当家作主的社会主义国家。"疫情发生后，党和国家高度重视，迅速成立中央应对疫情工作领导小组，派出中央指导组，建立国务院联防联控机制。正是由于党和国家能够本着生命至上的原则，采取的一系列有效措施和手段，才能够在疫情初期有效遏制病毒大面积蔓延，最大限度保护了人民生命安全和身体健康。面对突如其来的严重疫情，全国各条战线的党员群众风雨同舟、众志成城，举全国之力实施规模空前的生命大救援，各地各部门各司其职、协调联动，紧急行动、全力奋战。在党中央"坚定信心、同舟共济、科学防治、精准施策"的总体方针引领下迅速形成统一指挥、全面部署、立体防控的战略布局，各级党委和政府以及全体党员坚决服从中央统一指挥、统一协调、统一调度，19个省区市对口帮扶除武汉以外的16个市州，实现了"全国一盘棋"的统筹规划，从而构筑起疫情防控的坚固防线。最优秀的人员、最急需的资源、最先进的设备千里驰援，在最短时间内实现了医疗资源和物资供应从紧缺向动态平衡的跨越式提升。医院工地的建设者日夜赶工；白衣天使不计安危、冲锋陷阵；防护物资生产商加班生产；人人自觉戴口罩、少出门……从中央到地方、从城市到乡村，从单位到个人，14亿多中华儿女万众一心、同甘共苦、风雨同舟、守望相助、心往一处想、劲往一处使，把个人冷暖、集体荣辱、国家安危融为一体迅速筑起了一条条护佑生命、阻击疫情的牢固防线。长城内外、大江南北，从一线的医护工作者到社区城乡的守护者，每一个人都成了战士。他们中有瞒着做医生的丈夫、"逆行"前往抗疫一线的白衣天使；有正接受治疗却依然忘我工作的医院院长；有全心全意为居民服务的社区医生；有为儿童患者构建"方舟童话"的方舱医院医生；有在最后时刻选择"逆行"留在武汉的婆媳……一个个充满力量与温度的逆行故事，令人动容。

《最美逆行者》题材正是采自这些悲壮的抗疫现实生活，且每个故事的人物大都依据那些鲜活的人物原型加工，第一个故事《逆行》，统领全剧，气势不凡。由陆军医院传染科主任肖宁临危受命奔赴武汉抗疫第一线开篇，引出护士于丽娜、身患渐冻症的院长、离异了的司机李文丽等一群平凡人物，面对"封城"，迎难而上，勇当逆行英雄。好一幅党领导下各条战线的普通群众众志成城、合力抗疫的视听"速写"！接下来的六个故事，角度不一，别致出新，特色取意各有千秋。《婆媳战疫》镜头聚焦于家庭，因为家庭是社会的细胞，家庭既是生活的港湾，也是抗疫的主要战场之一。家庭抗疫往往是整个社会抗疫的真实缩影，在同一屋檐下，杨素素与婆婆在如何培养教育孩子的问题上发生冲突，未及调解就碰到了突如其来的新冠肺炎疫情。《幸福社区》则把镜头从聚焦于一个家庭延伸扩大到一个社区的几个家庭。几个不同条件的家庭和几组人物的不同关系，构成了有趣的戏剧冲突，而冲突的化解则生动地描绘出了一幅社区抗疫卓有成效的幸福蓝图。《别来，无恙》把镜头对准了奋不顾身的援鄂抗疫医疗队的白衣战士和志愿者。岳鲁冰、周星焱和彭帅堪称佼佼者。岳鲁冰大夫的精于专业而又不乏铁骨柔情，周星焱的家国情怀与人性之美，彭帅的倾情奉献与胸怀坦荡，都表现得有滋有味。《一千公里》好似一部精巧的"公路片"，为全剧增添了一条"一方有难，八方支援"、从广州到武汉的志愿者货运司机的叙事线索。真实的平凡小事把观众带进了他们不平凡的精神境界，映照出中华民族命运共同体的伟大人间情怀。《了不起的兔子叔叔》则令全剧悲中写喜、苦中寻乐，蒙上了活泼灵动的喜剧氛围和浪漫色彩，可谓先抑后扬，昭示抗疫必胜。"大连小哥"涂梓鞘的独特遭遇和漫画才华，都给人们带来了思索和欢笑。最后一个故事《同舟》，以"封仓"结局，与开篇的"逆行"形成首尾呼应，令全剧虽看似短篇，却浑然一体，凸显出共同的主旨：一曲"最美逆行人"的英雄颂歌！

## 第二节　生命不息，救人不止

最让人动容和深刻的就是首播第一单元的《逆行》，剧中的华院长，正是以张定宇院长为原型。他是在抗击新冠肺炎疫情斗争中作出杰出贡献并被授予"人民英雄"国家荣誉称号的武汉金银潭医院院长，也是这些"逆行者"中最具有代表性的一位。剧中由演员王志飞饰演的华院长，在第一集一瘸一拐出场时，网友便纷纷发弹幕表示：这是张院长。当镜头转到演员王志飞背影走路特写时，网友更加确定这就是张定宇院长本人。尽管角色几乎都被防护服覆盖，人们依然从王志飞的身体语言、特别的行走方式、疲惫的姿态，猜出了华院长的原型正是武汉金银潭医院院长张定宇。王志飞"临摹"般的演技，勾起大家对张院长的回忆，当天"华院长原型是张定宇院长"就上了热搜。众所周知，武汉金银潭医院院长张定宇，从疫情暴发开始就坚守一线，即便身患渐冻症也依然坚持在抗击疫情的战斗中奋战。带领医院干部职工累计救治2800多名新冠肺炎患者，其中不少为重症、危重症患者，为打赢湖北保卫战、武汉保卫战作出了重大贡献。如今，《最美逆行者》的热播，演员王志飞对张院长临摹的还原，再次将张院长的事迹送到了观众的眼前，让很多人对张定宇院长有了更深的了解，也更加肯定张定宇真正民族偶像的身份。《最美逆行者》中演员王志飞除了在身体姿态细节展现上令观众对华院长敬佩，还有多处生活细节，都十分戳心。其中当华院长去医院看望感染疫情的妻子时，身穿防护服、戴口罩，在病床前牵妻子的手，没有一言一语，真情实感的关心都只靠眼睛传递。而后看完妻子，一个人开车回医院时的一场戏，由于不能用手擦，哭的时候王志飞只能用胳膊肘捂嘴痛哭，这是剧中最催泪的部分。还有更多感人的画面。因武汉封闭，交通全面停止，人们自愿请战留下，担负武汉公交运输责任；抓紧建立火神山的建筑工人，也是时时刻刻在抢夺时间，吃饭时间只有 12 分钟，只为快速建立火神山。《最美逆行者》时时刻刻都在戳破观众的泪腺，只看剧就如此揪心，可想而知，现实中真实的故事要比剧中情况更严重，更紧急，更艰苦。

令人欣慰的是，如今通过拍摄《最美逆行者》、通过王志飞饰演华院长，通过一幕幕真实事件的记录，让大家记起了张定宇院长对疫情的贡献，记起了疫情的严重性，记起了这群平凡的英雄。

《最美逆行者》里华院长身上发生的故事都是张定宇院长亲身经历过的，他不顾自己的身体，坚守在岗位上，展现了什么是医者父母心，什么是伟大，什么是英雄。当然，还有许多像张定宇院长这种不畏艰险、勇往直前的医护人员，他们都是最美的逆行者。张定宇院长在抗疫表彰会上步履蹒跚去接受勋章的一幕依然能够让所有人为之感动。作为"伟大抗疫精神"的杰出实践者，张定宇之所以能够获得"人民英雄"的最高荣誉，不仅是因为其恰逢其会，在武汉抗疫保卫战中身为院长能够身先士卒，带领金银潭全体医护人员为保护人民群众身体健康和生命安全作出了不朽的贡献，更是源自于其作为一名模范党员长期以来几十年如一日的尽职尽责、努力付出。

张定宇，1963年12月出生于湖北省武汉市，其祖籍河南驻马店市确山县（与著名抗日英雄杨靖宇是同乡），父亲张凤林是一位普通的农民，革命战争年代被国民党抓壮丁，经历过九死一生的战争，最终在武汉扎下根。张定宇自幼非常聪慧，成绩在班里名列前茅。父亲从小对张定宇寄予厚望，要求张定宇"在家尽孝，在外尽忠"，要对家庭尽责任，对社会有担当。由于小时候母亲咳血厉害，父亲盼望其学医照顾母亲，所以张定宇自小就对医学产生了浓厚的兴趣。1981年，18岁的张定宇以优异的成绩考入华中科技大学同济医学院医疗系。但在大学期间，青年张定宇却受到了命运接二连三的打击，先是在大三那年，从小和他一起长大的哥哥因为患尿毒症在张定宇面前去世，后来在快大学毕业时，张定宇的父亲又因为食管癌肝转移永远离开了他。目睹哥哥和父亲鲜活的生命在眼前消失，亲人离世的痛苦几乎要把张定宇击倒，但最终张定宇选择了坚强。正是因为有了这些经历让张定宇对生命保持着一份敬畏和尊重，更让他进一步坚定了济世救人的医者初心，立志要用医学知识帮助更多人，在奋斗和奉献中实现人生价值。正如张定宇后来回忆时所说的："我们在一生当中会遇到很多事情，这种创伤会摧残我们，也会激发我们，我能做的就是尽可能救更多病人，让更多家庭免受自己当时的痛苦。"

1986年，毕业后的张定宇在武汉市第四医院麻醉科担任住院医师，正式踏上了悬壶济世的从医之路。从医期间，这个个头不高、浓眉大眼、身材清瘦、医术精湛的青年人风风火火的说话办事风格与严肃认真从不服输的精神，给所有同事都留下了深刻的印象。由于其出色的表现，使他成为组织重点培养对象，很快就由主治医师提升为副主任医师。1997年，为响应国家号召，张定宇报名参加了湖北援非医疗队，经过六个月的培训，同年12月张定宇毅然告别妻子，随中国医疗队出征位于非洲西北的阿尔及利亚，其时两人的女儿年仅3岁。在阿尔及利亚条件艰苦的异国他乡，张定宇一待就是两年，为解决当地缺医少药的问题贡献自己的青春和力量。1999年，回国后的张定宇担任武汉市第四医院（当时名为普爱医院）医务处副主任，两年间异国他乡的锻炼，不仅让张定宇积累了丰富的临床经验，也让他意志更加坚定。2003年，由于张定宇出色的表现，其被提拔担任武汉市第四医院院长助理，并担任下属分院的负责人。其年正值非典型性肺炎（SARS）疫情肆虐全国，张定宇展开了社区的防控工作，并在疫情面前"火线入党"，当时是党委书记单独给他举办的入党宣誓，他也非常珍视这份记忆。

从2002年9月到2005年底，张定宇在工作之余，在母校华中科技大学同济医学院继续深造，师从我国著名麻醉学家、原卫生部突出贡献专家、享受国务院特殊津贴华中科技大学同济医学院附属协和医院麻醉与危重病研究所所长姚尚龙教授，攻读麻醉学专业在职博士研究生，最终获医学博士学位。作为医疗专家，姚尚龙教授又被称为"扶贫铁人"，其从1998年起，开始医疗帮扶，持之以恒，足迹遍及祖国边陲及内地大部分贫困地区。姚教授与张定宇亦师亦友，张定宇高度的社会责任感与姚教授堪称"一脉相承"。2008年5月14日，四川汶川大地震第三天，姚尚龙与张定宇师徒二人并肩出征，带领湖北省第三医疗队赶赴重灾区什邡市全力抢救伤员，共同书写了中国医疗史上一段佳话。由于在汶川地震救灾过程中的出色表现，张定宇也被湖北省卫生厅授予"抗震救灾医药卫生先进个人"荣誉称号。

2006 年，张定宇升为主任医师，次年又被提拔为武汉市普爱医院副院长、党委委员。2010 年，张定宇加入国际医疗人道救援组织"无国界医生"，成为全国第二位、湖北省第一位"无国界医生"。同年 12 月，巴基斯坦国内发生严重暴乱，张定宇以一名中国医生的身份，前往时局动荡的巴基斯坦西北边境小镇蒂默加拉，参与"无国界医生"在当地的人道救援工作。国际救援的日子，医生 24 小时待命，哪里有病人，哪里就是他的战场，只要急诊科、手术室、病房打来的电话铃一响，哪怕夜半三更，也要立即上手术台：2010 年平安夜，他从死神手里夺回腹腔被洞穿的枪伤少年；2011 年除夕夜，他为一名子宫破裂的出血产妇做接生手术，最终母子平安……无数次午夜梦回，那些划破城市的枪声和爆炸声，以及手术台上的生死救援，最终一幕幕定格，成为张定宇和他乡人民永不忘却的生命记忆。后来张定宇回忆说："在这里，你离死亡和伤痛更近，便会对生命产生不一样的敬畏和珍惜……我也一刻不曾忘记，我是中国医生，一言一行都要为祖国增光。"

2012 年，回国后的张定宇曾短暂担任武汉市血液中心主任、党委副书记。次年在组织的安排下，张定宇接手了在原武汉市传染病医院、武汉市结核病医院等三家具有传染病业务的医疗单位基础上合并成立不久的金银潭医院，担任医院院长兼党委副书记。这所年轻的医院业务主要定位为传染病治疗，与许多综合型医院相比非常单调。但张定宇却没有灰心，别人不知道，因为当年哥哥的早逝，他与传染病一直较着劲呢。面对当时医院不景气的状况，他开始尝试各种探索、多方突破，在原有基础上加强管理、全面提升、重点突破，最终在专科医院、综合医院、创伤中心等诸多发展路径中，明确了"立足传染病业务"

的清晰思路和"大专科，小综合"的办院理念，首先经过多方努力，带领医院把艾滋病防控工作争取回来，进一步确立了金银潭医院在区域传染病界的影响和地位。

随着张定宇年近六十，本来在他的计划中，想要就这样再干几年，光荣退休，享受生活，无悔无憾，此生足矣。但万万没有想到，2017年一场突如其来的变故打乱了他的生活。早在几年前，张定宇就感觉膝关节总是痛，在家里走路腿抬不起来，但一开始他以为自己不过是劳累过度，起先并没有在意。2017年上半年，张定宇随武汉市卫健委赴外地出差，被当地专家发现腿有异样，随后返回武汉后经过一系列复杂的检查，2018年10月，张定宇被正式确诊患有渐冻症。所谓渐冻症，医学学名为"肌萎缩性侧索硬化症"，是一种严重的运动神经元疾病，由于该病目前尚无特效药物，因此与癌症、艾滋病等疾病被列为世界五大顽疾。大多数患者一旦患上此病，短则几个月，长则3年至5年，全身肌肉将逐渐萎缩瘫痪，逐渐失去自我照顾的能力，在后期会导致语音功能下降、吞咽和呼吸困难，直到呼吸衰竭和死亡。显然，对于本打算发挥余热，在退休之前再做出一番作为的张定宇来说，留给他的时间不多了。

但是，听到确诊渐冻症的晴天霹雳之后，这位在医疗战线上奋斗一生，大大小小身经百战，见惯人间生离死别的硬汉并没有被病魔吓倒，更没有因此心灰意冷、自暴自弃。确诊后，随着腿部肌肉的不断萎缩，张定宇的脚小了，原来穿的41码的鞋大了，大腿小腿越来越细，两边的臀大肌凹陷了很多，走路也变得越来越吃力，一瘸一拐的跛行成了常态。后来每天晚上张定宇都会抽筋，剧烈的疼痛感使他不得不起来用体重压住，有时甚至只有用热水热敷才能缓解。此时张定宇的味觉也开始逐渐消失，吃什么都如同嚼蜡。看到丈夫痛苦的样子，妻子程琳每天都会以泪洗面，但是病痛并没有压垮张定宇坚定的意志，他不但坦然面对生与死的考验，同时还下定决心："人总得要有点追求，总得要做一点为人民的事情，我就这几年，我能多做一点就尽可能多做一点。"

为了不影响日常工作，张定宇起先向除了自己的搭档——医院党委书记王先广之外身边所有的同事隐瞒了自己的病情（直到"武汉保卫战"结束后，由于医院要接待很多专家和领导，他担心行走的不礼貌会影响对方，才选择将自己的病情向社会公开），他每天强忍剧痛拖着沉重的病体，照常处理医院大大小小各方面工作，并没有任何的耽搁与松懈。正如张定宇后来在回到母校华中科技大学的一次演讲中所说的那样："如果你的生命开始倒计时，就会拼了命去争分夺秒做一些事，现在不歇，在漫长的以后，我会一直歇着，很久很久。歇不住，又何尝不是一种幸福？……生命留给我的时间不多了，但我必须跑得更快，才能跑赢时间，把重要的事情做完；我必须跑得更快，才能从病毒手里抢回更多病人；我必须跑得更快，才能帮助到更多家庭。希望用自己的微弱之光，疗愈这世间的伤痛。"正如一句谚语所说：我们无法丈量自己生命的长度，但可以拓展它的宽度或厚度。张定宇用自己有限的生命，全情地投入呵护他人生命的事业，完美地践行了"生命不息，救人不止"的医者天职，他的这种精神成为无数医务工作者的信念来源与动力。

## 第三节　仁者爱人

张定宇如此不平凡的人生经历，使得他在抗击新冠肺炎疫情过程中的杰出贡献格外令人感动。正如习近平总书记在全国抗击新冠肺炎疫情表彰大会重要讲话中所引用的，"爱人利物之谓仁"。正是在本次抗击新冠肺炎疫情的生死考验关头，最能够体现出张定宇仁者爱人的医者之心。

2019年12月27日傍晚，57岁的张定宇刚刚结束了应对冬季甲型流感"抗争"，还来不及稍微休息一下，便接到副院长黄朝林的电话，汇报一位由武汉市中心医院转诊到金银潭医院的病人情况。根据第三方基因检测公司检测的初步结果，该病人所感染的病毒"疑似一种新型传染病"，职业的敏感让张定宇第一时间判断，这不是普通的传染病，当即决定安排医院带车接人。虽然最后由于患者本人忌讳与传染病扯上关系的原因，最终该病人转院了，但多年从事传染病防治，有丰富经验的张定宇隐约意识到：考验来临了。

接下来的两天中，陆续有7名来自华南海鲜市场附近、表现出不明肺炎症状的患者转入金银潭医院。他果断安排将病人集中到隔离病房，并采集了7名病人的支气管肺泡灌洗液，送往中科院武汉病毒研究所进行检测，很快科学家团队从分离样本中确认，这是一种前所未见的新型冠状病毒，目前没有疫苗，也没有特效药。2020年1月18日，钟南山院士领衔的专家团队正式确认病毒的"人传人"现象，1月25日（农历新年第一天），习近平总书记主持召开中央政治局常委会会议，专门听取新型冠状病毒感染的肺炎疫情防控工作汇报，提出了"坚定信心、同舟共济、科学防治、精准施策"的16字方针。其时，武汉汉口地区的疫情传播情况已经相当严重。短时间内，大量病人蜂拥而至，截至2月10日，金银潭医院已累计收治了1700余名病人。

作为收治病人最早、最重、最多的医院，金银潭医院一开始面临的问题是医疗资源紧张、人员不够。为了能让更多的患者有可以医治的条件，张定宇与医院党委书记王先广带领全院

600 多名医护人员取消假期连夜奋战，紧急采购呼吸机、监护仪、输液泵、除颤和复苏设备等，将肝炎、结核等其他专业病区一个个清理出来，开始接收新冠肺炎病人，并将大量普通病房改造成 ICU。作为医院领头人，身兼共产党员、院长、医生三重身份的张定宇不辞劳苦、夙兴夜寐，不分白天黑夜协调各项工作，处理各种突发状况，听汇报、看报告，了解确诊病例、重症人数、救治进展……他跛着脚艰难地奔跑在病区之间，期间吃住都在医院，往往凌晨 2 点刚躺下，4 点就得爬起来，从早到晚工作电话接个不停，需要解决的问题千头万绪。正如张定宇后来回忆："我做医生、做医院的管理者，无论哪个身份，在这非常时期、危急时刻，都没理由退半步，必须坚决顶上去！至少这个关口我没松掉。你要守土有责，每一件事情都要守土有责。"

在与病魔较量的紧急关头，张定宇丰富的临床经验再次发挥了重要作用，在一次查房过程中，张定宇猛然发现一个问题：之前医院实行病人自费用餐，不仅难以保证病人康复所需营养，更可能由于剩饭剩菜处理不当造成交叉感染，给院内防疫造成巨大隐患。他马上提出"特殊时期，不算小账"，下令"即日起所有病员餐饮费用由本院负担，标准与本院干部职工相同。且全部统一送餐，统一保洁"。接下来，在张定宇的指挥下医院紧急招聘多家外部工程队，所有党员、后勤人员全部上前线送餐保洁保卫，聚合所有人力物力用最快速度将全院 21 个病区全部改造完毕、消毒完毕、布置完毕。后来的事实证明，张定宇的这一举措为后面的抗疫战斗赢取了宝贵的时间，如果没有当时的科学指挥，后果将不堪设想。

接下来，在张定宇身先士卒的指挥下，金银潭医院全体员工兵不解甲、马不停蹄，长达 40 多天超负荷运转，包括全国人民万家团圆的大年初一，张定宇和他的战友们却不能停下，依然坚守在抗击疫情最危险的地方。无需请战书、没有豪言壮语，面对凶险的疫情，金银潭医院 257 名党员、833 名干部职工全部挺在急难险重岗位，从未有一人迟疑退缩，更没有人主动提出"下火线"。但不幸的是，尽管已经做到了最大程度的科学防护，由于高强度的持续奋战，金银潭医院依然出现 9 名医护人员感染新冠病毒，其中包括张定宇的得力助手副院长黄朝林，也由于感染新冠病毒而被迫离开了战斗岗位。一时间，压在张定宇肩上的重负更加艰巨。就在这时一个更加严峻的消息突然传来：张定宇 28 年相濡以沫的爱妻程琳，作为武汉市第四医院门诊部护士，在抗击疫情一线战场上也不幸感染新冠病毒，于 1 月 14 日出现低烧症状，开始入院接受隔离治疗。听到妻子确诊的消息，张定宇眼前一黑，瘫倒在地。

尽管牵挂妻子的安危，但作为金银潭医院的总指挥，肩负保护千百患者生命安全的重任，张定宇分身乏术，无法前往探视。此刻心如刀绞、疲惫已极的张定宇别无选择，只有拼命地工作，把所有的措施补防到位，把所有的预案准备到位。此刻他的渐冻症病情更加严重，每次穿脱防护服时都伴随着剧烈的疼痛，他的嗓门越来越大，脚步却越来越迟缓了，特别是他的双腿僵硬，如假肢般不灵活，每次上楼时必须用双手紧握栏杆，有一次，走着走着，他居然趴倒在地，好久站不起来。1 月 24 日除夕之夜，正当张定宇拿起手机，准备与病房里的妻子视频，向此刻身染重病、生死未卜的爱妻说几句暖心的安慰话时，突然电话响了，电话那边传来的是陆军军医大学 150 人医疗队和上海医疗队 136 名医护人员千里驰援，即将进驻金银潭医院的好消息。援军的到来对于人手极度缺乏、人员极度疲惫的金银潭医院来说无疑是雪中送炭，但此时此刻作为医院院长，必须马上布置准备迎接援军进驻。于是，张定宇顾不得与爱妻视频送上节日的祝福，当即挺直身体，急速召集人马再次投入战斗当中。

随着援军的进驻，张定宇终于有了略缓一口气的机会。三天后的晚上 11 点，张定宇终于挤出时间去十多公里外的武汉市第四医院探望住院隔离的妻子，由于两人都很疲惫，这次探视他只待了不到半小时，两人没说太多话，只是离开时叮嘱了下保重。但在驱车回金银潭医院的路上，这位在疫情和病魔面前从未屈服的铮铮铁汉，却忍不住潸然泪下。后来张定宇回忆："我很内疚，作为医生，连自己的家人也无法保护。我更害怕，怕她身体扛不过去，怕失去她。我们结婚 28 年了，和很多担心病人的家属一样，我也只是个普通的丈夫。"幸运的是，1 月 29日，程琳病情获得好转，最终痊愈出院。后来好消息相继传来，包括黄朝林副院长在内的 9 名感染医护人员病情均获得了好转，陆续回归了战斗队伍，最终整个金银潭医院所有医务人员无一人牺牲，让作为院长的张定宇松了一口气。

这个时候，张定宇的渐冻症病情已经非常严重，为了保证不耽误接下来的抗疫工作，张定宇决定主动向同事们公开自己的身体状况。"我想告诉同事，我们是一起在战斗。我们背负很重，只要我们能够把自己扛起来，往极限去伸展，我们肯定还是能做到一些事情。我也在极限，我一直就在极限的边缘工作。"于是在 1 月 28 日全体病区主任例会上，张定宇平静地向各位同事宣布了自己渐冻症的病情，最终他用尽全身力气站起来，一跛一拐地走向前台，双手抱拳深鞠一躬："现在形势万分危急。我们要用自己的生命，保卫武汉，拜托大家了！"看到此情此景，在场所有同事无不动容，泪水模糊了大家的眼睛……

虽然这一阶段医院的燃眉之急有所缓解，但全国疫情紧张的态势依然十分严峻。所以接下来张定宇将工作重点放在了科研攻关，寻找新冠肺炎有效的治疗方法提高治愈率、降低死亡率之上。疫情发生后，科技部紧急启动针对该病毒的应急科研攻关，金银潭医院承担的多个临床研究项目也陆续上马，涵盖优化临床治疗方案、抗病毒药物筛选、激素使用等亟须解决的问题。张定宇当初建造的 GCP 新药平台此时发挥了巨大作用。为了最快掌握和判断新冠病毒传染性和致病性变化规律，需要对死亡病例进行遗体解剖。为了说服患者家属同意捐献遗体，作为医院院长的张定宇耐心地与患者家属沟通，用诚恳的态度打动家属同意签字，通过解剖获得大量宝贵的研究数据，给接下来临床治疗提供有力依据。除此之外，在张定宇的主导下，金银潭医院广泛采取了包括鼻导管氧疗、高流量湿化氧疗、无创通气治疗、气管插管呼吸机辅助通气等多种治疗方法，尤其是大胆地打破常规，在传统疗法提出了血浆疗法。张定宇的妻子程琳康复后，经过身体检查，符合捐献血浆的条件。2 月中旬，她来到丈夫所在的金银潭医院，捐献 400 毫升血浆。在全院上下共同努力下，这些新的疗法手段取得了明显的成效，后来国家卫生健康委员会印发的《新型冠状病毒肺炎诊疗方案（试行第六版）》增加了"康复者血浆治疗"一项，体现了以张定宇为代表的科研人员在抗击疫情面前作出的杰出贡献。

进入 2020 年 2 月下旬之后，武汉与全国的疫情形势终于有了明显的好转，2 月 21 日，金银潭医院收治患者 13 人，出院 56 人。出院人数首次超过入院人数。一场大战，正在收兵，经过三个多月的不懈努力，张定宇和他的战友用最大努力和最小牺牲，为保护这座城市尽了全力，截至战"疫"尾声，金银潭医院的 820 张病床，累计收治 2220 名新冠肺炎患者，其中大多数为危重症患者，堪称医学史上的奇迹。为抗击疫情无私奉献的张定宇，终于可以稍事休息。在抗击疫情过程中可歌可泣的英勇表现，让这位"铁人院长"赢得了"中国医师奖""全国优秀共产党员""非凡医者"荣誉奖杯、感动中国2020年度人物等一系列荣誉，其在全国抗击新冠肺炎疫情表彰大会上被授予"人民英雄"国家荣誉称号时蹒跚的步履更是让全体中华儿女为之动容。但在张定宇心里，这一系列的荣誉称号不是授予他个人的，而是授予抗疫前线所有基层医务工作者的。正如张定宇之后所说的那样："我从没想过做英雄。是所有人一起作出了牺牲与贡献，而我仅仅是他们中的一分子……我的生命早已不仅仅属于我自己，它属于英雄的中国人民！"

正如孔子所说"知者不惑，仁者不忧，勇者不惧"，作为一个侠骨仁心的医者，张定宇用渐冻的生命阻击疫情，托起民族的信心与希望的英雄事迹，正是习近平总书记总结的"伟大抗疫精神"最完美的诠释：他为了保护人民群众生命安全夙兴夜寐，与病毒鏖战、与死神较量、与时间赛跑，深刻体现了"生命至上"的理念；他在疫情中与全院医护人员齐心协力，始终坚守在急难险重岗位上，以实际行动书写了对党和人民的忠诚，生动展示了"举国同心"的力量；他在危难关头不顾自己身患渐冻症的病情，舍小家为大家，恪尽职守、救死扶伤，与死神竞速，全面彰显了"舍生忘死"的内涵；他面对突如其来的疫情，大胆尝试创新疗法，不断钻研医疗技术，用精湛的医术拯救了一个个宝贵的生命，着重突出了尊重科学的价值；他青年时代作为"无国界医生"披甲出征援助他国，疫情暴发后与世界各国广泛交流，寻找解决世界抗疫有效手段的实践，也充分证明了"命运与共"的意义。同时，正如习近平总书记所说的"关键时刻冲得上去、危难关头豁得出来，才是真正的共产党人"，张定宇也用实际行动践行了作为共产党员"不忘初心、牢记使命"的责任担当，向世人证明了谁才是这个时代最可爱的人。

"沧海横流方显英雄本色"，在本次抗击新冠病毒疫情过程中，除了张定宇还集中爆发出许多时代英模的动人事迹。例如，84岁的钟南山院士再次临危受命，出任国家卫生健康委员会高级别专家组组长，义无反顾地赶往防疫最前线；再如，70多岁的李兰娟院士忙碌在武汉抗疫一线，每天只睡3小时；更有介入中西医治疗的张伯礼院士，研发疫苗白了头发的陈薇院士……还有千千万万的医护人员、党员干部、军人警察等舍小家为大家的"最美逆行者"们。

《最美逆行者》作为一部以这些真实个人、真实故事为题材的电影，故事情节虽然相对简单，但呈现了无数让人感动的场面，它呈现给广大观众的正是普通人在平凡的工作岗位上，做出不平凡的事业。当人民的生命安全遇到威胁之时，祖国总是会第一时间采取果断措施，保护广大人民的生命安全。本片中武汉发生新冠肺炎疫情之时，不到两天的时间内全国各地医疗团队驰援武汉。全国各族人民团结一心，共同抗击疫情，充分展现了危难时刻中华儿女的凝聚力和一方有难、八方支援的优良传统。我们在本片中可以深深感受到医护人员的不容易和伟大。感受到医护人员在平凡的工作岗位上作出了不平凡的成就。医护人员以救死扶伤作为自己的天职。生命对我们每一个人来说都是最宝贵的。请珍惜健康平安的美好时光，请珍惜身边的每一个人，好好珍惜每一份缘分，履行好国家民族的责任和义务。

# 第十二讲
# 不忘初心的坚守
## ——《人民的名义》

袁文丽

　　不忘初心，就是坚持全心全意为人民服务的宗旨。为人民服务是中国共产党的根本宗旨和基本价值追求，是习近平新时代中国特色社会主义思想的真理内核，是社会主义的现代主旋律精神。主旋律电视剧是意识形态表现之一，意识形态可以通过主旋律电视剧来表达。主旋律电视剧在进行意识形态表达时，将理性的意识形态逻辑与电视剧的艺术特性相融合，通过独特的叙事策略、典型人物形象的塑造、丰富的视听语言等，将剧中所要表达的国家意识形态与社会主义核心价值观和受众的审美趣味与心理需求相结合，在潜移默化中影响受众的价值判断和行为选择。2017 年，一部被称为"现象级"的主旋律电视剧《人民的名义》热播，掀起了全民观剧高潮，其口碑与收视率均居高不下，打破了以往主旋律电视剧"刻板""说教""不好看"的局面，充分发挥了影视艺术作品潜移默化、润物细无声的作用，大力营造了风清气正的社会环境，是推进廉政文化建设的有效方式和强大载体，通过用文艺来记录时代和表现现实的方式，诠释了国家反腐倡廉政策，展示了党和国家"刮骨疗毒、壮士断腕"的反腐决心。

# 第一节 为人民服务的红线

2017 年 3 月，湖南卫视播出了由李路执导、周梅森编剧的"主旋律"电视剧《人民的名义》，根据周梅森同名小说改编，由最高人民检察院牵头立项、民营影视公司投资、老中青实力演员联袂打造。该剧开播当日收视率便达 1.5，最后以破 8 的超高收视率收官，成为近年来收视率最高的国产电视剧，被认为是近年来我国反腐题材电视剧中的"现象级"力作。

该剧成功热播的一个主要原因就在于主题题材方面的独特性，以及这一主题与国家政策和公众意识的高度契合性。2017 年《人民的名义》热播及其带来的超高话题度，折射的是党的十八大后，党中央对反腐倡廉建设高度重视的政策信号。剧中的腐败官员不仅牵涉到副国级领导干部，甚至还涉及了信访、强拆导致的群体事件等敏感话题，被誉为"史上尺度最大"的国产电视剧，这样大尺度的反腐剧能播出来并引发受众的讨论热度，反映了政府的反腐决心和反腐自信，又表现了民众对党中央的政治期待和对其现实作为的高度肯定。总制片人、导演李路在接受采访时也表示："本剧的力度、布局之大，前所未有。电视剧能拍到这个尺度，是国家反腐力度使然。"作为《人民的名义》剧本的顾问，中央宣传部原副部长、中国作家协会原党组原书记、副主席翟泰丰在谈到这部作品受到欢迎时则说：一是人民需要这样的作品，作家讲出了人民的心里话；二是狠狠鞭挞贪腐，深刻揭露了从基层至副国级贪腐分子所编织的层层贪腐网；三是始终歌颂了党中央强大的反腐力度。

《人民的名义》题为"人民的名义"，意味颇深。一方面，

"人民的名义"通过那些肩担正义的"人民的公仆"，坚定捍卫人民利益和国家利益，坚决维护法律的尊严，宣扬的是一种坚定的信仰，即永远站在人民的立场上，为人民服务的精神；另一方面，旨在揭露那些打着"人民的名义"的幌子谋取私利的贪污不法分子，从而净化政治生态、弘扬正气、惩治腐败、维护人民权益。总之，《人民的名义》从两个层面贯穿和诠释了为人民服务的"红线"思想，它既是党和国家的根本宗旨，也是一条不可逾越的道德纪律的警戒线。

作为中国共产党根本宗旨和初心使命的体现，"为人民服务"像一根红线贯穿我们党百年的历史，激励一代代中国共产党人前赴后继、英勇奋斗。《为人民服务》是毛泽东70多年前发表的一篇光辉著作，许多人都耳熟能详。毛泽东《为人民服务》是1944年9月在中央直属机关为追悼张思德同志所作的演讲，其指出："张思德同志是为人民利益而死的，他的死是比泰山还要重的。"[1]这篇著名演讲稿是毛泽东对"为人民服务"思想的深刻阐述，是为人民服务价值观形成的具体完善，成为中共党史上的经典之作。在1945年4月延安召开的中国共产党第七次全国代表大会上，"为人民服务"作为我们党的根本宗旨被确定下来并写入党章，并且在后来党的文件中、宪法中、党的历代领导核心的著作或报告中，都把"为人民服务"或"全心全意为人民服务"作为中国共产党的根本宗旨，作为共产党员和领导干部的政治观、历史观、价值观、人生观和道德观。

毛泽东为人民服务价值观形成和发展于中国革命战争时期和社会主义现代化建设时期的伟大实践中。毛泽东不仅在理论上提出了全心全意为人民服务这一价值命题，并且把这一命题

---

〔1〕《毛泽东选集》（第3卷），人民出版社1991年版，第1004页。

矢志不渝地作为自己革命与建设道路中的人生准则和价值追求。诸多的实践经验使为人民服务价值观的内涵更加丰富和具体，不仅可以正确指导共产党员完善自身修养，而且还在促进社会主义初级阶段的中国特色社会主义事业中起到了不可替代的作用。为人民服务价值观是一代又一代共产党人所秉承的科学理论品质，它在理论与实践上创造性地发展了马克思主义唯物史观，为我们研究马克思主义相关理论提供了丰富的思想资源。

在 21 世纪的今天，以习近平同志为核心的党中央从坚持和发展中国特色社会主义全局出发，在协调推进"四个全面"战略布局中，"为人民服务"作为中国共产党的根本宗旨始终没有改变，它既是共产党员和领导干部道德准则与行为规范的一条政治伦理原则，也是社会主义市场经济条件下，作为我国社会主义道德建设的核心，成为全社会成员都应遵守的一条社会伦理原则。习近平总书记有深厚的人民情怀，他在接受俄罗斯新闻记者采访时曾谈道："中国共产党坚持执政为民，人民对美好生活的向往就是我们的奋斗目标。我的执政理念，概括起来说就是：为人民服务，担当起该担当的责任。"[1]党的十八大以来，以习近平同志为核心的党中央领导始终坚持人民是历史创造者的马克思主义唯物史观，在一系列重要讲话中大多数都是包含"坚持人民主体地位"的论述。在党的十八届五中全会上，习近平总书记首次提出了"要以人民为中心的发展思想"；在党的十九大上也再次强调了"以人民为中心"的发展思想，这些都是习近平新时代的执政新思想新理念，是对为人民服务的继承、发展和创新。

---

〔1〕《习近平谈治国理政》，外文出版社 2014 年版，第 101 页。

以习近平同志为核心的党中央坚持马克思主义人民观，在治国理政的实践中丰富发展了全心全意为人民服务的思想，坚持"以人民为中心"的发展观，"来之于民用之于民"的权力观、"人民是真正英雄"的历史观、"我将无我不负人民"的奋斗观以及"我是黄土地的儿子"的亲情观。当前，中国特色社会主义进入了新时代，但是中国共产党依然面临着现实挑战，因此中国共产党人必须牢记初心和使命，始终不渝地坚持全心全意为人民服务的根本宗旨。

人民既具有历史性，也具有时代性。社会发展的最终目的是实现人的全面发展，以人民为中心与社会发展的目的相契合。自改革开放以来，我国在社会建设与经济发展等领域取得了惊人的成就，但腐败现象也如附骨之疽，严重地阻碍了我国社会与经济的健康发展。腐败问题的解决迫在眉睫，我国党和政府也颇为关注反腐败斗争。自党的十八大以来，反腐败斗争已经上升至战略高度，成为关系到我党生死存亡的重大斗争。腐败使权力异化，正义缺失，扰乱了民心，降低了人们对党和国家的信任度，破坏了经济建设与社会稳定，具有严重的危害性。进入新时代以来，党和政府积极整治腐败问题，惩治腐败分子，取得了压倒式的胜利。党和政府加强反腐倡廉，需要文艺作品跟进给予正向反映，反腐剧受国家政策的明确引导，以"反腐、倡廉、正能量"为创作宗旨，迎来新的创作阶段，其作为创新廉政文化建设的媒介载体，能增强反腐倡廉教育的冲击力、感染力，着力构建党员干部高尚的"精神家园"，筑牢拒腐防变的思想道德防线。

## 第二节　不忘初心的公仆

全心全意为人民服务，就是要求党员干部具有"俯首甘为孺子牛"的公仆意识，坚守"人民主体"的思想，这是习近平新时代中国特色社会主义思想的主要内涵，既是对马克思主义社会公仆思想的继承和发展，又具有鲜明的时代特征和当代意蕴。党的十八大以来，以习近平同志为核心的党中央把为人民服务视作共产党人的天职，强调"永做人民的忠实公仆"，要求党员干部着力坚持以人民为中心的发展思想，先后提出了"三观论"（世界观、权力观、事业观）、"四有论"（心有党、心中有民、心中有责、心中有戒）和"共享理念"等。十九大报告指出，"人民是历史的创造者，是决定党和国家前途命运的根本力量""增进民生福祉是发展的根本目的""各级领导干部要增强民主意识，发扬民主作风，接受人民监督，当好人民公仆""必须始终把人民利益摆在至高无上的地位，让改革发展成果更多更公平惠及全体人民，朝着实现全体人民共同富裕不断迈进"等，体现了人民群众是历史的"剧作者"和"剧中人"的思想理念。

随着党的十八大及两会的成功召开，我国廉政建设迎来了新的局面，党和国家将从完善惩治和预防腐败这两方面作新的部署，不管职务有多高，只要触犯法律都要问责。习近平总书记说过，新形势下，我党面临着许多严峻的挑战，存在许多急需处理的问题，特别是官员的贪污腐败、官僚主义等问题。"物必先腐，而后虫生。"这是习近平总书记的反腐败言论，也对当前的贪腐现象作了大体上的论述。在2015年1月13日召开的党的十八届中央纪委五次会议上他又一次强调，"以强烈的历史责任感、深沉的使命忧患感、顽强的意志品质推进党风廉政建设和反腐败斗争，坚持无禁区、全覆盖、零容忍，严肃查处腐败分子，着力营造不敢腐、不能腐、不想腐的政治氛围"。[1]"老虎"和"苍蝇"一起打，一大批贪污腐败官员相继落马。这是党和国家在以零容忍态度惩治腐败，表达了党和国家在反腐方面的坚定的决心和坚强的意志。受国家政策和现实形势的激励，《人民的名义》登上荧屏，旨在用文艺来记录时代、诠释国家反腐倡廉政策、展示党和国家"刮骨疗毒、壮士断腕"的反腐决心，同时从一个侧面深刻诠释"权力取之于民，用之于民"，构建党员干部致力于做"人民公仆"的政治生态意识和思想。

在一切叙事作品中，人物都是核心要素，故事有了人物才有了主体，而人物的行动推进了故事的展开，人物的性格承载着时代的特征，人物的遭遇也揭示了现实的困境。所有的叙事性作品必然离不开一定的角色，电视剧也不例外。创作者通过这些角色表达自己对这个世界的认知，受众也可以通过这些窥探到现实世界其他人的生活。在电视剧中，人物始终是给受众最深刻印象的，受众对主要人物的认同直接影响其价值观的建构和认同。《人民的名义》一经播出就得到了社会的广泛关注和好评，成了一部"现象级"的网红剧。除了它应和党和国家的反腐大势，将十八大以来中央的反腐败斗争展现得淋漓尽致外，其在人物塑造方面取得的成功也是值得重视的。

作为一部反腐题材剧，《人民的名义》当然聚焦于惯常的类型人物叙事：正面人物/反腐者、清廉者，反面人物/腐败分子，但同时试图打破这种截然对立的两极状态的壁垒，又叙述了一种中间型的，具有灰色地带的人物特性。《人民的名义》的亮点

---

[1]《中国共产党第十八届中央纪律检查委员会第五次全体会议公报》。

就在于抓住了人物性格的灵魂，成功塑造了一些典型人物，每个人物在塑造的过程中都有一定的普遍性和共性，单一的个体又能突出其独特的个性。在剧中这两者的辩证关系相辅相成，所塑造出的各类特殊形象不单单代表了一个群体，还是一段历史、一个时代的缩影。电视剧中每个典型人物的个性都呼之欲出，比如做事不讲究章法、行事果断、不畏强暴的侯亮平，笃信"法无禁止即自由"、未免专横的改革闯将李达康，充满热忱为人民服务的退休干部陈岩石，耿直苦干的易学习，处事圆滑、不失原则性的季昌明，幽默干练的公安局长赵东来，刚正不阿的一把手沙瑞金，于连式复杂人物祁同伟，结党营私、颇有城府的高育良，谄媚浮夸的外逃贪官丁义珍，小官巨贪表里不一的赵德汉等，呈现了一幅多样的当代官员群像的立体图景。

《人民的名义》将"为人民服务"几个大字作为箴言牢牢印刻在剧中每一个细节与人物中，"一切权力属于人民，一切权力为了人民，一切权力服务人民"的"公仆"意识是这部剧想传递给观众们的最核心思想内容。据不完全统计，在电视剧第一集，关于"人民"和"为人民服务"的高频词就出现了三处以上。《人民的名义》塑造了一批以侯亮平、沙瑞金、陈岩石、李达康、易学习等为首的不忘初心的"人民公仆"与高育良、祁同伟、丁义珍、赵立春等几个层级的腐败官员在政治层面的斗争，剧作不是浅层次地去呈现他们之间的敌对关系，而是深层次地通过剧情发展让观众去体会在这场反贪风暴中每个人的变化轨迹，通过反腐的过程树立起清廉的政治思想和生态。

剧作中男主角侯亮平的形象是典型的理想化的英雄人物，他既是反腐战士，又是正义的化身。作为人民检察官和反贪处长，侯亮平行事果断，不畏权贵，坚持原则，追寻正义和真相。从振振有词地怒怼赵德汉，到冒着生命危险带着使命只身闯入汉东的浑水里；从直面追击和缉拿市委书记李达康的妻子欧阳菁，到直接与汉东政法委书记、曾经的大学老师高育良的对峙；从面对诱惑、自我的生命威胁和诬陷，到义无反顾、勇往直前的前行，处处展现出一位检察官作为人民公仆的锐气、勇敢、义务和责任。

　　除了侯亮平，始终做人民利益的忠实拥护者的最具代表性人物就是陈岩石。人如其名，作为原汉东省人民检察院常务副检察长，陈老有着全心全意为人民服务的坚如磐石的信仰。即使退休后居住在养老院，其所在的养老院也亲切地被人民群众称为"第二检察院"，他始终把人民的利益摆在第一位，心系人民安危。在"116 大风厂"事件中，80 多岁高龄的陈岩石，作为人民群众和政府之间的纽带，代表人民群众的利益与政府谈判，为大风厂广大工人争取被剥夺的股权。在面对政府要强拆大风厂时，陈老用自己的身体换来了大风厂工人们的权益，把个人的生命安危抛诸脑后，把老百姓的利益看得高于一切。陈老退休了也不忘关注党和国家的反腐事业，初心不改，为民请命。两袖清风，疾恶如仇，他身上的老共产党员的铮铮铁骨与一心为民的情怀，让人由衷地敬佩。"我将无我不负人民"，被陈岩石这一人物完美地诠释了出来。

　　《人民的名义》中正面人物的性格特征刻画体现在众多方面。沙瑞金作为剧中的关键性人物，仅仅上任四个月就将赵汉春在汉东的旧势力连根拔起，行为作风雷厉风行，他的出场引发了剧中一系列人物的重大波动。沙瑞金称得上一名正气凛然、刚正不阿的清廉好官员，无时无刻不站在广大人民的根本利益上。在刚调到汉东省时，他就展开了一次调研民生的走访活动，目的是了解当地老百姓的情况，以便日后展开工作能根据人民的情况具体问题具体分析。沙瑞金懂得好的官员才能真正做到为人民服务，因此他毫不犹豫地选择了任用良才，所幸沙瑞金看人的眼光敏锐独到，先是侯亮平，再是李达康，而后是易学习。其中易学习与前两者不同，一直是以小官的身份默默无闻地为人民服务，任劳任怨，沙瑞金被易学习的这股精神感动了，不仅将他从吕州市高新区区委书记提拔至吕州市市长，还在开大会的时候当众对易学习进行了表扬，并希望其他官员向易学习同志看齐，以他为榜样做到心系人民，为人民服务。

以沙瑞金、李达康、易学习等为代表的一批政府官员践行了以习近平同志为核心的党中央所提倡的人民主体思想，发扬了人民公仆的精神，诠释了权力"来之于民用之于民"。在新的历史条件下，面对新情况新考验，呼吁领导干部要加强党性修养，始终做到秉公用权、不以权谋私，依法用权、不假公济私，廉洁用权，始终保持共产党人的政治本色。当我们国家的政府官员们真正做到把"人民的利益"放在心上，站在"人民的立场"思考问题，才能拍着胸脯，底气十足地说自己以"人民的名义"去践行"为人民服务"。牢牢记住自己作对国家和人民作出的承诺，不忘初心的誓言何等令人激动，"无论任何时候，我们的干部都应以人民的利益为出发点，为人民服务，基于此，才能不负时代和百姓的重托，才能完成中华民族的伟大复兴"。

## 第三节　守护正义的力量

在反腐题材电视剧中，以检察官为代表的反腐败者常常是正义的化身，是理想化的超级英雄。他们是国家形象、国家利益和人民利益的代表，同时承担着体现和传播我国社会主流价值观的义务。一部成功的现实题材电视剧艺术作品，必然真实地反映了当时的时代主流、文化主流和精神主流，是受到社会绝大多数群体认同与肯定的。这些反腐败者在与形形色色的腐败分子斗智斗勇的过程中，表现的更多的是他们的权力观、道德价值观、原则性、党性的交锋，还有人性良知与政治道德的双重考验，甚至有面对着党纪国法与亲情友情的庄重抉择。在一场场正义与邪恶、生与死、黑与白的较量中，他们表现出了难能可贵的大无畏的牺牲精神，是人民心中榜样式的肯定性人物存在。法律赋予他们守卫国家和人民的利益、维护社会公平正义的权力，他们必然不能为了私欲而破坏法律的尊严。"文明首先要求公正，也就是要保证法律一旦制定，就不能徇私枉法。"[1]作为一部展现"官场现形记"的力作，《人民的名义》把人民检察官的正气凛然和英雄主义与时代发展中的突出矛盾问题整合在了一起，把人性较量和信仰博弈放在了一起，以"官场"这一特殊表现领域作为了环境依托，生动演绎了党性情怀和崇高精神的无穷魅力。

侯亮平，一个人民检察官，最高人民检察院反贪处的处长，作为电视剧中最核心的反腐英雄和符号化表征，其最突出的亮点是那股从里至外透出的"浩然正气"，正是这股响彻天地间的浩然正气，使他过五关斩六将，砥砺前行，取得了汉东市反腐大战的决定性胜利，他本人也成为汉东反腐中最关键的力量。

"浩然之气"自古就有深厚的思想渊源，它是孟子人格修养的最高境界。孟子称："我知言，我善养吾浩然之气""其为气也，至大至刚"。浩然之气作为一种气，它是最伟大、最刚强的；"以直养而无害，则塞于天地之间"，依靠正义的力量培育它，而不伤害它，这股气就会弥漫于天地之间。这是第一层含

---

〔1〕　〔奥〕西格蒙德·弗洛伊德：《文明及其缺憾》，傅雅芳、郝冬瑾译，安徽文艺出版社1987年版，第38页。

义。孟子又说："其为气也，配义与道；无是，馁也。"（《孟子·公孙丑上》）义是正义，道是道德。浩然之气作为一种气，必须跟正义与道德配合。

一个人的浩然之气在社会活动中的行为实践，具体表现为一种"大丈夫"的人生气概，一种舍我其谁的社会担当。在《孟子·滕文公下》中，孟子这样描述大丈夫："居天下之广居，立天下之正位，行天下之大道。得志，与民由之；不得志，独行其道。富贵不能淫，贫贱不能移，威武不能屈。此之谓大丈夫。"孟子在"大丈夫"人格上更多地强调"居仁由义"的价值取向。"仁，人之安宅也，义，人之正路也"（《孟子·离娄上》），孟子认为大丈夫应该扎根于仁德，从仁走向追求正义的道路。

陆毅饰演的侯亮平，身材高大挺拔，眉宇间透露出一股英气。用祁同伟的话说，"我那学弟，外表就是那充满了阳光，充满了朝气，一脸正气的样"。侯亮平有着舍我其谁的责任和担当，可谓能上刀山下火海，在陈海意外事故之后，主动请缨，向上级领导申请去汉东调查事情的真相，还汉东老百姓一个干净的政治环境。面对权贵，毫不屈服；面对困境，毫不气馁；面对诱惑，坚决抵制，在侯亮平身上，生动地阐释了"富贵不能淫，贫贱不能移，威武不能屈"的"大丈夫"形象。与他的大学同学，汉东的省公安厅祁厅长形成鲜明的对比，曾经壮志踌躇的缉毒英雄，在权、色、金钱面前彻底被腐蚀，声色犬马，成为一个以权谋私的彻头彻尾的伪君子和腐败者。

所谓"浩然之气"，其实是一种浩大刚正的精神，一种浩大宏阔的气场，是一种崇高的人格精神，它是由众多蕴含积极因子的"气"凝聚而成的正能量，只要我们具备了这样的气场，就一定能攻坚克难，不辱使命。作为党的干部，人民的公仆，我们要着力使自身涵养，凝成浩浩荡荡、所向披靡的浩然之气。
这种浩然正气的涵养主要包括四个层面的内容：

一为志气。即要树立正确的世界观、人生观和价值观，有
正确的理想信念，有全心全意为党和人民的伟大事业立足岗位、
尽职尽责而不图个人名利的权力观和事业观；还要有默默无闻
地工作，努力做出优异成绩的远大志向。志气还体现出一种不
服输的自信、坚韧与决心。"有志者，事竟成"，因此，党员干
部要想干好工作，务必要有志气。侯亮平、陈岩石、易学习等
一批党员干部，正是因为有坚定的信念，才能践行为人民服务
的伟大事业。而祁同伟在面临现实的打击后产生了歪曲的价值
观，认为只有"朝中有人"才能平步青云，走上了一条利欲熏
心的不归路，最后落得以悲剧而收场，搭上了自己的人生甚至
性命。

二为正气。俗语云："己不正不能正人。"如果自身正气不
足，那就一定履行不好职责。在反腐肃贪的雷霆行动中，侯亮
平的一声正气又与硬气、骨气一脉相承，让这个人物充满了无
穷的人格魅力。即便在政治立场方面与侯亮平针锋相对的省纪
委书记高育良，作为侯亮平大学时代的导师，也心服口服地唏
嘘：这是他最欣赏和最看重、最纯净的学生。凭着那一身正气，
披荆斩棘，在老师、人情和领导权威面前，他选择公平正义；
在利益诱惑、生命威胁和人格诬陷面前，他选择临危不惧、顺
势而为，利用自己的思维、判断、冷静和睿智，层层剥开了云
雾，守护了正义和真理。

三为勇气。"其为气，至大至刚"，浩然之气是一股至大至
刚的大气、刚气和勇气。无论对于民族还是个人，越是生死存
亡之际，这股浩然之气越能感天地、震鬼神，能"以德抗位"。
作为一位检察官，往往涉及被监督对象的切身利益，尤其是在

执纪、问责阶段，尤需动真碰硬，勇做"黑脸包公"。没有一定的勇气、胆识，没有积极主动履职尽责的朝气，那是不可能干好工作的。特别是在当代社会关系中，因为利益而惧怕权贵的现象比比皆是，即使权威人物违背了道德和法律，大多数人只能敢怒不敢言，在一定情况下，甚至不得不趋炎附势、曲意逢迎，导致在各种关系中，上层逐渐腐蚀下层，利益阶层又不断诱惑上层，最终使得道德像瘟疫一般败坏下去。另一种社会现象是对金钱和财富的崇拜，金钱多寡被用来衡量一个人的品格和成功的畸形标准，认为拥有财富的人便无需顾忌道德，没有财富的人即使品格高尚也依旧地位卑下，这种现象导致人们向往"成功学"、走向拜金主义。

侯亮平秉持着人人平等、公平正义的坚定信仰，怀揣着"不信邪"的一股子韧劲，发扬大无畏的奋战精神，有理有据地开展工作，才能把反腐工作坚持到底。正如祁同伟说"侯亮平在汉东做事（反腐），他才不管你是什么帮、什么派、什么系"，侯亮平坚守的是公平、公正，是和谐有序的政治生态和清廉的社会风气，而这背后充盈着的是满腔热血的勇气和"以德抗位"的精神。

四为怒气。喜怒哀乐为人之常情。作为一位反腐检察官，在面临严重的不正之风和冥顽不化的腐败分子时，绝不能当老好人，或敢怒而不敢言，一定要霍然释放我们的凛冽怒气，要敢于"不平则鸣"。电视剧第一集在搜查赵德汉的腐败罪证任务中，侯亮平与他展开了一场较量和博弈，当面对小官巨贪堆积如山的人民币时，他愤愤不平地怒斥赵德汉，作为人民公仆，拿人民给的权力不去为人民服务，反而去腐败，还怎么好意思说自己是"农民的儿子"？在侯亮平看来，既然选择了当人民公仆，在党与国家面前发过誓言，那就不该背信弃义，为人民服务，这不仅是责任更是义务。当今，习近平总书记严正表明：对腐败行为要做到"零容忍""凡腐必反，除恶务尽"。用知名历史作家二月河的评价，十八大以来的反腐势头可谓"蛟龙愤怒，鱼鳖惊慌，春雷一击，震撼四野"。壮则斯言，我们党的干部就应该是血性男儿大丈夫，就要敢于对腐败分子和不正之风亮剑。

　　孟子的"浩然之气"和"大丈夫"理想人格对后世士人的人格修养和思想境界的提升有非常大的理论指导和行为实践意义，要求人们在艰难的情境中，磨炼顽强的意志，坚持主体的自主性、独立性，坚持信念，不忘初心，鼓励人们要坚持道义，一往无前，守气、守约，不断培养正直刚毅的"正气"。

　　"浩然正气"在当代对于构建和谐社会，弘扬社会正气，特别是对人民培养恒定的信仰、独立的理想人格、全心全意为人民服务的"公仆"意识具有重要的启发意义。总之，《人民的名义》以一身正气的检察官侯亮平在汉东掀起的反贪风暴为叙述的主要视角，站在人民的立场上对当下的政治生态进行审视和批判，揭露社会痛点问题，为人民抒怀，《人民的名义》产生的正向的舆情话题和热度，对净化政治生态、弘扬正气、惩治腐败、维护人民权益发挥了潜移默化的价值建构作用。

### 第十三讲
# 主旋律电影别样红
—— 《我和我的祖国》

彭恬静

　　我国"主旋律"电影的首次提出是在 1987 年。20 世纪 80 年代，国家在政治经济文化层面都有了很多的调整变革，这些变革措施的实施也为中国的文化艺术打开了通往世界的大门，国外的文艺理论、创作观念和思潮都在那一时期集中涌入我国。这些观念也深刻影响了中国电影人的理念与创作。他们开始关注和拍摄较多观众喜闻乐见的娱乐片或政治色彩淡化的文艺片。在此背景下，原广电部电影局为重新确立主流意识形态在电影中的主导地位，在"全国故事片创作会议上"提出了"突出主旋律，坚持多样化"的口号。之后，一批反映弘扬爱国主义、社会主义和集体主义的主旋律影片成为当时电影创作的主流。如《开国大典》《大决战》《周恩来》《焦裕禄》《孔繁森》《蒋筑英》等，都是主旋律电影的代表之作。20 世纪 90 年代，中国政治经济进入改革开放的浪潮中，中国电影也开始呈现多元化的创作格局，尤其在市场文化和大众文化的影响下，中国电影的功能也在发生重要的改变，由政治教化和宣传启蒙向娱乐观赏性转变。中国电影市场也开始向大众化和商业化转变。主旋律电影虽然也出现了像《红河谷》《大阅兵》等一系列不同题材风格的影片，但因为其总体上鲜明的政治性，匮乏的艺术表现力，生硬的启蒙宣教功能，忽视了商业市场的诉求，再加上影片中"高大全"的人物形象、说教式的情节内容、庄重严肃的艺术风格，很难引起观众们的审美兴趣和情感认同，生存空间逐渐受到挤压和边缘，发展一度陷入困境之中。

　　进入新世纪，主旋律电影逐渐打破与商业电影的界线，2009 年到 2019 年十年间，"主旋律电影商业化"和"商业电影主流化"的趋势愈发明显。诸如《智取威虎山》《十月围城》《湄公河行动》《红海行动》《战狼Ⅱ》等影片既有商业电影的特点，也能在影片中表达爱国、革命、正能量的理念，既能彰显大国形象和国家意志，也能得到很好的市场反响，收获较高票房。电影界也开始提出了"新主流电影"的说法，代指那些在类型叙事、人物塑造、主流价值观诠释上能够获得大众认可并获得热度和高票房的主旋律电影。新主流电影是主流电影在新时代自我嬗变的一种新形态，是伴随政治多元化、经济一体化、文化全球化发展的必然趋势。新主流电影之"新"在于既不同于教化功能过于明显和外在的主旋律电影，也不同于商业功能至上甚至唯一的主流商业电影。其核心特点必须是被主流市场所接受、所认可、所欢迎的大众电影，但同时又鲜明地体现了主流价值观的电影，就是要通过"好看"的故事、大众的类型来表现主流观众所认同、所接受、所心向往之、所同仇敌忾的主旋律。[1]新主流，要完成主流价值观与主流市场的统一，是价值观与商业性的融合。新主流电影，也就是未来中国的主流电影，是国家文化软实力的载体，也是国家意志与民众需求

---

　　〔1〕　金丹元等：《新中国电影美学史（1949—2009）》，上海三联书店 2013 年版，第 380 页。

的精神汇聚。

2019 年三部向祖国成立 70 周年献礼与致敬的电影《我和我的祖国》《中国机长》《攀登者》对于中国新主流电影而言具有里程碑意义，以累计 47.96 亿元的票房佳绩，创下该年度春节以来的电影票房新高。其中《我和我的祖国》作为"头号种子"，成绩最为喜人，票房累计达 21.25 亿元，豆瓣评分高达 8.0 分，真正实现了口碑与票房的双丰收。这部电影的成功，不仅意味着新主流电影探索出了新形态与表达路径，更标志着在新时代的语境下，主流政治话语与大众文化需求在商业化的市场土壤里取得了共赢。

中国"主旋律"电影经历从"神坛"走向"人间"，从"神话"走向"现实"的过程，愈发注重挖掘时代洪流中的小人物，用普通人的人生观照祖国发展的历程，书写贴近人心的中国好故事。而兼获商业票房和艺术口碑的新主流电影《我和我的祖国》成为其中典型的范例，它按时间线为推进，以"历史瞬间，全民记忆，迎头相撞"的串联手法，讲述了从 1949 年中华人民共和国成立到 2019 年这 70 年间不同职业、背景及身份下的普通人在时代背景下发生的不平凡故事。《我和我的祖国》给我们带来的主流电影新商业化模式也颇有启示，从前期的筹划筹备，类型片明星制，到拍摄制作，它呈现给人们的，是一套迥异于以往国产电影操作路数但符合当下时尚文化消费的市场化电影运作范式。

## 第一节　叙事策略的多样化

在叙事策略上，新主流电影的"新"和受欢迎首先体现在题材类型的多样化，以往我们的主旋律电影基本上就是"重大革命历史题材"影片。随着主旋律电影与商业类型结合日臻完美，新主流大片类型也愈加丰富，从历史、战争、体育到科幻，不断探索主流电影的类型边界，类型的丰富也为新主流电影带来更多的艺术魅力，扩大了新主流电影的观众范围与接受度。如《流浪地球》对"硬科幻"类型元素的营造，一定程度上拓展了新主流电影的类型书写。一方面，新主流电影继续对传统的历史题材进行深化与拓展，积极运用历史资源进行艺术化的书写，让观众感受到史诗化的艺术影像风格；另一方面，新主流电影不断发掘、开拓当下的现实题材，让影片更富有现实的生活气息，习近平总书记在十九大报告中强调，要"加强现实题材创作，不断推出讴歌党、讴歌祖国、讴歌人民、讴歌英雄的精品力作"，新主流电影正是以真诚的书写与观众形成情感共鸣、讲述新时代社会百态，勾勒出新时代的众生世相。如2018年上映的《我不是药神》就改编自真实事件，凭借超高的品质和口碑创造了超30亿元的市场成绩，一举打破此类影片的冷清市场，引发了全社会的热烈讨论。此外，新主流电影在献礼类影片中丰富了对中国故事的选取，既有《战狼Ⅱ》《空天猎》《血战湘江》等"重工业"标杆之作，也有《十八洞村》《家园》《守边人》《南哥》《钱学森》《黄大年》等诗意与现实并存的中小成本影片，以及《塔克拉玛干的鼓声》类少数民族电影，这些影片代表了当前主旋律电影大小并重的多样化、多品种、多类型的良性生态格局，在主旋律与类型电影的深层融合中，用世界语言讲述中国故事，在中国故事中创造"世界新景观"。

其次，新主流电影在表述意识形态的策略上更多样化，逐步摒弃了生硬、暴露的政治宣传手段，向婉约含蓄的"伦理化"煽情叙事形式转变。"伦理作为秩序和道德的存在，'伦理叙事'

强调的是伦理因素在影片叙事中的作用和地位。"[1]新世纪，随着商业竞争的加剧，新主流电影"伦理化"叙事的创作倾向越来越明晰，通过强调伦理因素的角度，展现人情与人性的质朴、光辉，将主流意识形态寓于叙事伦理中，以达到内在的教化作用。如影片《云水谣》和《秋之白华》都是采取"伦理化"叙事的方式，将革命与爱情交织在一起使故事更具有亲和性，也更易引起观众的情感共鸣，使意识形态能既隐晦又成功地传达。

此外，随着时代的发展，新主流电影在叙事主题上也呈现出多维度的趋势，打破了以往平面和概念化的主流价值，实现了多元化和深度表现，其中呈现为以中国精神、中国价值、中国力量凸显中国性。以人为本、尊重生命等都是"新主流大片"中主流价值观多元化和深度化的主要表现。影片主题既能紧扣当今时代经济社会发展的脉搏，也能反映普通个体的情感和生活。如《建国大业》《集结号》《唐山大地震》《战狼Ⅱ》等虽以国家意识和民族精神的宏大主题作为影片阐释的重心，但在影片的主题呈现中也能将爱国主义、集体主义、社会主义的国家意识形态与个人情怀相糅合，认可个体价值，使个体主题与宏大主题得到统一。

作为一部献礼片，《我和我的祖国》就摒弃了"伟、光、正"的宏伟叙事，避免了说教式的乏味沉闷，而是采用自下而上的创作向度，以小人物的生活窥见大时代的缩影，将国家和个人紧密相连，消解了历史与个人之间对抗的张力。这部电影的特别之处在于，选材独到，视角新颖，选用的都是一些见证历史性时刻的平凡"小人物"，强调了独立个体"我"与整个

---

〔1〕 周星等：《中国电影艺术发展史教程》，北京师范大学出版社 2005 年版，第 240 页。

中国——"我的祖国"的关系。小人物、新视野，更是给人以强烈的对祖国的归属感与认同感。

第一个故事《前夜》讲述了一个发生在开国大典前的故事，这是一个由真实事件改编的故事。开国大典，是中华人民共和国最为重要而神圣的大事件。那一刻，毛主席在天安门上亲手按下升旗的按钮，宣布："中华人民共和国中央人民政府今天成立了！"而这旗杆背后有这么一些人，为了升好这一面国旗，争分夺秒、通宵达旦。当老百姓们拿着家里各式各样的行当争着要来捐给筹备处，当林治远亲自爬上 22 米高的旗杆焊接阻断器时，红歌悲壮，感人肺腑。当时站在毛主席身后见证国旗升起的神圣一幕的，正是北京市政设计研究院总工程师林治远，是他亲手设计施工完成开国大典所用的旗杆与自动升降装置。这个选题意在呈现每一段历史、每一件成就背后的这么一个人、一群人，他们默默付出、隐姓埋名，为了祖国的荣誉与尊严，为了这面鲜艳的五星红旗，可以毫无保留地奉献自己。第二个故事《相遇》讲述的也是一个类似的故事，科研所专家高远为了国家的原子弹研制计划，与家人、爱人分离整整三年，废寝忘食，艰苦奋斗，这和为了筹划开国大典升旗仪式整整三个月没回过一次家，成夜成夜通宵作业的林治远有着相似之处，小人物大品格，为大家舍小家。直到一次核试验出现问题，高远力挽狂澜阻止了危机爆发，却在事故中留下大病住进了医院。领导同志告诉高远，这几天留意着街上，让高远每日心神不宁，问个不停。一天，高远重逢失联多年的爱人，同时，中国第一个原子弹试爆成功的消息传遍中国，高远和爱人在欢庆的人群中再度被冲散，高远先是低落地沉默了，再又露出了笑容。这两个故事，既是赞美了我们国家每一个工匠的能力超群、吃苦耐劳、胸怀大志的品质，更是赞美了这种平凡而伟大的，默默雕刻着祖国的高尚精神。所有人都在奋斗与努力，都愿意为了祖国的繁荣与强大添砖加瓦、付出青春甚至生命。

第三个故事《夺冠》则选择了市井之间的故事，把两个小朋友的友谊与女排夺冠巧妙地牵起了线。冬冬心仪的女孩小美要出国了，冬冬给小美准备了礼物想要送送小女孩，却正赶上中国女排对战美国女排决赛的关键时刻，又恰巧只有冬冬家有能收看直播的黑白电视，冬冬只能跑上跑下调信号，给街坊邻里看比赛。在小美即将离开，比赛也正到最后赛点之时，小小的冬冬面临了人生重要的抉择，他望着一片鲜红的红旗，街坊邻里期待焦急的眼神，选择了放弃去追小美，跑回屋顶上举起天线接收信号，那一刻，中国女排3∶0战胜美国夺得第23届奥运会女子排球冠军。心怀大局，心系祖国，这或许也是冬冬最后能成为著名的乒乓球运动员的原因。而小美最后也成了著名的海归科学家，两人多年后的相遇，又再次见证了多年后女排在里约奥运会第三次夺冠的历史性时刻。这样的剧情安排灵活巧妙，给人耳目一新的圆满大结局的感受。女排、移民、电视机收音机、天线、乒乓球热，这些时代的特点在徐峥导演的安排下完美地结合在一起，给人留下了十分特别而深刻的印象。

第四个故事《回归》则回溯到1997年的香港，讲述了不同背景、不同经历、不同职业的普通人，为了中英政权交接仪式所作出的努力的故事。故事里，中英双方反复磋商，一定要在00∶00时升起中国国旗，一秒也不能晚，这事关祖国尊严，事关对香港回归的强硬与严肃态度。华哥为英方代表校对好与中方同步的手表，中国旗手日日夜夜反复演练升国旗的踩点与节奏，女警带领警队维护着秩序，在中国国旗升起那一秒更换帽徽。所有人都在努力，努力守护中国的尊严与形象，努力把最好的中国展现给世界，中国的成就与前行，离不开这些人的努力与坚守。同时，这更是传递着一个信息，一个真理，香港是中国的，内地人与香港人从来都是相亲相爱的一家人，都有着让人自豪的共同身份：中华儿女。第五个故事《北京你好》的平民视角展示得最为彻底，将整部电影推向了高潮，也是表现力感染力特别在线的一篇故事。主角张北京是一个存在严重缺陷的人物，他说话"没溜儿"，办事"不靠谱"，缺乏责任感，致使家庭破裂，离异后自己与儿子的关系也陷入困境。在与四川小孩的奥运会开幕式门票争夺中，当他了解到小孩的爸爸是鸟巢体育馆的建筑工人之后，他开始意识到城市的辉煌、国家的兴盛凝聚了无数人的默默耕耘与付出，并最终将门票让给了四川小孩。一张奥运会门票引发的让人啼笑皆非又感人至深的故事，把观众带回了 2008 年——中国人最自豪也是最悲痛的一年。在这一年，中华同胞经历了地震的残酷洗礼，却也在八月成功举办了吸引了全世界眼光的北京奥运会，这是中国人民敢于面对痛苦、挫折与磨难，更敢于走出困境，勇于绽放的表现。

　　第六个故事《白昼流星》以现实主义的笔触直面了祖国边陲地区存在的扶贫助贫工作，讲述了两名叛逆的贫困青年沃德勒和哈扎布在退休的扶贫办主任李叔的帮助和影响下走上正途的故事，展示了中国城市现代化进程中年轻人的发展需求与贫困原乡之间的矛盾，同时也赞美了坚守者的无私奉献。第七个故事《护航》，以 2015 年的"九三阅兵"为背景，讲述了一个经过各种训练排演却最终未能出现在正式阅兵方阵的后备女飞行员吕潇然的成长经历和奋斗过程。至此，《我和我的祖国》近乎全面地、别具一格地带我们回顾了祖国走过的重大历史时刻，以平民百姓的视角，全景式展示了"我"与"祖国"的不可分割。作为普通大众的我们不再是历史的旁观者，而成了历史的亲历者和参与者。

# 第二节 价值观念的多元化

　　传统的主旋律影片价值观念过于单一，在影片主题上更侧重表现道德或教化意义上正与邪的剧烈矛盾冲突。在新主流电影中，主创人员有意识地避免了这种鲜明的政治色彩，也不像以往一样，把电影作品当作强大的主要承担意识形态国家机器特殊功能的工具，当作党和政府深度发挥其宣传工作政治作用和舆论导向文化价值传播功能的武器，而是尽可能减弱影片中比较鲜明的政治色彩因素，规避刻意生硬煽动观众爱国情绪的手法，更多地是隐晦表达政治立场，取百姓日常生活点滴为素材，在故事情节的发展中蕴藏着其政治目的。

　　新主流电影之所以为"新"是因为它不单纯地行使教化功能，它虽然继承了主旋律电影弘扬民族意识形态与主流价值观的思想导向功能，但也意识到在时代的变革中，我们的文化与意识形态的内涵也在随之变化，当下我国政治层面逐步形成了以社会主义核心价值观为主导的多元化意识形态体系，新主流电影则在电影中呈现了这种新时代精神内涵的转变，如《战狼Ⅱ》《集结号》《湄公河行动》这些成功的新主流电影，就是以普通的军人和警察为主题，将他们朴素的爱国情怀和民族精神寄托于故事的讲述中，讴歌平民英雄的爱国与牺牲精神，在电影中凸显了"现代化新时代精神"的价值观念。又如《建国大业》除了表现重大历史题材的叙事主题，宣扬爱国主义精神，同时凸显了各民主人士为新中国的建立所作出的贡献，既符合了当今社会主义核心价值体系对民主价值观的宣扬，又在政治形态的导向上充分肯定了民主人士的贡献价值，具有极大的包容性。

　　其次，新时代我国的国家实力快速提升，国际地位大大提升，大国责任意识不断强化。中国主流文化也以更开放的姿态，积极与世界衔接，将具有大国责任与使命的天下意识书写进主流意识形态，充分展现了对人类命运共同体的合理关切。新主流电影之所以为"新"还因为它能将中国正在崛起的现实背景及创立现代化强国的未来目标填充于影片中，奏响当下中国的主旋律。比如影片《战狼Ⅱ》在展现爱国主义与英雄主义的同时，也对战乱地区的难民表达了人文关怀。影片中的冷锋这个形象最初的任务是顺利保护中方人员撤离叛乱国家，随着剧情的推进，冷锋的"大爱"促使他为同胞和难民而战，并顺利完成撤离任务。在此过程中，冷锋已经脱离个人身份，既是中国军人形象的代表，也是国家形象和中国大国意识的体现，是对人类命运共同体关照的艺术呈现。

　　而回到《我和我的祖国》，如果说影片朴素真挚的平民视角，是影片能够引起无数观众共鸣的原因的话，那么影片兼容并包的多元化表达方式，则升华了其自身的艺术品格。这种多元表达，分为两个维度：第一，是七位导演、七段故事在影像上呈现出不同美学风格的杂糅，彼此相互独立又和谐统一的特征；第二，是在价值取向方面，七段故事在抒发了个人对国家的丰沛情感的基础上，又融入了更多对于个体价值的理解和表达。

　　管虎导演的《前夜》可以看作是《北平十二时辰》，其采取了一种在犯罪悬疑电影中典型的"最后一分钟营救"模式，通过高度压缩的时间来制造戏剧的张力，在时间截止前将故事推至高潮。工程师林治远，面临的是一个限时任务，要在短短一天内，找出并修复新中国首次电动升旗存在的隐患。小危机、大危机接连不断，节奏快、情节密，浑厚鼓点一下将观众吸入那个开国大典前夜的时空。在这个段落后段，林治远通过高科技手段设计进入真实历史现场。开国大典进行中，城楼上所有领导人都被淹没在模糊的虚焦中，在毛主席身后，只有林治远一个人是清晰的。导演用意很明显，1949年10月1日，这一天，是共和国的胜利，而对林治远这样的小人物来说，是他个人的胜利。影片自始至终，让我们看到了一个平凡人的坚韧、耐心、专业、伟大，《前夜》成功地完成了"小人物叙事"的第一棒任务。

张一白导演的《相遇》则回到了他擅长的爱情电影表现方式。在《前夜》的紧张刺激过后，《相遇》给了观众一个舒缓情绪的通道。整个段落娓娓道来，高远是参与研制中国第一颗原子弹而受伤的一个无名英雄，因为工作高度保密，与昔日恋人相遇但不能相识，影片中以长镜头捕捉了演员极致细微的表演，独具美学品格，前景中，高远女友痛诉三年盼夫归来的心声，后景虚焦地展现庆贺原子弹发射的胜利游行场景，转换频繁。最终，两人被后景的人群冲散、吞没，直至分离。前景的个体私情与后景的时代符号并置，呼应短片主题，将个体的悲剧命运放置在了与国家荣誉同等重要的位置，抒发对了国家建设的困难时期青年男女，为了祖国建设事业牺牲个人家庭与爱情生活的无限惋惜和遗憾。张译的表演是本片的最大亮点，他全程被口罩遮蔽半张脸，在台词不多仅凭眼神飙戏的情况下，奉献了极度克制的动人演绎。

徐峥导演的《夺冠》，是一出市井喜剧，保留了其一贯的喜剧风格，徐峥用独特的沪式幽默，奇幻式的童趣故事氛围，通过一组精心设计的蒙太奇段落和各种年代质感的镜头，将老上海弄堂的市井气和20世纪80年代中国人邻里相依的生活状态还原在观众眼前，视角新颖，故事接地气。影片最独特的是叙事主角的选取，如果说前两个短片虽是普通人，但或多或少参与到了重大事件本身，《夺冠》的主角，就是妥妥的一上海普通小孩冬冬。从小男孩冬冬的视角，影片回溯了 1984 年中国女排奥运夺冠。它从儿童的眼睛透视了转型时期的中国社会，隐喻了改革开放给国家社会带来的蓬勃朝气。同时影片这样的编排其实也是非常机智地将意识形态的表达有效地隐藏在了儿童视点的叙事之下，用一个"孩子还小"的视角隐晦地宣扬了一种为集体荣誉牺牲个体情感的集体主义观念，撇清了政治教化的意味，也弥合了献礼片与观众的距离感。

薛晓璐导演的《回归》，则延续了其温婉人文气质，不仅站在香港同胞的立场阐述了回归对于香港人的重要意义，更流露出一种沧海桑田、岁月更迭的历史颗粒感。1997 年 7 月 1 日 0时 0 分，中英双方交接，改旗易帜，更换帽徽，对于这名土生土长的香港女警红姐而言，意味着与附属的旧身份告别，迎来主人的新身份；而对于在特殊年代从内地迁徙到香港定居的表匠华哥而言，"回归"意味着"回家"，意味着多年的漂泊终于结束。回归的主线和一位当地的老钟表匠的故土之情遥相呼应。而故事中的手表，同样是一个具有象征意义的符号，它预示着时间的诺言终于随着祖国的富强而兑现。

宁浩导演的《北京你好》则仍是延续了标示性的宁式喜剧的幽默感，通过轻松娱乐的喜剧段落，将全国人民喜迎奥运的欢腾气氛表现得淋漓尽致，七个故事中，《北京你好》最有观众缘，也是评价最高的一段。出租车司机张北京，生活潦倒，离了婚，与儿子关系也日渐疏远。汶川小男孩，家人遭遇天降不幸，孤苦无依，一个人来到北京，两个人物毫无关系，影片却仅用一张北京奥运会门票作就以轻松诙谐的方式将他们命运勾连在了一起，自然而然，接地气又不矫情。黑色幽默之下，包裹了导演对人性的温情和悲悯。故事的尾声，宁浩"画风突变"，给影片涂上了悲喜交加的底色，将中国现代化进程中具有里程碑意义的 2008 北京奥运会与同年的四川汶川大地震联系在一起，升华了故事的主题，使得整个故事获得了一种"乐而不淫，哀而不伤"的美学品格，同时更是想提醒国人，2008 年，当我们记得北京奥运成就的同时，别忘了，我们也曾历经汶川的苦难将祖国的辉煌成就和祖国的苦难并列在一起，体现了导演宁浩独特的观察事物的视角，表达了他深厚的人文关切。

陈凯歌导演的《白昼流星》将"神舟"飞船返舱着陆和边疆地区的脱贫工程联系在一起。七个故事中，它是最独特的一个，也是最难呈现的一个。影片分为两个部分，前半部分主要讲退休扶贫办主任李叔"捡"来俩缺少教化的流浪兄弟对他们"物质扶贫"的故事。后半部分是神舟十一号飞船返回舱着陆那天，李叔带小伙看"白昼流星"寻回人生意义的"精神扶贫"过程。陈凯歌一如既往地在现实里拥抱浪漫，《白昼流星》就是一首浪漫的散文诗，说的是一个关于改变的故事，李叔的所作所为在慢慢软化两名野蛮少年的叛逆内心。"白昼之中见到流星，贫穷的土地就会兴旺起来"，这是四子王旗当地的一个传说，从这个角度切入也体现了陈凯歌一直以来的寓言式的叙事方式。"白昼流星"代表的希望是指引少年改变的精神图腾，神舟 11 号返回舱则是个符号，喻指文明与科技，同时，它在降落时的"流星"之光，代表着四子王旗人民内心的希冀。在故事里，两名少年被这束光打开意识觉醒之门。在现实中，由于"神舟效应"，后来四子王旗地区的发展的确迎来了改变，经济发展与扶贫建设在几年内迈向新台阶。当地的孩子开始向往城市文明，喜爱高科技，生活得更为积极。

文牧野导演的《护航》则更像一部商业大片，以超高工业水准的完成度，展示了当代中国强大的军事实力和人民解放军的飒爽英姿，《护航》完全配得上做结尾，镜头调度和剪辑气势磅礴，大片感十足。导演文牧野证明了一件事：主旋律也可以拍得很年轻。电影的主角是纪念抗战胜利 70 周年庆典阅兵式上一名"后备飞行员"吕潇然，因为能力出众，被组织安排备飞。影片以这名女飞行员的独特视角切入，通过四次闪回回顾了一名当代中国女性的成长历程，张子枫的表演将主角少年时的英气演绎得活灵活现。她小时候上学，打遍班里调皮男孩，不喜欢留长头发，长大后成为飞行员，仍旧要强，要证明，女孩和男孩没有什么不同，女人不用依靠柔美的外貌和美满的婚恋来实现自己的价值。飞行测试选力度数值时，别人说，"女孩子 6 就差不多了"，她霸气回应，"给我整个 8"。在文牧野的镜头下，吕潇然不再是男性的附庸，她甚至都不需要通过阅兵的仪式感和荣耀感来实现自我的价值。面对阅兵式中出现的意外，她表现出成熟冷静的一面，牺牲了自己的飞行机会，成全了好姐妹，当她协助同伴完成阅兵飞行任务回来后，电影收尾，几名男飞行员路过，集体向她行军礼致意。文牧野用一个影片完美做出了一个平权主义的表达，影片主角在最后完成自我的和解，找到自我存在的价值，而这种女性自我价值实现的通路，正是伴随国家社会发展进步才能提供的。

## 第三节　视觉元素的丰富细腻

好的影片能调动所有的镜头语言为影片核心服务，高科技的画面设计，精心布局的细节呈现，恰到好处的镜头变化，厚重细腻的人物对白，这些电影形式上的变化多端正是新主流影片《我和我的祖国》能在呈现上出其不意、一招制胜的原因。

在《前夜》中，现代技术的应用将历史影像资料与现代表演融合统一，呈现出黄渤扮演的林治远和毛主席同台经历开国大典的奇观场面，有力推动了情节的发展，提升了电影的感染力。在这个片段中，奇观自然地融入电影的叙事之中达成了默契配合，实现了意义建构和视觉表达，使电影兼具观赏性和艺术性。

在《相遇》中，隐姓埋名的原子弹研发技术人员在病危之际与恋人在公共汽车上偶遇。导演张一白用长镜头来表现这个场景，景别和镜头都十分固定。画面中的前景是双人对话场面，但是中后景在不断发生变化——人群慢慢地集结、聚拢，最终变成庞大的人流，车窗外的锣鼓喧天逐渐取代男女主成为观众的关注点，此时镜头语言也完成了从个人向集体的转变。人群中挥舞的红旗、传递的报纸这些视觉元素营造出普天同庆的气氛，当男女主人公下车与人流合为一体时，个人情感与历史背景发生交融碰撞。国家荣誉、个人奉献、隐忍的情思这三个层次的叙事被层叠在了公共汽车和人群的空间场景中，国家和个人、"大爱"与"小爱"这两个原本有空间和情绪区隔的表达变成了整体。

细节是影视创作中微小的且经常出现的语言、动作或者物件，对于塑造人物形象、表现人物性格和表达主题有重要的作用。影片七个段落，细节有多寡，但都能看出导演们的心思。

影片中每个小故事之间分别以毛笔、铅笔、钢笔写下事件以及时间，作为开篇和转场，降低了七个单元之间的割裂感。同时也表现出象征意味——时代的变迁和被书写记载的故事。汉字作为文化的"记录者"，本身就是中国文化的重要组成部分，是民族文化传承的"血脉"。此外，它又和文学、艺术相关，凝结着思想和历史，寄托着意志和感情。不同的书写工具代表了不同的年代，一样的"汉字之美"则带着文化与历史的传承。

《前夜》呈现了一个敬礼的小细节：这个细节发生在工程师林治远和王千源扮演的军人之间，为了保证工程师林治远能够顺利完成任务，组织派了由王千源扮演的军人，全力配合工作。两人第一次见面，还很生分。王千源立正站好行了个军礼，黄渤有点不知所措，比了个拱手礼。影片高潮部分，林治远终于克服恐惧爬上旗杆，成功排除故障，在这一刻，导演管虎又设计了一个敬礼的细节，只不过，旗杆上的黄渤这次行的是军礼。旗杆下的王千源会心一笑，比了个拱手礼。两个敬礼动作的置换，用细节呈现了重大时刻，所有人的力量拧成一股绳，不分你我，无关身份。

《夺冠》中，导演徐峥对于少年在守护电视天线和送别心仪女孩之间进行着艰难的抉择，是通过少年不断上楼爬上天台和下楼追寻女孩的行动呈现出来的。楼上天台与楼下弄堂的空间区隔，不仅增强了戏剧悬念的营造，加强了戏剧节奏，更通过影像的视觉表达增加了少年与心爱之人分离的不舍情绪，形成了感人至深的经典段落。影片中还有一个细节，冬冬在最后一次闯关的时候，不小心挂住一条小床单，结果就成了小英雄的披风。花布，平日里是市井的，上不了台面的。但是，在这个街坊欢喜鼓舞的时刻，这块小床单与红旗共享荣誉。这其实藏着一个小小的信号，即便是走卒贩夫、姨婆阿叔、稚子幼童，都能成为捍卫国家荣誉的英雄。这才是女排夺冠，全民高光。

《护航》有一个最精妙的细节，就是宋佳在执行任务时失联的那几秒。从情绪渲染上，拔高了观众的紧张，但从人物刻画上，那几秒与一切隔绝的"真空"，那或许就是她为什么会爱上天空的原因，那是她对自由的渴望。

2019 年 12 月 25 日，根据专资办 App 数据显示，电影《我和我的祖国》在上映的第 87 天，票房达到 31.02 亿元，超过总票房 31 亿元的电影《我不是药神》，跻身中国影史总榜第 8 位。《我和我的祖国》也很显然成为当下新主流影片的一个成功范例。于是，2020 年的《我和我的家乡》则再次以这种拼盘式影片形式推出，以多个单元微电影的组合形式讲述了数个地区、城市的改革和变化，以此来呈现中国各地的城乡变化，而最终它所呈现出的成绩也确实不俗，显然，这样以小见大的题材和电影艺术形式能得到当下观众们的呼应。

第十四讲

# 中国故事海外传播新亮点

——《流浪地球》

贾颖妮

习近平总书记在 2013 年 8 月 19 日至 20 日召开的全国宣传思想工作会议上强调，对世界形势发展变化，对世界上出现的新事物新情况，对各国出现的新思想、新观点、新知识，要加强宣传报道，以利于积极借鉴人类文明成果。要精心做好对外宣传工作，着力打造融通中外的新概念新范畴新表述，讲好中国故事，传播好中国声音。[1]这意味着将"讲好中国故事"与对外宣传、建构国家形象密切联系在一起。在当下复杂多变的国际局势下，中国故事讲得好、传得开对提升中国软实力，纠正一些国家对中国的刻板印象显得尤为重要。目前，"讲好中国故事"已成为文学、艺术学、政治学、新闻与传播学等众多学科重点关注的时代命题。

## 第一节　何为中国故事？

何为中国故事？学者陈林侠从故事的交流本质出发，认为

---

〔1〕习近平："胸怀大局把握大势着眼大事　努力把宣传思想工作做得更好"，载《人民日报》2013 年 8 月 21 日。

中国故事可分为三个层次。第一层次，是关于中国人的集体记忆及其"共同"的日常经验与情感。第二层次，是对当下中国社会的个体性认知与理解。对国内观众来说，当下中国的社会现实与自身的生活状态息息相关；对国外观众来说，中国改革开放40年取得的举世瞩目的成就，能够为世界发展提供某种有益的中国经验。第三层次，就是具有中国文化传统的人生哲学与思想。[1] 当然，这三个层次有所交融，中国精神、中国智慧植根于几千年来中华民族的生活实践以及新中国成立后的中国经验。"讲好中国故事"就是要讲述中国人在历史与现实中的集体记忆与个体体验，以及中华文化所积淀的思想智慧。同时，从国际传播的视野看，又要在民族性与世界性、独特性与共通性之间找到一个平衡点，以便"中国故事"更好地被他国受众所接受，减少"文化折扣"。[2]

文化传播由于涉及民族国家的价值理念、意识形态，很容易在当下复杂敏感的国际政治格局中遭到抵制。电影因其形象性、可观性、情感性，能有效地钝化、淡化意识形态色彩，更能潜移默化地传递国家价值观，并易于被他国受众接受。中国电影作为具有大众媒介传播力的叙事艺术，可以成为讲好中国故事、传播好中国声音的重要媒介。

2019年上映的国产影片《流浪地球》成为春节档的"票房黑马"，首日票房达1.87亿元，累计票房达46.86亿元（数据来源于猫眼电影），并且先后获得第九届北京国际电影节最佳视

---

[1] 陈林侠："国际视野与中国灵魂：中国电影讲好中国故事"，载《电影评介》2019年第Z1期。

[2] 文化折扣的概念由加拿大学者霍斯金斯和米卢斯于1988年提出，是指因语言、文化背景、历史传统、价值观的差异，文化产品不被其他地区受众认同而导致其价值减损，从而产生文化折扣现象。

觉奖、第 32 届中国电影金鸡奖最佳故事片奖、第 32 届东京国际电影节金鹤奖最佳作品奖、第 28 届华鼎奖最佳影片奖等众多奖项。《流浪地球》口碑与票房齐飞,在国内影视文化界引发热烈讨论,不少评论家称之为"中国第一部硬科幻电影",是开启"中国电影科幻元年"的力作。

　　《流浪地球》不仅在国内引发热议,而且随着影片在国外的上映,以及在视频网站 Netflix 的上线,在国外也引发了较大反响。影片在北美市场的票房达 587 万美元,上座率达 90%,在国外知名电影网站"烂番茄"和 IMDb 颇具关注度,在一定程度上实现了中国文化成功走向世界。分析"烂番茄"网站的顶级影评人(Top Critic)和 IMDb 网站的普通用户评论可以看出国外受众对影片的态度与评价。"烂番茄"是全球知名电影评论网站,《流浪地球》在"烂番茄"上的番茄指数(好评)为 70%,共有 37 位专业影评人撰写评论,其中 26 位给出代表好评的新鲜番茄,11 位给出代表差评的烂番茄;37 位专业影评人中有 9 位顶级评论家,其中,7 位给出了新鲜番茄,2 位给出了烂番茄。[1] IMDb(Internet Movie Database)是全球信息量最大最全的电影数据库网站,注册用户可以给任何一部影片打分并加以评述,网站根据影片所得平均分、选票数目等计算得出影片的加权平均分并以此进行排行。IMDb 的数据显示,共有 26 980 位IMDb 用户为《流浪地球》打分,最终得到的加权平均分为 6 分(10 分制)。[2] 从以上数据可以看出,无论是专业影评人,还是普通观众,对《流浪地球》的评价肯定多于否定。下面选取给出

---

〔1〕　参见 https://www.rottentomatoes.com/m/the_ wandering_ earth,最后访问日期:2021 年 2 月 16 日。

〔2〕　参见 https://www.imdb.com/title/tt7605074/? ref_ =nv_ sr_ srsg_ 0,最后访问日期:2021 年 2 月 16 日。

新鲜番茄的 7 位顶级评论家的评论来分析国外受众的观感。[1]

凯伦·汉（Karen Han）认为美国流行文化的指纹遍布整个电影，但除了少数俄罗斯宇航员外，这些人物几乎全部是中国人，几乎每个人物都会获得英雄般的锤炼，而不是一个人物成为地球的救星。影片充满对人类的衷心诉求和对未来的希望。令人眼花缭乱的科幻布景让影片显得有些动人。[2]

马修·莫纳格尔（Matthew Monagle）认为，精通国家与电影之间关系的评论家无疑会对电影的某些主题有很多话要说，但这不应减损这一事实，即作为一项广泛的娱乐活动，影片有很多乐趣可言。

伊丽莎白·克尔（Elizabeth Kerr）认为，这部电影有几个冰冻世界的场景非常酷，对木星大红斑的诠释非常精彩；传达了令人愉快的充满希望的人道主义信息；似乎正在完成张艺谋的《长城》无法赢得全球观众的挑战；郭帆导演始终专注于他的核心受众，讲述了一个"非常儒家"的故事——一位可敬的父亲和心怀怨恨但最终释怀的儿子，以及两人在治愈创伤的道路上为更大的事业而行动。

理查德·库佩斯（Richard Kuipers）认为，影片展现了在地球面临毁灭的时候，普通角色争相介入的特效盛宴。其引人注目之处在于民族主义和政治宣传的缺席，取而代之的是一个传统的故事：不同国家和人民齐心协力拯救地球，背负着巨大的罪恶、牺牲和对人类的救赎。在全球冲突与分裂如此盛行的今天，这些希望与团结的信息无疑在许多观众中引起了情感上的共鸣，创造

---

〔1〕 这些评论都来自"烂番茄"网站，原文为英文，笔者翻译成中文。

〔2〕 Netflix's The Wandering Earth is a thrilling mix of 2001：A Space Odyssey, Armageddon, and Gravity.

了积极的口碑，并使这部电影更容易为国际观众所接受。

　　因库·康（Inkoo Kang）认为角色仍然是原型，但这部电影最终赢得了它的甜蜜的感伤。影片的世界观很新颖，展示了气候变化对人类基础设施带来的巨大挑战，而提供的应对危机的方案也是很迷人的概念。

　　西蒙·艾布拉姆斯（Simon Abrams）在评论开头就称赞《流浪地球》"治愈了我的冬季抑郁症"，肯定《流浪地球》是一部伟大而独特的中国科幻电影，认为影片将小说原著与美式科幻灾难电影元素相融合，但它充满活力的视觉效果和引人入胜的情感方式彰显出与"西方表兄们"的区别：没有围绕一个由支持者包围的孤独英雄来讲述故事，而是将无畏精神慷慨地赋予一个群体；这是一场关于气候变化后灾难的非政治性大片，团队合作的理念跨越代际和国界；特技效果比大多数美式电影更好看。

　　塔莎·罗宾逊（Tasha Robinson）认为《流浪地球》展示了中国电影制作的新面向——着眼于未来，而不是中国传统上宏伟、庞大的历史史诗。电影真正引人注目的地方是壮观的景象，尤其是在地球漫游宇宙的场景中，地球被微小的蓝色喷射物所环绕，留下了神奇的太空轨迹。郭帆导演更关心集体救援项目，而不是任何个人角色，与正在寻找一个杰出英雄的美国观众相比，影片的价值观对中国观众来说更有效。《流浪地球》感觉像是一幅说明中美价值观之间相似性和差异性的例证。电影充满了美国观众所熟悉的图像和瞬间，也有美国观众所熟悉的家庭亲情和牺牲精神，但是，影片将重点放在全球集体行动，国际合作的需要以及该集团的意愿超过个人的意愿上。

　　从评论的具体内容来看，影片的视觉效果和价值理念得到的肯定最多。在价值观方面，主要涉及集体主义、团结合作、希望与乐观、"儒家"故事、人道主义精神等方面，其中包含了中国人的集体记忆和个体体验，以及中国传统文化积淀的思想智慧。可以说，《流浪地球》显现了中国故事海外传播新亮点，尤其是在凸显人类命运共同体意识和激活传统文化价值观方面可圈可点。站在当下中国积极提升国家软实力、谋求国际话语权的时代背景下，探讨影片讲述中国故事、传达中国气派、构建国家形象的成功之处具有非常重要的价值和意义。

## 第二节　凸显"人类命运共同体"意识

2012年党的十八大明确提出"要倡导人类命运共同体意识，在追求本国利益时兼顾他国合理关切，在谋求本国发展中促进各国共同发展"。2017年1月18日，国家主席习近平在联合国日内瓦总部发表题为《共同构建人类命运共同体》的主旨演讲，指出"当今世界充满不确定性，人们对未来既寄予期待又感到困惑。世界怎么了、我们怎么办？这是整个世界都在思考的问题，也是我一直在思考的问题"。[1]演讲回顾了近100多年来的历史，分析了当前的世界局势，认为人类正处在大发展大变革大调整时期，各国相互联系、相互依存，全球命运与共、休戚相关；同时，人类也正处在一个挑战层出不穷、风险日益增多的时代。[2]"让和平的薪火代代相传，让发展的动力源源不断，让文明的光芒熠熠生辉，是各国人民的期待，也是我们这一代政治家应有的担当。中国方案是：构建人类命运共同体，实现

---

〔1〕习近平："共同构建人类命运共同体"，载《习近平谈治国理政》（第2卷），外文出版社2017年版，第537页。

〔2〕习近平："共同构建人类命运共同体"，载《习近平谈治国理政》（第2卷），外文出版社2017年版，第538页。

共赢共享。"〔1〕

《流浪地球》整部影片的架构和叙事充分传达了人类命运共同体这一理念，即我们只有一个地球，这是我们共同的家园，当灾难降临，只有各个国家和地区的人们携手合作，才能应对并战胜灾难。

## 一、宏观架构的全球化视野

影片的情节构架大气磅礴，放眼全球。影片开始，镜头对准发生在地球上的一场山火、一次旱灾、一个物种的灭绝、一座城市的消失。这些灾难散布在地球的各个角落，人类起初不以为意，但这些零散的灾难汇聚到一起，就会带来威胁整个人类生存的灭顶之灾：太阳急速老化、迅速膨胀，将吞没整个地球，直至整个太阳系都不复存在。面对这场灭顶之灾，人类表现出前所未有的团结。为了让更多的人活下去，联合政府提出"流浪地球"计划，决定将地球推离整个太阳系，飞向 4.2 光年外的新家园。人类倾尽所有资源，在地球表面建造上万座"行星发动机"，为地球飞离太阳系提供动力。在每座发动机下建造一座地下城，为人类提供庇护所。至此，人类这一诞生于太阳系的渺小族群踏上了 2500 年的流浪之旅。"流浪地球"这一大胆构想超越了民族国家的界限，将人类命运放在整个宇宙中加以审视，讲述一个事关生态环境、人与自然和谐共生、人类共同应对灾难的故事。而且，这一构想刷新了美式灾难科幻片"诺亚方舟"的逃离范式，提出了带着地球一起流浪的中国方案，体现了"中国的大国气派和高远情怀"，即"着眼于对人类

〔1〕　习近平："共同构建人类命运共同体"，载《习近平谈治国理政》（第 2 卷），外文出版社 2017 年版，第 539 页。

生存发展未来的思考，体现出中国作为一个负责任的大国，对于人类生存发展的远见卓识和使命担当"。[1]

随着情节的推进，电影呈现的空间不断转换：从地下城居民所在的地下空间，到刘启、韩朵朵以及王磊、周倩等救援队人员所在的地面空间，再到刘培强、马克洛夫等人所在的"领航员号"国际空间站。地下空间代表的是普通平民的生活世界，地面空间代表的是实施救援的现代工业世界，国际空间站代表的是引领人类未来走向的高科技世界。三层空间有机串联在一起，贯穿始终的是全人类团结合作，带着地球逃离太阳系的终极目标。三个空间在某种意义上折射出当下的国际格局，即世界各国因其经济实力和社会发展水平不同而被划分为第一世界、第二世界、第三世界。影片彰显的是三个空间休戚相关、命运与共，一起拯救地球，隐喻三个世界的国家同心协力，保卫人类赖以生存的唯一家园。这体现出中国在与各国交流交往中坚持真诚相处、平等对待的规则，重视构建相互尊重、合作共赢的新型关系，最终向世界呈现构建"人类命运共同体"的理念。

## 二、微观叙事的"世界公民"意识

世界公民不仅关心自己的民族和国家，也关心世界上其他地方的事务。世界公民意识视所有生活在地球上的人为休戚相关的共同体，将公民的责任与道义放在全球化的背景当中去考量。全球化背景下的"世界公民"，必须具有世界眼光和心系人类命运共同体的情怀，能够把其他国家和民族的国民看成是和自己一样的人类成员，不因国家、地域、民族、阶层、肤色和性别不同而产生歧视，能够尊重不同的语言和文化；"世界公

---

[1]　"《流浪地球》，爆款如何打造"，载《电视指南》2019 年第 5 期。

民"应该有责任、有担当，身体力行，积极参与世界事务，努力促进世界的正义与美好；"世界公民"还应该具有同理心，能够通过移情达到站在对方角度思考问题的高度，这样才能真正关心他人疾苦，愿意帮助弱势群体，想他人之所想，急他人之所急，做到"老吾老以及人之老，幼吾幼以及人之幼"。[1]

《流浪地球》的微观叙事体现了"世界公民"意识。影片开头，地球即将被太阳吞没，人类面临生死存亡，中国航天员刘培强选择告别家人，加入国际空间站。他对四岁的儿子刘启说："爸爸要去执行任务，世界上最重要的任务。"影片临近结尾，当得知引爆木星的推进器所喷射的火焰高度还差 5000 公里，刘培强对儿子说"爸爸又要去执行任务了，这是爸爸一生中最重要的任务"。然后选择带着 30 万吨燃料撞向木星的引爆区域，牺牲自己，让地球获得新生。刘培强为了拯救人类和地球，缺席了儿子的成长，一度遭到儿子的误解和怨恨，在最后关头不惜牺牲自己的生命，他身上承载的是积极参与国际事务、心系人类命运的大爱情怀。"对于好莱坞来说，美国超级英雄一次又一次从末日、末世中拯救人类和地球是司空见惯的常态，从电影一开始，这个中国人拯救地球的故事就放置在全球视角中。这不是中国的灾难，也不是亚洲的灾难，而是整个地球、人类所面临的灭顶之灾。对于中国电影来说，这种全球叙事并不常见。这种中国人以人类的名义挑大梁更是罕见，可以说这是中国经济崛起之后出现的一种崭新的文化经验和主体意识。"[2]

此外，联合政府、国际救援队、苏拉威西岛行星发动机工

---

〔1〕　郑琪："玛莎·努斯鲍姆的'世界公民'思想与构建'人类命运共同体'"，《北方论丛》2019 年第 6 期。

〔2〕　张慧瑜："《流浪地球》：开启中国电影的全球叙事"，载《当代电影》2019 年第 3 期。

作站的工作人员以及"领航员"空间站的宇航员，都是来自不同国家地区，拥有不同语言和文化的"世界公民"。他们走出国家视阈，关注超越自身所属国家或民族范围内发生的事情，主动承担拯救整个人类的责任。影片在塑造这些人物时，充分尊重了不同民族的文化。比如，俄罗斯宇航员马克洛夫一出场就拿出一瓶伏特加，充分体现了无酒不欢的俄罗斯民族特性；日本人有根深蒂固的武士道精神，在地球爆炸前选择吞枪自杀；德国人在生命的最后时刻选择回头救援是基于理性思考："七天肯定是回不了家的，不如去救援"。共同的灾难将这些不同地域、不同文化背景的人聚集在一起，展现了开放包容的文化多元主义。在全球冲突与分裂日益加剧的今天，这种面向未来的世界性姿态无疑更能引起观众的情感共鸣，使影片更容易为国际观众所接受。"在这个意义上，中国不只是学会了科幻电影的特效，更学会了在文化心态上完成了一次'翻身'。这种新的文化经验，突破了80年代以来'落后就要挨打'的悲情叙述，也改变了21世纪加入WTO之后中国作为世界秩序学习者和模仿者的状态。中国一方面有资格思考'人类命运共同体'的大问题，另一方面也尝试用自己的方案和经验来回应普遍性的问题，这是《流浪地球》所带来的文化启示。"[1]

## 第三节　激活传统文化价值观

《流浪地球》之所以在海外被普遍认可，很重要的一个原因是影片对不同文化进行了较好的平衡与融合，在表达中国传统

---

〔1〕 张慧瑜："《流浪地球》：开启中国电影的全球叙事"，载《当代电影》2019年第3期。

文化价值观的同时，能够考虑跨文化传播语境下观众的思想认知差异。通过对集体主义精神、愚公移山精神、家国情怀等传统文化价值观的现代重构，在民族性与世界性、独特性与共通性之间找到了合适的平衡点。

## 三、超越个体的集体主义精神

英美文化凸显个人主义，中国传统文化强调集体主义。《流浪地球》没有照搬好莱坞式的个体英雄之路，而是在个体与集体之间做出了微妙的平衡。影片没有着力打造好莱坞科幻电影中常见的凭一己之力拯救人类的孤胆英雄，而是注重塑造群体英雄形象。这个群体中有刘培强这样身负重任的"大人物"，有王磊这样坚毅神勇的救援队长，但更多的是像刘启、韩朵朵、刚子、刘倩、老何、李一一、混血儿 Tim 这样的普通人。在人类面临生死存亡之际，每一个个体都爆发出惊人的能量，共同寻求生的希望。

在点燃木星推离地球的高潮部分，影片渲染了刘培强驾驶空间站引燃木星的壮举，也把镜头较多地对准了王磊队长冷静组织大家推针和撤离的场景。同时，影片也交代，是刘启提出点燃木星为地球提供转向动力，李一一负责修改程序和分配任务，老何解决电路问题，韩朵朵向各国救援人员喊话请求援助。这表明"拯救地球"的行为不再是单个英雄之举，而是成千上万的个体、各国救援队共同参与合作的全人类救援。影片使用了全景俯拍镜头展现苏拉威西附近救援队掉转车头时的壮观画面，描绘出团结一心、众志成城的场景，恰如其分地传达出集体主义思想和人类命运共同体的理念。当然，影片在表达集体主义意识的同时，也相对突出了刘培强、王磊、刘启等个体英雄的表现，肯定了个体在集体中的适度位置，其间的分寸拿捏得当，较好地适应了跨文化语境下的观众的思想认知。

影片没有把英雄人物打造成具有超级能力的完美人设，没有掩饰他们身上的缺点、弱点，显得真实可信。刘启作为个体英雄的代表，有着相对完整的成长曲线。故事伊始，刘启充满对父亲的不解、怨恨。得知父亲第二天将返回地面，他与黑帮进行地下交易伪造身份，试图逃离地下城以避免父子相见。成功到达地表后，他又偷走姥爷韩子昂的运输车并违规驾驶。连人带车被救援队征用后，他目睹了救援队成员牺牲小我、顾全大局的无私奉献精神，思想开始慢慢改变。面对木星引力突然加剧，刘启与救援队成员群策群力，提出了点燃木星拯救地球的方案。父亲刘培强的牺牲，使刘启一方面感受到了伟大的父爱，另一方面也理解了父亲牺牲自己、拯救全人类的大爱精神。至此，刘启完成了精神蜕变，影片末尾，刘启成为一名航天员，接续父亲未竟的事业。纵观整部影片，创作者都无意在刘启身上展示传统好莱坞式个体英雄的光环，而是展现了一个叛逆少年的成长、一个有弱点的"小人物"如何成长为有集体意识的英雄。与此类似，韩朵朵从不谙世事的中学生成长为向全球喊话，号召大家参与救援的英雄；混血儿 Tim 从性格懦弱、胆小怕死之徒成长为救援队中的一员。他们就像是点点星光，虽然微小，汇聚在一起就能点亮延续人类文明的星空。

## 四、迎难而上的"愚公移山"精神

愚公移山是中国人耳熟能详的故事，承载着中华民族勇敢坚毅、迎难而上的集体记忆，体现了中国传统文化中人定胜天的乐观主义精神。"愚公移山"精神流淌在中国人的血液里，伴随中华民族历经历史沧桑，走向伟大复兴。中共七大上，毛泽东把愚公移山精神与抗战胜利后中国共产党率领全国人民搬掉压在中华民族头上的帝国主义、封建主义这两座"大山"的重任联系在一起。愚公移山精神成为中国共产党带领全国人民克服艰难险阻、战胜强敌，最终走向胜利的强大精神动力。在第二届一带一路高峰论坛上，习近平主席在探讨可持续发展话题时提到了愚公移山的故事。习近平主席说："在气候变化上，我们采取的行动就是本着愚公移山的精神。我相信这是一条正确的路。"从《流浪地球》讲述的故事来看，这是一个典型的人定胜天的故事，与愚公移山的故事具有相同的精神内核。

影片中刘培强与俄罗斯宇航员马卡洛夫的对话正体现了愚公移山精神。

刘培强："想带儿子去贝加尔湖钓鱼。"

马卡洛夫："贝加尔湖的冰变成液态至少也得 2500 年后了。"

刘培强："没事，我们还有孩子，孩子的孩子还有孩子，终有一天，冰一定会化成水的！"

马卡洛夫："刘，我相信你说的那句话。总有一天，冰会化成水的。到那时候，我们再带着孩子们去钓鲑鱼。"

马卡洛夫的言外之意是说要等地球到达新家园后才能有适宜人类生存的环境，届时刘培强早就死了，哪有可能带着孩子去钓鱼。刘培强的回答与神话故事《愚公移山》中愚公对智叟的回答如出一辙，一代人完成不了的事情就交给下一代，子子孙孙无穷尽也，必定会取得最后的胜利，透露出中国人坚定乐观的人生态度。正是秉持这种人定胜天的坚定信念，才会有"带着地球去流浪"的勇气，开启长达 2500 年的宇宙流浪之旅。

影片结尾详细介绍了流浪地球计划：第一阶段，人类倾尽所有，建造一万座驱使地球前进的"行星发动机"和一万座庇护人类生存的地下城。第二阶段，围绕赤道一周的"转向发动机"相继开启，驱使地球停止自转。第三阶段，地球将利用太阳和木星完成最后的加速冲刺，正式踏上流浪之旅。第四阶段，地球脱离太阳系后，"行星发动机"全功率开启，将用500年的时间加速至光速的千分之五，并滑行1300年，随后，调转发动机的方向，再用700年，进行减速。第五阶段，地球泊入目标恒星系，抵达新家园。这个计划将持续100代人，耗时2500年，最终将人类带到4.2光年之外的新家园。5个阶段、100代人、2500年、4.2光年等一系列的数字暗喻了流浪地球计划的艰巨和愚公移山精神的可贵。刘启成长为新一代航天员，接续父亲未竟的事业，继续开启流浪地球计划，隐喻了愚公精神的必胜气概。

当今世界，人类面临资源枯竭、重大传染性疾病、全球气候变暖等重大安全威胁，人类亟需生命不息奋斗不止的乐观精神，需要一代又一代人的接力奋斗去应对人类面临的挑战，中国古代神话故事《愚公移山》为人类未来发展提供了新视角新思路。"《流浪地球》用中国古典故事的叙事修辞，挖掘出愚公移山神话故事背后的文化力量，折射出中华民族不屈不挠的奋斗精神，改变了国外观众对中国文化保守有余的中庸印象，彰显出中国文化斗志昂扬与勃勃生机的新时代国家形象。"[1]中国传统故事在新时代下焕发出生命力，提供引领人类前进的中国智慧，为中国电影激活传统文化价值提供了蓝本。

## 五、直抵人心的家园情感

《流浪地球》除了凸显中国精神、中国智慧，还尽情渲染了

---

〔1〕 姜保红："《流浪地球》的国家修辞策略——人类命运共同体视域"，载《阜阳师范学院学报（社会科学版）》2019年第6期。

中国人对家庭、对土地、对家园的眷恋之情，体现了一个农耕民族的内在情感逻辑。与"家"有关的词汇多次出现在人物对话、独白和电影的旁白中，从中我们可以看到血浓于水的亲情以及人类对于地球家园的坚守。

**场景一：韩子昂途经上海时的独白**

朵朵，别害怕，这里是爷爷的家。你看那些高楼，以前都住满了人。那个时候，还没有人关心太阳，大家都关心一种叫钱的东西。爷爷那时候赚不到钱，但每天还是很开心，尤其是每天回家很远很远就可以闻到你奶奶做饭的味道。其实你奶奶真不会做饭，就会煮葱花面。我跟你们说，她那碗葱花面，咸的是不得了，可我一口都不敢剩，每次都得吃光。

这一场景出现在韩子昂、韩朵朵、刘启被救援队征用，前往杭州驰援途经上海的路上。看到曾经的家面目全非，韩子昂一边深情回忆妻子做饭的味道，一边反思人类对物质的过度追求毁了生存的家园。家带给人的温暖是无法用金钱衡量的，它让人有了来处，有了归途。

**场景二：韩子昂临终前的独白**

地球停转的第十七天，我救了一个孩子，无数双手把她推到了我的面前，我不知道她的父母是谁，那水下的每一个人，都是她的父母。我给她取名叫韩朵朵，我把我闺女的名字给了她。孩子，不怕，以后我们就是一家人了。

这段独白交代了韩朵朵的身世。韩朵朵的名字沿用了韩子昂女儿的名字，而她的生命是水下所有遇难者给的。她的身上传承了家庭亲情，也承载了人间大爱。

**场景三：刘启与王磊在苏拉威西 A3 补给站的对话**

刘启："那个大家伙，是鲸鱼吗？"

王磊："应该是。"

刘启："它怎么在这儿啊？"

王磊："游这么远，应该也是为了回家吧"。

刘启："回家？"

王磊："等任务完成，你和你爸就可以团聚了。"

刘启："小时候，有人跟我说，他就是天上的星星，只要抬头就能看见，后来才知道都是骗人的。北京，根本看不见星星。其实在我心里，那颗星星早就不存在了。姥爷跟我说，要护着妹妹，带朵朵回家，我一定带朵朵回家。"

刘启与王磊的对话从鲸鱼回家的渴望，谈到人对家的牵挂、亲情的可贵，凸显了中国人的乡土情结和家园眷恋。

除此以外，影片中还有多次提到"回家"一词，表明了家对于每一个人的重要性。比如刘培强在空间站服役期满，空间站同事祝贺他终于可以"回家"；马卡洛夫逃离休眠仓遇险时大喊"妈妈，我想回家"；刘启在地表经历姥爷去世后对妹妹韩朵朵提到"回家"；刘培强驾驶航天器冲向木星燃烧区时说道"回家"；还有地球即将撞上木星时，各国救援队员抓住最后的时刻"回家"；韩朵朵在全球播报请求支援时呼唤"希望是我们唯一回家的方向"。从这个意义上说，《流浪地球》带着浓郁的中国乡土气息，是典型的中国传统"家文化"的现代再现。正因如此，人类割舍不断对地球这一人类唯一的家园的眷念，当灾难来临，人类同心协力、前赴后继，要带着地球一起去流浪。影片通过亲情这一人类的共同情感"液化"国与国之间的界限，淡化中国人的身份，将其内化为人类共同体中"我们"群体的一分子，使得影片的教化功能不过于外显。[1]就影片的对外传播而言，《流浪地球》的这种做法无疑是成功的。

总之，《流浪地球》凸显了人类命运共同体意识，并通过对传统文化价值观的现代转换实现了中国与世界在价值观表达上的成功对话。如何寻找那些能引起不同民族和国家共鸣的人类价值、如何用适当的艺术手法让更多的外国受众增进对中国的了解，是讲好中国故事的关键。《流浪地球》是有益的尝试，中国电影任重而道远。

---

[1] 郁轩、肖涛、王中伟："讲好中国故事的影像化呈现——以电影《流浪地球》为例"，载《卫星电视与宽带多媒体》2020年第13期。

第十五讲

# 经济奇迹背后的文化自信
## ——深圳特区

谷向伟

"看准了的就大胆地试，大胆地闯。发展才是硬道理。"[1]

作为我国最早成立的四个经济特区之一，深圳创造了世界城市化和现代化史上的罕见奇迹，也让不少人难以把今日的深圳与昔日的小渔村联系起来。深圳的发展逻辑与实践路径自然值得深入研究，但其文化魅力和力量也有必要探讨。设想一下，如果只是有钱，那一座城市有什么可爱、可取、可恋呢？要知道，文化才是一座城市深层而持久的魅力所在！深圳如何成为当代年轻人喜欢的择业、创业乐土，不妨看看她的过去、望望她的将来。

## 第一节 自强创新之魂

未曾深入了解时，你可能在脑海中会浮现出一些标志符号，比如"改革开放窗口""华为""深圳大学""世界之窗""深圳

---

〔1〕 "邓小平南行讲话"，载 https://www.bilibili.com/read/cv12309107/，最后访问日期：2022 年 4 月 12 日。

速度""深交所"等，当你置身其中之后，你对深圳的历史与未来就会有更深入的认知和自信。

## 一、渔民村的变迁

四十年在中国的历史长河中不算太短，也不算太长，但深圳四十年改革开放对于今日中国两大文明的意义却在于给我们奉献了一种精神，一种兼具自强与创新特质的特区精神。"观其所由"，更觉深圳所取得的每一个辉煌都来之不易，都为之有道。让我们先把目光回落到《中国1978》，一起感受那个激情燃烧时代的律动与新潮。

1978年对于"00后"来说久远而陌生，期间发生的很多事情说出来大家都觉得是天方夜谭。那一年有一位叫做皮尔·卡丹的服装设计师第一次出现在了北京王府井，这也是中国人第一次开始触摸时尚的味道；那一年可口可乐进入了中国，但也只有在涉外宾馆才能享用，普通人根本无福消受；也是在那一年，中国有一位老人登上了美国《时代》周刊，成了这一年的年度世界风云人物，而且被冠以时尚的称号，"一个新的中国的梦想家"，他的名字叫"邓小平"！后来，这位中国改革开放的总设计在中国的南海边画了一个圈，中国诞生了一座叫"深圳"的城市。

有一种速度叫"深圳速度"，有一种奇迹叫"深圳奇迹"。欲窥特区全貌，让我们先从深圳的原点说起。

渔民村，在中国的大江大河、大湖大海周边有许许多多，而深圳罗湖区的渔民村格外特别。20世纪70年代的深圳河边有个普通小村庄，房屋低矮，稀稀疏疏；渔民清苦，靠河谋生。与隔河而望的香港相比，她太落后、逊色了。随着十一届三中全会的召开和中央建立深圳经济特区决定的出台，这座小渔村的宁静和自然发展被打破了，祖祖辈辈生活艰辛的"犁头尖"人做梦也没想到变化会这么快，[1]以至于渔民村盖房子的速度有点跟不上深圳的发展速度。1981年村里规划建设了32栋两层楼的别墅，一家一户，自带鱼塘；20世纪90年代渔民村发展成了城中村，家家户户自己加建，五层六层，高低不一；2004年，渔民村改建后，1栋20层高的综合楼和11栋12层的小高层呈现在众人面前，单元房1300套，由此诞生了城中村改造的"渔民村模式"；[2]众所周知，脏乱差的城中村一直是大城市的顽疾，如何改造是个社会性难题。渔民村模式给深圳的城中村改造提供了范例。抛开各自为利的小算盘，解决村民心中的顾虑，以发展谋求更好、更优裕的生活，自然就能把难事办成广大村民拥护的好事。如今，渔民村已经跨进了"5G"时代，智能门禁、智能巡逻、自动图书机等一应俱全。

"渔民村既是深圳的叙事起点，也是改革开放30多年辉煌成就和深刻变迁的缩影。"[3]人们往往如此定义渔民村之于深圳的意义。渔民村是深圳发展的一个缩影，放眼整个特区，这片土地总能时时处处给人惊喜。四十年的拼搏奋斗，四十年的风雨兼程，四十年的披荆斩棘，四十年的革故鼎新，深圳变高了，变大了，变美了！

1985年，位于罗湖高160米的深圳国贸大厦建成；

---

〔1〕 据《渔民村村史》记载，犁头尖是渔民村的小码头，载 https://baike.baidu.com/item/%E7%BD%97%E6%B9%96%E6%B8%94%E6%B0%91%E6%9D%91/12759203？fr=aladdin，最后访问日期：2022年6月8日。

〔2〕 凤翔："深圳人与深圳精神 春天故事：五湖四海的创业者们"，载《国家人文历史》2020年第16期。

〔3〕 "罗湖渔民村"，载 https://baike.baidu.com/item/%E7%BD%97%E6%B9%96%E6%B8%94%E6%B0%91%E6%9D%91/12759203？fr=aladdin，最后访问日期：2022年6月8日。

1996 年，高 384 米的亚洲第一高楼地王大厦落成；

2016 年，总高度为 599.1 米的平安国际金融中心竣工；

2018 年，仅福田区年税收过亿的楼宇达 86 栋。

城不在高，智慧则灵。当前，深圳正在打造国家智慧城市标杆城市，通过"城市大脑"和"云上城市"实现万物互联、万物感知、万物智能。

## 二、华为管理创新

深圳之强，强在有一大批顶尖的国内、国际知名企业。华为、中兴、腾讯、万科、腾邦、比亚迪、平安保险、招商银行等，其中华为自我革新与涅槃的故事最为人们津津乐道。

1987 年，任正非为了养家糊口，创办了华为公司，员工十几个、厂房一小间。发展到 2020 年，华为全球销售收入 8914 亿元人民币，员工近 20 万人；2020 年《财富》世界 500 强企业榜单，华为排在第 49 位。

试水香港、开启俄罗斯之旅、进军欧美、征战亚非拉，市场部大辞职、改造管理和流程、全球合资、出售荣耀……一路走来，华为创新不断，改革不停。任正非曾说，"华为没有成功，只是在成长"。华为的标杆示范意义，一在持续的科技与管理创新，二在深入的国际化。华为的员工中，科研人员占比接近一半，而国际化的管理团队更是集团的一支奇兵。华为在发展的过程中，经历的风险与挑战可谓无数，但最经典的断臂求生之举当数华为向 IBM 拜师学艺。

一、缺乏准确、前瞻的客户需求关注，反复做无用功，浪费资源，造成高成本；二、没有跨部门的结构化流程，各部门都有自己的流程，但部门流程之间靠人工衔接，运作过程被割

裂；三、组织上存在本位主义，部门墙高耸，各自为政，造成内耗……[1]

1997 年圣诞节，在分别考察了休斯、朗讯、惠普以及 IBM 之后，任正非下定决心，自己要以郭士纳为榜样，华为需拜 IBM 为师。说到便执行，为此华为斥资 40 亿元学费开始了刮骨疗毒般的革新。1998 年 8 月 29 日，第一期 50 多位金发碧眼的 IBM 顾问进驻华为，管理大变革正式开启。上述结论便是美式诊断问题报告的前三点。对于诊断结果，任正非一锤定音，"华为就是要请这种敢骂我们、敢跟我们叫板的顾问来做项目"。

从传统走向现代，我们已经走了一百五六十年。国际化也是现代化的应有之义，很大程度上取决于经济主体的各个公司的国际化管理，其中的核心问题就是提高效率。如何提高公司效率，华为的实践给国人上了深刻而生动的一课。这其中包括解决客户需求既要准确，又要前瞻；打破部门壁垒，进行顺滑衔接；全局利益第一，部门责任当先。

孔子说，"知错能改，善莫大焉"。华为借美国良医良方治自身顽疾，换来了以后的脱胎换骨。华为的故事和成绩，人们时不时都能听上一些，但其中的奥妙，又有几人能解？其实社会上从来不缺对成功企业的赞美或恭维，但挖掘它们成功背后的所思所想、所作所为，才更有意义和价值。透过任正非和华为的奋斗史，我们明白，一个让国人引以为傲的成功企业家，一个闻名全球的公司，并没有什么灵丹妙药，而是踏踏实实、认认真真地学习再学习，创新再创新。显然，管理创新要拿得出真金白银，国际化也不是简单的合作或模仿。

---

[1] "华为公司为什么让竞争对手恐惧？"，载 https://baijiahao.baidu.com/s?id=1620423727562221990&wfr=spider&for=pc。

1998 年实施的《华为基本法》是中国第一部总结企业战略、价值观和经营管理原则的"企业宪法";自 2000 年起,华为聘用毕马威作为独立审计师;2014 年华为首次召开企业业务的经销商反腐大会,2016 年华为法国数学研究所成立,2019 年华为的研发投入达 1317 亿元,2021 年华为居全球最具价值 500 大品牌榜第 15 位……

"所有过往,皆为序章。"华为的故事还在继续!

### 三、奋斗者爱做志愿者

新时代深圳精神被概括为"敢闯敢试、包容开放、务实尚法、追求卓越"。这种精神的拥有者,正是深圳那些最美的奋斗者。其中既有外卖小哥、建筑工人、小区保安、大学教师,也不乏科研人员、医生护士、创业青年、企业老总,当你置身于这座忙碌之城时,听到最多的就是人们对美好生活的愿望,对亲朋好友的关爱,对工作事业的拼搏,对社会发展的关切。

深圳不单是一座奋进创新的忙碌之城,也是一个充满爱意的温暖之城。

小家温馨,大家健康。深圳市的和谐运转,跟这里常年活跃着一批又一批的志愿者密切相关。截至 2020 年底,鹏城志愿者接近两百万名,志愿项目累计超过 175 万,服务时长八千多万小时。作为全国志愿服务的发源地之一,深圳志愿服务工作于 1989 年开始探索,到了 2017 年,便进入了 3.0 阶段,那就是制度化、专业化地参与社会治理、凝聚社会共识。以水污染治理为例,已建立起志愿者河长、"河小二""护水骑兵"、红领巾小河长、高校治水联盟等五个"一"志愿服务队伍,成为政府河长的好助手。[1]深圳志愿模式表明，改进志愿服务，共建和谐社会，不仅需要上下同心同力，还需要统筹安排、科学施策。只有动员发挥好专家、市民、大学生、中小学生等社会各界的力量，污水难题才能得到根治并不再反复。

自强创新，并不仅限于经济创新、公司创新，也同样体现在城市运营及市民生活之中。一个城市的全面发展，正是其成熟的标志。到2020年，深圳文化志愿者人数已达2万人！

柴米油盐酱醋茶，深圳人的生活跟别的地区没有差别；忙碌自信而充实，深圳人的生活又是那么特别。"我们不在乎你的身份，来了奋斗就是深圳人！"正如《深圳一日》短片中街头老外说唱的一样，深圳是奋斗者的幸福之城。

## 第二节　科技文明之光

"形而上者谓之道，形而下者谓之器"，科学技术更多的应该是属于"器"层面了；孔子一生"志于道，据于德，依于仁，游于艺"。那么在孔子看来，从事科学技术工作就是"游艺"了。科学技术在中国几千年的历史长河中的地位和作用由此注定不会太突出。

"科学技术是第一生产力。"这是1988年9月5日邓小平在会见捷克斯洛伐克总统胡萨克时提出的重要论断。彼时，中国的改革开放已经进行了十年、深圳也八岁了。

"赛先生"五四时期在中国已经声名鹊起，但真正成为推动经济、社会发展的核心动能，应该是最近四十多年的事情。评

---

[1]　"数说深圳40年丨186万志愿者！深圳无处不在的红色暖流"，载https://www.sznews.com/news/content/2020-08/20/content_ 23471517.htm，最后访问日期：2022年6月10日。

价一个地区发展得好不好，科技是关键。美国硅谷、中国中关村，无一不是人才和科技的集聚高地。

改革铸魂、科技立市，深圳的脚步愈发铿锵有力。

1980年设立特区之际，全市只有一名拖拉机维修员和一名兽医。40年后，深圳科技大军超过200万人，国家级高新技术企业接近两万家，上市公司超过300多家，国家级重点实验室117个……[1]

2020年新年伊始，深圳即召开全市科学技术奖励大会，发出新一年创新发展动员令："向建设具有全球影响力的创新创业创意之都和竞争力创新力影响力卓著的全球标杆城市进军！"

## 一、科技助"来画"起航

"这小小的画笔，并没有花费比别人多太多的成本和技术，但却成长为了一个演示与传播的新潮流。"绘画原本是个艺术活儿，没有这方面的天赋和长期的实践很难画出好的作品；动画制作更是有很高的技术门槛，非专业人士不能入行。但到了人人都是博主、播主的自媒体时代，普通人能否自由创作自己的动画作品呢？这已不是天方夜谭。

"像做PPT一样做视频。"这是"来画"公司的理念。任何一家公司最核心的竞争力都来自产品，而爆款产品往往可以为用户带来省时省力且高品质的体验。来画的客户服务理念正是降低动画视频的制作门槛、提升创意空间。简单来说，用户在创作动画过程中，来画AI技术可以智能识别用户随手涂鸦的图形，自动实时修正其线条、形状，并提供与之类似的素材图片；

---

[1] "深圳经济特区40周年：科技创新成为引领发展第一动力"，载 https://new.qq.com/rain/a/20201210A04IG300，最后访问日期：2022年6月10日。

而智能配音的技术使用户只需在来画平台输入所需文案，便能直接选用"明星声音"，并手动调节语速音调，一键完成配音工作。从画、音两个维度以模块、集成加自我创造的方式完成客户想要的动画作品，来画帮助千千万万的普通人实现了计算机辅助动画设计的梦想。

《我的土楼记忆》《加推品牌故事》《开学季——师生如何预防新型冠状肺炎》等，这些行云流水、堪比大片的动画制作背后有着复杂的平台技术支撑，如多特效高性能动画引擎，提供稳定运行和快速扩展能力的 Windows Azure，进而支持 Surface Dial、Surface 触控笔等 Surface 设备。从做动画到打造全领域数字化云端视频办公创意平台，形成六大产品矩阵，来画搭起了便捷的桥梁，打通了新兴科技应用与短视频动画制作领域的"最后一公里"，从而赢得了大量客户的青睐。在其官网首页上可以看到，新华社、京东、华为、平安银行、字节跳动等都是其客户。更让人意想不到的是，这家风生水起的公司成立时间刚刚五年，领头人是一名毕业于吉林省延边大学的青年小伙。

魏博，来画 90 后 CEO，大学读的专业既不是艺术方面的，也不是计算机方面的，而是金融经济学。是科技让他和他的公司插上了腾飞的翅膀，是深圳提供了他和他的团队放飞梦想的土壤。科技赋能、金融驱动、国际合作，来画像所有的新兴科技公司一样，正在积极构建行业生态圈，打造完整产业链，开拓国内国际市场，以从一个小明星公司成长为一个独角兽巨人。

## 二、格斗机器人大赛来了

深圳之所以扬名天下，不是仅仅满足自我的发展，而是立足国内、放眼全球，形成了以国际市场为导向的外向型经济。

2011 年的《铁甲钢拳》萌生了全球多少青少年的机器人梦

想，后来在深圳有这么一家公司"异想天开"地要把梦想变成现实。华南农业大学毕业的招俊健在 2015 年与人合伙创立了工匠社，2017 年获腾讯数千万人民币 A 轮融资，2019 年与王者荣耀联合打造的盾山机器人亮相上海 ChinaJoy——中国国际数码互动娱乐展览会。

但如何开拓机器人市场呢？毕竟有消费才能有生产。国内用户并非工匠社理想的推广对象，于是公司把目光转向了香港，在产品落地与推广方面他们发现了香港青年的独特优势，那就是在国际平台上的成长背景。因为工匠社早期尚未完善的作品，试错类的客户海外会比较多，所以从技术落地到转化成一个出口商品，可以经由香港再到达世界各地，由此完成快速送样、测试试错、审查、签约等过程。

众所周知，粤港澳大湾区如何有效融合，是各方在努力尝试解决的问题，而工匠社的实践证明广东的科技创新企业可以继续发挥香港国际贸易中心的优势地位。

"科技匠造快乐"，工匠社科技有限公司不仅研发、生产、销售消费级机器人，更希望能开启一项机器人竞技体育运动。为此，他们一方面打造与营销国际化机器人产品，另一方面则积极培育和开拓国内、国际电竞市场。整个团队深知单纯的科技产品只是冷冰冰的零部件组合，只有融入文化的叙事才具有无限的生机与活力。

World University CyberLeague 是由腾讯体育主办的高校电竞联盟挑战赛，钢骑（GANKER EX）是工匠社全球首款"人机一体"消费级格斗机器人，工匠社格斗机器人大赛作为 WUCL 的创新赛事闪亮登场，引发了高校机甲格斗大赛热潮。"燃爆一夏！2020 年 WUCL 工匠社格斗机器人大赛圆满收官！"通过机甲文化与电竞体育精神的相互交融，工匠社创造的"人机一体

—体感操控"格斗比赛迸发出高科技的全新魅力。"可盐可甜，可狼可奶，你想要的样子，我都有。"这是工匠社微博中"钢骑"可爱的自我表达之一，其他如挟持小烛龙、赤橙黄绿青蓝紫涂装天团、反手一击背后气球等搞怪形象比比皆是。从智能机器人的生产，到国际顶级智能体育项目的打造，再到遍布各地的"机灵小匠"加盟店，"工匠社"的机器人产业链布局日渐精密、深入。

某种程度上可以说，深圳是科技智慧的成果结晶。展望未来，她必将呈现给世人更多的惊异和神奇。

### 三、企业家成为一种特产

"一切皆有可能！"这正是深圳科创企业每天都在创造的故事。

"创新是引领发展的第一动力。目前，全球经济已经进入由科技文明驱动的时代，新一轮的科技和产业变革汹涌而来。中国经济进入了由高速增长到高质量增长的发展阶段。"〔1〕要说改革开放前后中国最大的不同，那就是科技从名不见经传的配角演变成了时代的主角。"深圳之所以能超越香港，正是因为香港是工业文明，而深圳是科技文明。"〔2〕专家一席话，让世人对深圳经济腾飞有了一种新的解读。

"比荔枝更能代表深圳特色的，是深圳的民营企业家群体。"深圳研祥集团董事局主席陈志列如是说。研祥目前已经成为中国最大的特种计算机研发高科技企业、工业互联网解决方案头

〔1〕　谢泽锋："科技成就未来"，载《英才》2019年第1期。
〔2〕　章乔晖："半岛议事厅'湾道'系列沙龙第二场　魏达志：招商引资的说法已经过时——科技文明引领大湾区未来增长极"，载《房地产导刊》2019年第5期。

部供应商，其产品是众多产业自动化、智能化、信息化、数字化产品的核心部件。科技的硬核实力是其立足深圳、服务全国、走向世界的底气；而管理文化的软实力则是发挥集团战斗力和提升员工幸福指数的保障。"深度融入公司文化……具有全局观和战略思维……具备跨部门合作的意识和能力……"[1]这是研祥所认可的职业经理的素质，也是集团的管理理念。企业文化春风化雨，润物无声；现代管理科学缜密，高效人性。显然，科技文明之光是自由之光，是智慧之光，更是人性之光。

深圳逐步发展形成了七大战略性新兴产业，即新一代信息技术产业、互联网产业、新材料产业、新能源产业、生物产业、节能环保产业。在细分的每个行业，都涌现出了一批领军企业，有些还成为著名的世界级企业，像比亚迪、大疆、海普瑞、健康元等。经过几十年的发展，深圳民营企业真正成为市场竞争的主题，优胜劣汰、公平竞争的市场体制机制创新还在持续，一个又一个造富神话不断上演。朱保国、李锂、马化腾、王传福先后登场。[2]深圳何以能够成为高科技企业的天堂、成功创业者的摇篮？陈志列曾表示，"其实对企业家来讲，好的营商环境就是八个字：没事不扰，有事必到。深圳把这八个字，做到了淋漓尽致"。

集天下英才而用之，这是深圳市成为"中国硅谷"的原因和科技企业的勃兴之道。当很多地方政府正热衷于招商引资时，深圳已经在全力延揽人才了。1984 年，深圳便设立"人才交流服务中心"；1992 年开始，深圳市领导亲自率团到海外招揽人

〔1〕"研祥集团企业文化"，载 http://www.evoc.cn/qywh/index_ 35.html，最后访问日期：2022 年 6 月 10 日。

〔2〕"没有名牌大学的深圳，高科技产业是怎么崛起的？"，载 https://www.so-hu.com/a/282190387_ 738490，最后访问日期：2022 年 6 月 10 日。

才；1996 年成立深圳市人才大市场；2010 年推出了深圳经济特区关于引进海外高层次人才的"孔雀计划"。除了高科技人才服务体系，深圳市政府还围绕着高科技企业的发展建立了相应的金融服务体系、高科技交易市场体系、以高新园区为平台的区域服务体系、产品配套市场体系等。

筑巢引凤，深圳政府助人才与企业齐飞！

## 第三节 文化创新之魅

改革开放四十年，深圳先后形成了"空谈误国，实干兴邦""时间就是金钱、效率就是生命""敢为天下先""改革创新是深圳的根、深圳的魂""鼓励创新、宽容失败"等"十大观念"。这是深圳经济腾飞的同时获得的一笔宝贵精神财富。"两手抓，两手都要硬。"经济、科技毋庸置疑，那深圳文化又如何呢？

### 一、东纵新传奇

在粤东的大地上亘古流淌着一条江——东江，在 20 世纪中国抗日战争和解放战争中华南活跃着一支英雄的部队——东江纵队。提出"时间就是金钱，效率就是生命"口号的蛇口工业区建设指挥部总指挥袁庚，曾历任东江纵队联络处处长、东江纵队港九大队上校。

衬衫袖管高高撸起，半解开了衬衫扣子，西装搭在手臂上，迈步向前。这是在蛇口文化艺术中心广场上矗立的袁庚雕像。"适应国际市场的特点，走出门去搞调查，做买卖"，这是袁庚1978 年《关于充分利用香港招商局问题的请示》中的几句话，对外开放也由此发端。先搞蛇口岛，后建深圳城，袁老功不可没。但你也许不知道，1978 年他已经六十有一。

如何让东江纵队这一红色品牌重放光芒，让今天的人们不忘共和国缔造者和建设者的初心，努力奋斗，砥砺前行，是深圳市委宣传部、深圳市文化广电旅游体育局和深圳市粤剧团一直在思考的重大课题。

在深圳市宣传文化事业发展专项基金重点扶持与国家文化和旅游部艺术司 2018 剧本孵化项目资助下，大型原创现代粤剧《东江传奇》闪亮登场。2019 年 11 月 12 日、13 日晚，现代粤剧《东江传奇》在深圳大剧院成功首演，艺术地重现了 1941 年中共东江游击队（东江纵队前身）营救在港内地文化名人那段惊心动魄历史。众所周知，这次营救行动，成功营救了茅盾、田汉、欧阳予倩、夏衍、梁漱溟、柳亚子等 300 多位文化名人。茅盾先生称之为"抗战以来（简直可以说是有史以来）最伟大的抢救工作"。《东江传奇》独具匠心，全剧从营救行动的尾声切入，讲述了手枪队队长刘飙和戏班名伶小秋红如何成功掩护文化名人脱险、用生命谱写壮丽生命赞歌的故事。首演成功之后，《东江传奇》2020 年巡演 50 场，并代表深圳舞台艺术精品冲击中宣部"五个一工程奖""文华优秀剧目奖""舞台艺术精品工程"等国家级奖项。由此，"东纵精神"在岭南大地再放异彩，红色基因得以代代传承。

在以社会主义核心价值观为引领的深圳城市精神体系中，自然融合着红色革命传统与改革开放先进文化，关键是如何唱响这类经典故事。《东江传奇》进行了积极探索，也开了个好头。这种文化创意大手笔这些年在深圳不是孤立的、个别的，也不是昙花一现。又如深圳交响乐团全新打造的大型交响套曲《我的祖国》、歌剧舞剧院的原创当代舞剧《追梦人》也在同一时期先后与市民观众见面。

"创新思想理论载体，构建以社会主义核心价值观为引领的城市精神体系……创新文化服务方式，构建以市民精神文化需求为导向的公共文化服务体系……" 2020 年，深圳基本完成了五大文化创新任务，形成了五大文化体系，文化强市的雏形基本呈现。以城市精神为内核，以文化产业和文化事业为抓手，通过有效高质的文化生产和文化服务，深圳文化创新事业便顶天立地了。

2016 年，99 岁的袁老走了，但"铁心向党、赤心为民、不畏艰险、不懈奋斗"的东纵精神却正在鹏城发扬光大。深圳坪山也正在不断擦亮东江纵队纪念馆这一金字招牌，要将之打造成一个集教育、旅游、展示、研究为一体的红色文化和廉洁文化教育基地。

## 二、坪山新文创

坪山，可能你之前并不知道这是深圳的一个区，一个刚满 4 岁的新区；而让你更想象不到的是，坪山区还是文化创意产业先锋区。2020 年 12 月 5 日至 7 日，以"品物匠心——新文创的现在与未来"为主题的首届坪山新文创博览交易会（NEOC）在燕子湖国际会展中心举行。

新文创，这是腾讯 2018 年开启的文化创意 2.0 版本，之前的 1.0 版本则是泛娱乐；同年，新文创被纳入中国互联网六大趋势之一。新文创也是数字文创，是一种以 IP（知识产权）构建为核心的文化生产方式，意在打造出更多具有广泛影响力的中国文化符号，如这些年声名鹊起、名震海内外的《流浪地球》《王者荣耀》《哪吒之魔童降世》等。

聚焦国内新文创发展，专注人文本色、时尚设计、匠心造物、本体衍生，荟聚国内国际新文创产品产业生态链各要素，搭建人文为核、品质引领，集博览交易、创投孵化、前瞻探讨、艺术嘉会为一体的新型综合文创展会平台。

这是坪山新文创的决心和梦想。"所有参展单位免收展位费，根据参展单位的企业属性、产品品类及展示需求等，统筹规划、协商分配展位，参展单位无须进行特装申请、设计及搭建，可直接携带展品'拎包'入场。"这是坪山新文创的诚意和力度。"家有梧桐树，飞来金凤凰。"筑好文化巢，搭好文化台，无怪乎国内外文化单位会蜂拥而至。虽然是第一届，却办出了水平和人气。在这里，你可以参与主题音乐派对，浏览"曲水流觞、群贤毕集"流水艺景，观摩大英图书馆、Museum Context、爱丁堡艺术学院等国际参展机构的新款文娱用品，参加"新文创的现在与未来"主题峰会等，也能欣赏惟妙惟肖的非遗文化衍生文创产品狮头、书店文创作品人脸雕塑，把玩各省市美术馆、博物馆参选的文创新品。仅江苏省美术馆精选的系列文创产品就有"典藏活化""一夏清凉""年年有鱼""心有所属""萌宠乐园"五个系列。

如果说经济是硬实力、文化是软实力，那么，文化创意经济就是软硬兼备的超强实力。一直以来，国内其他地区喜欢到深圳招商引资，却不知深圳对人才情有独钟；很多人还在艳羡、模仿深圳经济模式，不承想人家早已拉开了文化创新、文化强市的大幕。

2020年7月22日，《深圳加快建设区域文化中心城市和彰显国家文化软实力的现代文明之城实施方案》又获通过，精神文明建设典范、国际时尚创意之都、公共文化服务标杆、文化创意产业先锋、世界级旅游目的地以及国际文化交流中心……这，将是深圳未来的城市标签。

当第一缕晨曦照进这片创新创业热土，一副热气腾腾、活力涌动的画卷徐徐展开，一座集产业集聚、创新活跃、品质卓越、文化多元、生态优美的创新城区和未来之城轮廓逐渐清晰而动人。[1]

创新创意之城——深圳，欢迎您！

### 三、下一盘文化大棋

现代城市的竞争，从早期的比拼经济、管理，到今日的比拼文化、创意，已经进入了城市发展的 2.0 版本。事实上，几年前深圳已经确立了"努力建设与现代化国际化创新型城市和国际科技、产业创新中心相匹配的文化强市"的发展目标，并制定了详尽、可操作的《深圳文化创新发展 2020（实施方案）》。

有任务、有举措、有组织、有保障，深圳"2020 方案"的特点是既细又实，既顶天又立地。方案从城市精神、文化品牌、现代文化传播、公共文化服务、现代文化产业五大体系中细分出 153 项具体任务。方案里高精尖、新奇特的做法也比比皆是，如探索建立非国有不可移动文物保护补偿机制，推广实施"里子工程"，探索建立"舆论引导力评价体系"，深化城市文化形态特色学术研究，策划在海外举办"深圳文化周"，逐步形成 2 至 3 处现代化国际化的城市文化核心区，建设文化科技产业"硅谷"等。[2]理想很美好，执行也到位。如此庞大又精细的文化工程，明确了每一项任务的工作要求、牵头单位、完成时

---

［1］"坪山：四年奋进亮出创新生长加速度"，载 https://mp. weixin. qq. com/s/t8Ta1zfpkCSkryr6UFP06g，最后访问日期：2022 年 6 月 10 日。

［2］"深圳文化创新发展 2020（实施方案）"，载 http://www.szlilun.com/node_ 227149. html 2020，最后访问日期：2022 年 6 月 10 日。

间。规划有方，深圳再次成为中国改革开放先行先试的第一城，只不过这次是在下一盘文化大棋。

博尔赫斯说，"如果有天堂，那一定是图书馆的模样"。随着"一街道一书吧"规划在深圳大街小巷的落地，当你徜徉在这座繁华大都市街头时，必定不再饥渴、心慌慌。打工人也好，观光者也罢，真正能让其走心、入脑的东西不多，文化定是其中之一。深圳到底想干吗呢？用《深圳·文化天地》2018年第四期的卷首语中几句话回答吧：

城市繁荣有他们的功劳，也理应留下他们的脚步。只有将文化服务打造成外来工融入城市的桥梁，充分保障他们的文化权益，才能让他们找到文化归属感，真正融入城市，成为推动城市文化建设的重要力量。

"富而好礼"，经济起而后文化兴。谋定而动，行稳致远，这次深圳文化园百花齐放了。

总览深圳文化创新发展成果，让人不得不叹服深圳市政府的高瞻远瞩、创新锐气。全国文明城市"六连冠"，《深圳社会科学》杂志问世并在综合性人文社会科学期刊中位列第三，"一带一路"国际音乐季、深圳设计周、深圳（国际）科技影视周、深圳书展、深圳舞蹈月等纷纷登录深圳文化菜单，2017年3部、2019年4部作品荣获中宣部"五个一工程"奖，深圳英文网"EYESHENZHEN"的访问量已稳居国内城市英文网站访问量榜首，"全球十大最佳旅行城市"中位列第二名，深圳歌剧院、深圳改革开放展览馆、深圳创意设计馆、国深博物馆、深圳美术馆新馆、深圳科学技术馆、深圳海洋博物馆、深圳自然博物馆、深圳创新创意设计学院、深圳音乐学院等"新时代十大文化设施"全部动工，每个市民享受"十分钟文化服务圈"，还有正全力打造的设计领域"奥斯卡"的深圳环球设计大奖等，不胜枚举。深圳已然成为"东方文化新坐标"。

教育既是文化振兴的基础，也是文化振兴的风向标。描写深圳的教育发展，也"不得不"用"深圳速度"这个专属字眼。

2020年深圳大学获国家自然科学基金资助项目348项，国家社科基金项目29项。深大像深圳一样年轻，也像深圳一样活力四射。"地处中国最牛街道办——粤海街道办，学校周边有160多家上市公司，学生有得天独厚的与腾讯、大疆等诸多高科技企业接触、实习机会，以及工作机会……"深大招生宣讲如是。2021年泰晤士世界大学排名（THE）榜单里中国高校137所，深圳大学排名18。是不是已经刷新你的记忆了？那么，你知道的深圳高校还有哪些呢？已有的包括南方科技大学、深圳技术大学、香港中文大学（深圳）、深圳北理莫斯科大学、中山大学深圳、哈尔滨工业大学（深圳）、清华大学深圳研究生院、北京大学深圳研究生院、暨南大学深圳旅游学院、深职院、深圳信息学院、广东新安职业技术学院、清华-伯克利深圳学院（TBSI）、天津大学佐治亚理工深圳学院等14所，启动筹建中国科学院深圳理工大学、深圳海洋大学、深圳创新创意设计学院、深圳音乐学院、深圳师范大学、深圳墨尔本生命健康工程学院、哈工大国际设计学院、北大剑桥深圳学院等新高校。[1]

"文化自信，是更基础、更广泛、更深厚的自信。"习近平总书记如是说。

一次次文化领域的弯道超车正在深圳不断上演，"苟日新，日日新，又日新"，这正是深圳越来越迷人的文化动因。

---

〔1〕 "40年，深圳高等教育实现了'逆袭'"，载 https://baijiahao.baidu.com/s？id=1678546331300799754&wfr=spider&for=pc，最后访问日期：2022年6月10日。

# 后　记

"观乎天文，以察时变，观乎人文，以化成天下。"

2007 年编《大学语文》由暨南大学出版社出版，2011 年新编《大学语文》由中国人民大学出版社出版，2020 年开始组织编写本教材直至现在出版，这是广东金融学院人文素养教材的编写历史，也是我校财经与新媒体学院众多中文人久久为功的过程。

简单说来，这是一个从编到写螺旋上升的发展过程。前两本《大学语文》是名篇的荟萃，这本《大学生人文素养十五讲》则是由十五位作者围绕着十五个经典人文或影视名作分别撰写了自己的欣赏或研究心得。人文素养和精神谱系的内容异常丰富，十五讲也只能是抛砖引玉、挂一漏万，但对于一个学期的本科生人文通识课来说，也够丰富的了。虽不能一蹴而就，但若能让学生明理增信，喜欢上文学欣赏和传统文化，播撒下人文素养的种子，"固所愿也"。

本教材的编写并顺利出版离不开学校党委书记李建军的关怀与指导，也得到了时任马克思主义学院院长杨明教授、学院总支书记曾英杰同志的参与和支持。杨明教授和曾英杰书记担当本书的主编，也各自撰写了其中的一章。正是在马克思主义学院和财经与新媒体学院鼎力合作之下，本书才得以顺利面世。

过程虽然漫长，但合作的成果令人鼓舞。

　　本书是集体努力的结晶，无论是体例和格式的确定，还是具体一讲一节的撰写，这些老师都贡献了自己的才智和热情，他们是杨林、王晓东、陈利娟、曾锋、曾穗菁、张新民、李景云、陈俏湄、黄亚雯、袁文丽、彭恬静、贾颖妮、谷向伟。

　　最后，借用仲呈祥先生的观点，对中华民族优秀传统文艺与中国共产党领导人民创造的革命文艺在"引领风尚、教育人民、服务社会、推动发展"中的魅力，我们充满自信！

《大学生人文素养十五讲》编写组
2022 年 12 月